跨职能项目团队知识隐藏行为管理：
知识领导力智慧演进视角

郭海燕◎著

企业管理出版社

图书在版编目（CIP）数据

跨职能项目团队知识隐藏行为管理：知识领导力智慧演进视角 / 郭海燕著. -- 北京：企业管理出版社，2022.10

ISBN 978-7-5164-2658-6

Ⅰ.①跨… Ⅱ.①郭… Ⅲ.①企业管理—知识管理—研究 Ⅳ.① F272.4

中国版本图书馆 CIP 数据核字（2022）第 119644 号

书　　名：	跨职能项目团队知识隐藏行为管理：知识领导力智慧演进视角
书　　号：	ISBN 978-7-5164-2658-6
作　　者：	郭海燕
责任编辑：	徐金凤　张艾佳
出版发行：	企业管理出版社
经　　销：	新华书店
地　　址：	北京市海淀区紫竹院南路17号　邮　　编：100048
网　　址：	http://www.emph.cn　电子信箱：emph001@163.com
电　　话：	编辑部（010）68701638　发行部（010）68701816
印　　刷：	北京虎彩文化传播有限公司
版　　次：	2022年10月第1版
印　　次：	2022年10月第1次印刷
开　　本：	710mm×1000mm　1/16
印　　张：	16.5印张
字　　数：	210千字
定　　价：	69.00元

版权所有　翻印必究·印装有误　负责调换

序 言

知识经济与数字化转型交融时代，知识被认为是企业重要的战略性资源。尤其对于知识密集型企业来说，知识资源的高效率共享与利用是推动企业数字化转型、创新与可持续发展的重要保障和推进剂。在现代 VUCA[①] 环境日益凸显，企业间竞争日益激烈及组织内部竞合关系引发的复杂社会交互下，深化理解知识共享与利用活动中知识领导者和知识员工的知识行为管理，是知识密集型企业管理领域学术界和实业界持续关注的重要议题之一。

中国情境下工程设计、新产品研发、软件研发、电子通信等业务导向的知识密集型企业广泛采用拥有多样化知识资源的跨职能项目团队开展工作，该团队通过正式与非正式的知识领导者对知识管理活动的有效干预，促进项目团队成员积极共享知识，以不断提升项目绩效来提升组织绩效，已成为组织知识共享与利用活动的重要执行单元。然而，在跨职能项目实践中，项目的临时性、一次性及严格的工期等特点下，有效知识领导力的形成与发展并不容易。与此同时，跨职能情境下知识边界障碍及团队成员间知识的交互与竞争，诱发团队成员的知识隐藏行为。项目管理者如何不断智慧演进，发展高水平知识领导力，发挥其亲社会化过程引导作用，干预项目成员知识隐藏行为并弱化其负面影响，是本书关注的焦点问题。基

---

① VUCA 是 Volatility（易变性）、Uncertainty（不确定性）、Complexity（复杂性）、Ambiguity（模糊性）的缩写。

跨职能项目团队知识隐藏行为管理：知识领导力智慧演进视角

于此，本研究以跨职能项目情境下知识隐藏行为演化过程为切入点，探究知识领导力受团队目标与行为演化的双向驱动而智慧演进的多元亲社会化导向过程机制，及其对项目成员知识隐藏的行为意愿、行为涌现及行为后果的综合作用机理。本书主要内容如下。

第1章以当前知识经济和数字经济融合为研究背景，提出跨职能项目情境下知识领导力如何智慧演进干预知识隐藏行为这一重要的研究问题，并以此为焦点，剥离并细分知识领导力与知识隐藏行为相关研究主题，详细分析了当前相关的研究进展，阐述了本研究对于推动跨职能情境下知识管理研究与知识行为研究的重要意义。其次，说明了本书的研究框架，即研究目的、研究内容、研究设计与方法论、技术路线及主要创新点。

第2章分析了跨职能情境下知识领导力构念的内涵与测量、能力形塑，构建了知识领导力作用下五大亲社会化导向过程机制，进而演绎了跨职能情境下知识领导力智慧化演进过程。

第3章从个体层面揭示了知识领导力视角下亲社会化意义建构机制对项目成员知识隐藏意愿的作用机理，即探讨知识领导力如何通过团队目标承诺与知识导向亲社会化影响力作用于团队成员的知识隐藏意愿，并提出相应的理论假设。通过建立结构方程模型，对从问卷调查中收集的数据进行检验与分析，研究结果表明，知识领导力与知识导向亲社会化影响力负向影响知识隐藏意愿，且知识导向亲社会化影响力部分中介知识领导力与知识隐藏意愿关系；团队目标承诺中介效应不显著，但与知识导向的亲社会化影响力的交互项对知识隐藏意愿具有负向作用。

第4章在对个体知识隐藏意愿研究的基础上，探究知识领导力通过团队层面精熟导向动机氛围与个体层面知识隐藏动机调节机制对团队成员知识隐藏行为的跨层次作用机理。引入个体层面知识隐藏动机调节机制，即感知他人知识价值与自身知识权力提升，并通过开发量表将其操作化。通

序 言

过建立分层线性模型对所提出假设进行检验。研究结果表明，知识领导力均正向影响团队精熟导向动机氛围、感知他人知识价值及感知自身知识权力提升；感知自身知识权力提升负向影响知识隐藏行为，感知他人知识价值的作用不显著，但两者的交互项负向影响知识隐藏行为；团队精熟导向动机氛围通过感知自身知识权力提升弱化知识隐藏行为。

第5章，为有效弱化知识隐藏行为涌现对团队知识协同过程和项目团队绩效带来的负面影响，本书进一步探究了知识领导力调节作用下团队知识隐藏对团队交互记忆系统与团队绩效的影响机理。依据动机型信息处理理论提出理论假设。问卷调查的数据分析结果表明，交互记忆系统完全中介团队知识隐藏与跨职能项目团队绩效的关系；知识领导力通过促进团队交互记忆系统的发展并提升该系统的功能，来抑制团队知识隐藏对团队绩效的负面影响。

第6章，为更全面地探索知识隐藏行为的组合干预路径，以某一智能科技有限公司的跨职能项目团队为关键案例，选取定性的案例研究策略进一步解释并证实知识领导力影响知识隐藏行为的亲社会化导向过程机制。采用半结构化访谈与文本资料等方法收集数据，数据分析结果进一步肯定与解释了知识领导力作用下四维度的亲社会化过程机制的智慧演进过程及其在弱化知识隐藏行为方面的重要作用，并发现知识导向利益感知、任务监管及可视化在实现机制有效性中发挥关键角色，并由此形成一个较为完善的跨职能项目团队知识领导力对知识隐藏行为的亲社会化导向干预机制模型，实现对跨职能项目团队知识员工知识隐藏行为的有效管理和干预，拓宽跨职能项目情境下消极知识行为管理策略的落实思路。

第7章首先总结了本书的主要研究结论，其次表明了研究的理论与实践启示，最后提出了本研究的局限之处及未来的研究方向。

本书主要理论创新与管理启示在于：①以知识领导力为研究视角，探究了跨职能项目团队情境下转变知识隐藏意愿的亲社会化意义建构过程，延展了知识隐藏意愿的前因边界，为深化理解知识隐藏意愿的转变提供了新的研究情境和理论视角；②整合团队精熟导向动机氛围与个体知识隐藏动机双重调节动力的作用，探究了知识领导力对知识隐藏行为的跨层次动机控制过程机制，克服了以往研究仅考虑单一层面知识隐藏行为动机机制的局限性，为跨职能项目情境下知识领导力如何在双元层面综合部署消极知识行为管理策略以抑制知识隐藏行为涌现提供明确指导；③团队知识隐藏负面影响弱化机理的探究，弥补了以往研究侧重个体或情境型边界条件而忽视知识领导力这一团队权变因素的不足，是知识隐藏行为领域团队层面后果研究的重要拓展，为有效弱化跨职能项目情境下团队知识隐藏的负面影响提供实践指导；④构建了跨职能项目情境知识隐藏行为亲社会化导向干预机制模型，推动了知识领导力对知识隐藏行为多层次、多维度涓滴过程机制的整合与拓展，为跨职能项目情境下如何激发团队成员亲社会化倾向知识共享行为、弱化知识隐藏行为，提供了深度的理论借鉴与管理启示。

  本书是在博士学位论文基础上修改而成，与原稿的理论研究思想、基本框架及主要研究结论并非大相径庭，但结合当前知识隐藏最新研究、知识密集型企业数字化转型下环境需求及知识领导力智慧演进思想，作者对本书内容做了补充，在对一些问题的表达上增添了一些新的理解，内容上有进一步的深化与完善。在此，再次感谢我的博士生导师张连营教授及博士学位论文相关调研与撰写过程中为我提供帮助的各位研究参与人员与朋友们。

  本书的出版受到天津商业大学管理学院工商管理学科重点学科建设经费与博士科研启动项目"集成项目团队的知识隐藏行为演化及其治理机制研究"的支持。感谢天津商业大学王庆生院长等领导班子成员对本书出版经费的大力支持，也感谢王庆生教授与李耘涛教授在专著出版方面、工程管理系王俊安教授与李文华教授在此书内容的审阅与修订方面给予的鼓

序 言

励、帮助与指导。

博士学位论文及本书稿是我的学术研究生涯中非常重要的里程碑，也是我近5年在跨职能项目团队管理与知识管理领域辛勤耕耘的收获。希望此书不仅能呈现自己过去一段时间的研究成果，也能成为广泛采用跨职能项目团队的知识密集型企业中奋斗于知识管理工作的研究人员和企业管理人员沟通的媒介，为企业知识管理活动的开展和知识行为管理提供一定的借鉴与启示。因本人水平有限及对知识行为管理理论与实践理解的局限性，书中观点难免一孔之见，希望得到各界人士的批评、指正和帮助。

郭海燕

2022年9月29日

目录 CONTENT

第1章 绪 论

1.1 研究背景与问题提出 / 1

    1.1.1 研究背景 / 1

    1.1.2 问题提出：知识领导力与知识隐藏行为管理引发热议 / 2

1.2 文献综述 / 8

    1.2.1 跨职能项目团队知识行为研究综述 / 8

    1.2.2 知识领导力内涵及作用机制研究综述 / 20

    1.2.3 知识隐藏意愿转变与行为控制研究综述 / 22

    1.2.4 知识隐藏行为负面影响弱化机理研究综述 / 32

    1.2.5 文献述评 / 37

1.3 本书研究框架 / 39

    1.3.1 研究目的与意义 / 39

    1.3.2 研究内容 / 40

    1.3.3 研究设计与方法论 / 43

1.3.4　章节结构安排和技术路线 / 58

1.3.5　主要创新点 / 61

第 2 章　跨职能项目团队知识领导力及其智慧化演进分析

2.1　跨职能项目团队知识领导力内涵与测量 / 65

 2.1.1　知识领导力定义 / 65

 2.1.2　知识领导力内涵与测度 / 66

2.2　跨职能项目团队知识领导力能力形塑 / 67

 2.2.1　知识主体与客体能力角色 / 67

 2.2.2　知识领导力过程能力形塑 / 68

2.3　跨职能项目团队知识领导力智慧化演进分析 / 69

 2.3.1　知识领导力智慧化演进驱动力分析 / 69

 2.3.2　知识领导力作用下智慧化演进的亲社会化过程机制 / 71

第 3 章　亲社会化意义建构机制对知识隐藏意愿的影响研究

3.1　跨职能项目团队热点问题一：个体知识隐藏意愿凸显 / 77

3.2　跨职能项目团队知识领导力与个体知识隐藏意愿 / 78

3.3　跨职能项目团队知识领导力与亲社会化意义建构机制 / 79

 3.3.1　知识领导力与团队目标承诺 / 79

 3.3.2　知识领导力与知识导向亲社会化影响力 / 80

3.4　跨职能项目团队亲社会化意义建构机制与知识隐藏意愿 / 81

 3.4.1　团队目标承诺与知识隐藏意愿 / 81

 3.4.2　知识导向亲社会化影响力与知识隐藏意愿 / 82

           3.4.3 团队目标承诺和知识导向亲社会化影响力的交互作用 / 83
    3.5 亲社会化意义建构机制影响知识隐藏意愿理论模型构建与分析 / 84
           3.5.1 理论模型构建 / 84
           3.5.2 研究样本与问卷调查 / 86
           3.5.3 研究结果与分析 / 91
           3.5.4 研究结论与理论贡献 / 96
    3.6 跨职能项目团队个体知识隐藏意愿管理启示 / 100
    3.7 本章小结 / 102

第4章 跨层次行为动机控制机制对知识隐藏行为的影响研究

    4.1 跨职能项目团队热点问题二：个体知识隐藏行为涌现 / 103
    4.2 跨层次行为动机控制机制影响知识隐藏行为的假设发展 / 105
           4.2.1 知识领导力与团队精熟导向动机氛围 / 105
           4.2.2 知识领导力与个体知识隐藏动机调节机制 / 106
           4.2.3 团队精熟导向动机氛围与个体知识隐藏动机调节机制 / 109
           4.2.4 个体知识隐藏动机调节机制与知识隐藏行为 / 111
    4.3 个体知识隐藏行为动机控制理论模型构建与分析 / 115
           4.3.1 理论模型构建 / 115
           4.3.2 研究样本与问卷调查 / 116
           4.3.3 研究结果与分析 / 126
           4.3.4 研究结论与理论贡献 / 132
    4.4 跨职能项目团队个体知识隐藏行为管理启示 / 140
    4.5 本章小结 / 143

第5章 知识协同机制与团队知识隐藏负面影响弱化机理研究

5.1 跨职能项目团队热点问题三：团队知识隐藏引发协同障碍 / 144

5.2 知识领导力与交互记忆系统联合弱化团队知识隐藏负面影响 / 147

  5.2.1 交互记忆系统的中介作用 / 147

  5.2.2 知识领导力的调节作用 / 149

5.3 团队知识隐藏负面影响弱化的理论模型构建与分析 / 154

  5.3.1 研究样本与问卷调查 / 154

  5.3.2 理论模型构建 / 159

  5.3.3 研究结果与分析 / 160

  5.3.4 研究结论与理论贡献 / 166

5.4 跨职能项目团队层面知识隐藏管理启示 / 170

5.5 本章小结 / 172

第6章 亲社会化导向过程机制影响知识隐藏行为的案例研究

6.1 跨职能项目团队热点问题四：跨层知识隐藏行为的组合干预 / 173

6.2 跨职能项目团队知识隐藏行为干预过程的定性案例研究 / 175

  6.2.1 案例选择与调研安排 / 175

  6.2.2 定性资料收集与分析 / 176

  6.2.3 理论饱和度检验 / 180

6.3 亲社会化过程机制智慧演进影响知识隐藏行为的结果分析 / 180

  6.3.1 知识领导力与知识隐藏行为 / 181

  6.3.2 亲社会化意义建构机制与知识隐藏行为 / 182

目 录

  6.3.3 团队精熟导向动机氛围建设机制与知识隐藏行为 / 184

  6.3.4 个体知识隐藏动机调节机制与知识隐藏行为 / 186

  6.3.5 知识协同机制与知识隐藏行为 / 188

6.4 知识隐藏行为亲社会化导向干预理论框架构建与管理启示 / 192

  6.4.1 知识隐藏行为亲社会化导向干预理论框架构建 / 192

  6.4.2 知识隐藏行为亲社会化导向干预的管理启示 / 193

6.5 本章小结 / 196

第 7 章 结论与展望

7.1 研究结论 / 197

7.2 研究局限性与不足 / 203

7.3 研究展望 / 204

附 录

附录 A：/ 209

附录 B：/ 213

附录 C：/ 217

附录 D：/ 221

参考文献

第1章 绪　　论

1.1 研究背景与问题提出

1.1.1 研究背景

在当前知识经济与数字经济交融背景下，知识被认为是企业重要的战略性资源，是提高或保持其企业竞争力，维持组织可持续成功的潜在源泉[1-3]。尤其对于知识密集型企业来说，知识资源的高效率共享与利用是推动企业数字化转型、创新、可持续发展的重要保障与推进剂。随着经济全球化的加速发展、市场需求快速变化与生产技术不断革新，企业间的竞争日益激烈，知识密集型企业之间的竞争由以往的规模之争逐步演变为以更快的产品开发过程、更新颖且实用的设计、更高的质量及更低的成本的形式对市场需求做出反应[4-5]。柔性的项目管理方式逐渐凸显，以满足企业对创新管理方法和应对各种复杂问题的需要，并实现在更加柔性的组织形式下激发知识资源潜能。在此背景下，由拥有不同专业知识和技能的职能部门人员组成的以项目目标为导向的短期任务型跨职能项目团队（Cross-functional Project Team）应运而生[1,6-7]。

中国情境下工程设计、新产品研发、软件研发、电子通信等业务导向的知识密集型企业广泛采用拥有多样化知识资源的跨职能项目团队开展工作并备受重视[7-8]。此类项目团队具有临时性、周期较短、管理方式灵活、知识多样等特征，尤为重视柔性的项目管理优势下团队多样化知识资源的协同与利用，以具备适应复杂市场环境的动态能力[1]，但团队大部分的专业知识零散地分布在这些团队成员的头脑中，往往需要拥有单方面专长知识的项目成员在知识活动中积极参与并相互合作才能有效完成项目任务[1]。由此，跨职能项目团队通过正式与非正式的知识管理者对知识管理活动的有效干预，才能建立科学有效的知识管理体系以激发团队成员知识共享和团队知识有效利用[6-9]。尤其是面对当前数字化与智能化技术浪潮推动下的企业数字化转型变革，企业更加需要发展高水平知识领导力，激发项目团队成员的知识贡献与共享，以不断改善项目绩效来提升组织绩效，使组织获取组织柔性与竞争优势。

然而，项目的临时性、一次性及工期的严格性等特点使得有效知识领导力的形成与发展并不容易。与此同时，跨职能情境下知识边界障碍及团队成员间知识的交互与竞争可能诱发团队成员的知识隐藏行为。在现代VUCA环境日益凸显的背景下，深化理解跨职能项目团队知识共享与利用活动中知识领导者和知识员工的知识行为管理，是知识密集型企业管理领域学术界和实业界持续关注的重要议题之一。

1.1.2 问题提出：知识领导力与知识隐藏行为管理引发热议

多年来，跨职能项目团队情境下的知识行为管理问题引发了大量实践者和学者的关注并探索多方面的管理方法，以促进团队成员之间的知识共享与利用。然而，传统知识管理领域一直被信息技术和技术驱动的观点所主导，尽管知识管理系统的建立和信息沟通技术的发展对于知识的获取和传播起到了关键的作用[10-11]，但这些措施对于改善个体之间的知识转移水平及知识贡献意愿并未收到良好的效果[10]。在知识经济与数字经济交融时代，知识员工个性化趋势凸显，相比于收效甚微的信息技术驱动下的

第1章 绪　　论

管理措施，个体知识行为及个体间知识导向的合作管理对于推动跨职能项目情境下的知识管理实践中的作用日益凸显[10]。

现有的研究调查结果显示，知识隐藏在组织或项目团队中并不少见。例如，《环球邮报》（*The Globe and Mail*）对1700名员工进行的一项调查显示，大多数人认为知识归属于隐私范畴，不应该分享，76%的员工会向同事隐藏知识[13,18]；一项来自中国的调查发现，46%的受访者表示，他们曾在工作中隐藏知识[19-20]；同样也有学者不断强调，跨职能项目团队情境下成员的知识隐藏行为尤为突出，尤其是对于跨职能高新技术项目，不同专业技能成员之间知识边界较为突出[21-22]，知识黏性大[14]，严格工期下知识转移的成本较高，对于实现项目目标来说存在较大的资源风险[15-16]；加之跨职能情境下不同的专业理念和竞争目标带来的紧张感与冲突，竞争极有可能会胜过合作[23]，驱使团队成员在知识活动中违背对项目目标的承诺，为维护自身竞争优势产生亲自我倾向，强化知识隐藏动机与意愿。

此外，基于项目具有临时性和周期较短等特征，项目管理者易受短期绩效驱动而缺乏对"信任—合作—发展"导向动机氛围的塑造，极易导致群体知识隐藏行为涌现。尽管知识隐藏行为在保护团队知识产权和提升个体短期绩效方面具有一定作用，但与任务相关的、非机密知识的隐藏行为妨碍了项目成员之间的知识流动与合作绩效，阻碍了更多新知识与新观点的产生、集成及利用[24-25]，不利于团队内部知识领导力的形成与发展，更不利于知识管理水平的提升和项目绩效改善。此类现象已成为近几年来跨职能项目团队知识行为与合作管理相关研究中新生的热点、焦点问题。

知识隐藏行为是指通过二元交互过程或多元交互过程来完成群体任务时，个体故意向他人隐瞒知识的行为[13]，或者保留自己的知识，向其他人贡献的知识少于他们所能贡献程度的行为[11,15-16]。该知识行为是知识共享理论发展下出现的新构念和新行为形式[27]。当前,在跨职能项目管理领域,对知识隐藏的相关研究较少,但也取得了一定研究成果。综合考察现有研究发现,与知识隐藏行为相关研究主要按照行为演化过程展开,即对行为意愿、行为控制及行为涌现产生的后果这三个方面展开研究,同时也驱动与激发着知识领导力作用下的消极行为干预过程机制,且随着消极知识行为演化而不断智慧化演进。

1.1.2.1 问题一:个体知识隐藏意愿与知识领导力

从社会心理学的角度来看,贡献知识的意愿被认为是利他主义的一种特定形式,但不是群体要求的强制性意愿,分享什么知识、何时分享及与谁分享由个体决定[28]。从个体行为角度来看,计划行为理论认为在实际控制条件充分的情况下,行为意向直接决定实际行为,且所有可能影响行为的因素都是经由行为意向来间接影响行为[29]。由此看来,抑制跨职能项目团队成员知识隐藏行为的先决条件是弱化其知识隐藏意愿[15]。

知识隐藏意愿问题在学术界得到广泛关注和重视,已有研究证实该行为意愿受到个体认知与亲自我动机等心理机制的直接影响(例如,自身领地的标记与防御[18,20])。但从项目团队层面来说,为调和知识隐藏行为引发知识活动的紊乱状态,提升团队知识集成与利用效率,团队及其所在组织均会激励和引导员工追求更有价值和意义的目标,即超越于追逐个体利益而对团队产生高依赖和承诺,表现出如积极贡献知识的亲社会化行为[30]。相关研究的推进也进一步指出,团队任务设计[15,16,31]、人际信任塑造[24,32]及良性的社会互动与意义建构过程下团队氛围的营造[13],对于弱化团队成员的知识隐藏意愿具有重要作用。

事实上,为推动项目的顺利开展,团队领导者在知识管理中的特质与行为,尤其是作为知识管理的意义给赋者,会积极将组织愿景和项目团队特有的知识管理策略传递给拥有不同专长的项目员工,知识

第1章 绪 论

领导力的塑造往往影响着团队成员能否树立亲社会化认知理念。已有研究证实，知识领导者与成员之间良好的交换关系能够有效弱化成员的知识隐藏意愿[15]。由此看来，发展知识导向领导力对于促使团队成员转变知识隐藏意愿具有重要作用。厘清知识活动中知识领导力如何通过亲社会化意义建构过程弱化知识隐藏意愿，是有效抑制跨职能项目团队成员知识隐藏行为的一个关键前提。

1.1.2.2 问题二：个体知识隐藏行为与知识领导力

在跨职能项目执行实践中，受项目复杂性、任务不确定性及知识黏性影响，项目成员之间的知识活动呈现出动态复杂的状态。尽管知识领导者倡导项目成员亲社会化的行为信念与规范信念，保障其在知识活动中弱化知识隐藏意愿，但行为意愿的稳定性受制于个体的控制信念与知觉行为控制能力[29]。作为亲社会化意义赋予者，不应仅限于空头许诺知识管理亲社会化的意义，而应驱动建设良好团队氛围和引导个体控制知识隐藏动机，促使团队成员表现出亲社会化行为。

相关学者从知识隐藏行为涌现的个体与情景化诱因入手，指出感知团队层面动机氛围导向会引发对原有知识隐藏动机的调节。例如，潘伟和张庆普[17]提出绩效导向氛围下员工可能为获得自我利益而压制他人，为防止自身知识权力损失而隐藏知识，但精熟动机氛围将有效抑制员工的知识隐藏行为。Connelly 等[13]在强调团队氛围的重要性的同时，也指出个体的自我调节机制也能弱化知识隐藏产生的负面影响。自我行为动机调节可以源于自我道德情感，但在实际项目工作中更加偏向于自我成就动机需要（自身知识价值[18,20]，贡献知识的自我效能[33]及知识权力的变化[17]）或感知其他成员的知识行为特征。研究指出面对具有"搭便车"行为的"知识害虫或懒惰者"[34-35]，团队成员往往具有强烈的知识共享敌意，但感知到知识的有用性会促使个体行为动机的改变[36]。由此，项目成员感知自身与他人知识价值与权力的积极变化会有利于其控制知识隐藏动机。但无论是团队动机氛围营造,还是引导项目成员对知识价值与权力的积极感知,都离不开项目管理者在知识管理活动中多元干预策略的部署与实施。

综上,有效抑制知识隐藏行为的另一个关键点是如何控制项目成员的知识隐藏动机,强化其亲社会化意愿,即有必要从团队层面与个体层面综合性考虑,探究跨职能项目团队知识领导力如何在团队层面营造良好的动机氛围,并在个体层面引导团队成员积极感知内外部的知识价值和权力方面采取措施。

1.1.2.3 问题三:知识协同导向下团队知识隐藏与知识领导力

有效地协同与利用团队成员拥有的与任务相关的知识是实现跨职能项目团队绩效的关键过程[5, 21, 37]。然而跨职能项目团队成员在知识转移与贡献过程中,即使项目成员已经表现出知识隐藏行为,但也往往因为不愿意公开表露而具有低感知性和不易察觉性[10, 38],加之临时性的短期项目下团队成员发展与维持长久人际关系的意愿较低[4],项目成员之间的知识隐藏行为极易在项目管理者没有察觉时涌现于团队的日常知识活动中,并对团队知识协同与利用产生不利影响[39],进而导致项目进度滞后、项目质量与创新度不佳及团队成员满意度差等潜在负面效应。在这方面,现有研究突破知识隐藏行为对个体层面创造力和人际关系绩效的影响层面[25, 32, 40],不断探究知识隐藏行为涌现对团队层面知识存量、知识协同过程及团队绩效的影响[31, 41]。例如,李浩和黄剑[39]进一步探究了团队知识隐藏对交互记忆系统的深层作用机理,揭示了团队知识隐藏通过削弱可信与协调两个子维度阻碍团队成员情感信任的建立,限制了交互记忆系统的发展。

基于此,知识领导者作为知识管理亲社会化意义赋予者,在营造精熟导向动机氛围、促使团队成员相互学习、合作与发展的同时,还需要对知

第1章 绪　　论

识协同与利用这一亲社会化信息处理过程进行有效干预，弱化知识隐藏行为涌现的负面后果，进而强化知识管理保障项目目标实现的意义与承诺。鉴于跨职能项目情境下团队成员之间知识边界凸显及竞争强压合作式交互状况，知识领导者有必要在知识活动中实施双元化的知识管理策略与"合作—信任"导向的关系策略，以降低知识隐藏行为对知识协同与利用过程的阻碍作用。因此，有必要以知识领导力为权变因素，进一步明晰知识领导力如何演进，通过干预团队知识协同过程来弱化团队内部知识隐藏行为，以减轻项目绩效的负面影响。

1.1.2.4 研究问题总结

跨职能项目团队通过正式与非正式的知识领导者对知识管理活动进行有效干预，促进项目成员积极共享知识，已成为组织知识创新活动的重要执行力量。在现代 VUCA 环境日益凸显、企业间竞争日益激烈及组织内部竞合关系引发的复杂社会交互背景下，项目的独有特点与外在环境变革交互给跨职能项目团队知识领导力干预知识活动带来较大挑战。同时，跨职能情境下知识边界障碍及团队成员间知识的交互与竞争，诱发团队成员的知识隐藏行为，项目管理者如何不断智慧演进发展高水平知识领导力，并发挥其亲社会化过程引导作用来弱化项目成员知识隐藏行为意愿、行为涌现及行为负面影响是本书关注的焦点问题。

基于此，本书以跨职能项目情境下知识隐藏行为演化过程为切入点，以知识领导力的智慧演进为研究视角，深入剖析跨职能项目情境下知识领导力的智慧演进形塑而成的亲社会化导向过程机制（亲社会化意义建构、跨层次动机控制及知识协同干预），并探究知识领导力形成的这些多元亲社会化导向过程机制对项目成员知识隐藏的行为意愿、行为涌现及行为后果的综合作用机理，对于促进当前知识经济与数字经济交融背景下知识领导力理论的拓展，丰富与完善知识隐藏行为管理研究，提升跨职能项目团队成员的知识贡献度，激发知识资源潜能，提升团队知识资源利用与协同效率，改善项目知识管理水平，进而保持知识密集型企业竞争优势，促进企业数字化转型，都具有一定的理论与实践指导意义。

1.2 文献综述

1.2.1 跨职能项目团队知识行为研究综述

1.2.1.1 知识的定义与属性

跨职能项目团队成员展现何种知识行为，以及发展知识导向的合作程度都与知识定义与属性密切相关。在梳理知识共享与知识隐藏相关知识行为研究进展之前，先理解知识定义与内涵、如何在集体中存在及知识属性。

1.知识的定义

数据、信息和知识共同存在于团队内部，是不同的实体。与数据或信息相比，知识是由洞察力和解释组成的，是个性化的，指的是特定的情况[43]，因此，知识往往被认为是更高层次、更权威的实体，且比信息更复杂且更有价值[32]。当然，什么是知识、信息或数据最终取决于所处的情境和所涉及的个人。知识通常是信息的适当集合，也就是有意义而格式化的信息，包含在代理的推理资源中并为决策过程中的主动使用做好准备[44,45]。Polyani[47]认为知识可以被划分为显性知识和隐性知识，也有许多学者认为隐性知识和显性知识是不可分割的。知识与人相连，它来自不同的元素，代表一个动态环境中可持续竞争优势的来源，尤其是在一个不断变化的环境中，知识对组织和团队的绩效与发展都有着重要的影响，确定将专家的专业知识和知识传递给公司其他人的正确方式是取得成功的关键[45]。Guo等[46]强调知识包括与组织成员执行的任务相关的信息、想法和专业知识。

第1章 绪　　论

综上，虽然知识可能在多个组织层次上存在，但知识往往来源于个体，知识的传递也往往需要个体之间的直接沟通。当知识被用来推进团队的目标时，它必须上升到团体的整体水平。

2. 知识的属性

从知识的自然属性来看，知识具有复杂性[10,12-13]、黏性[14]、隐性及语境特征（Contextual Nature）[15]，个体之间的知识转移过程往往需要花费知识贡献者大量的精力，往往又难以识别或评价一个人的知识贡献[15,16]，这会削弱知识共享意愿或使得团队成员之间知识共享存在障碍。

从知识的社会属性来看，知识往往被认为是一项有价值的可以带来权力、地位与收益的资源，与他人共享很可能会降低知识的价值及贡献者自身的知识权力与地位[16-17]。由此，项目成员在共享知识来参与社会化交互，或贡献知识完成项目任务的同时，极有可能会隐藏知识。

1.2.1.2　跨职能项目团队两种典型知识行为：知识共享与知识隐藏

对于跨职能项目团队来说，团队成员知识具有多样性，通过团队成员之间的知识共享作为积极的知识行为，对于实现多样化的知识资源的有效整合与利用、改善创新绩效，乃至项目的成功交付至关重要[3,42]。相反，知识隐藏作为团队消极知识活动，会引发团队知识资源缺乏风险[15]，不利于团队内部知识资源的协同与利用[39]，进而阻碍项目团队绩效的实现。知识共享行为与知识隐藏行为，作为跨职能项目团队典型的两种知识行为，均引发知识管理领域相关学者的关注与重视，两者存在一定的联系，但是又体现了相对独立的现象或行为。

1. 知识共享行为

知识共享行为被认为是工作场所的一种自然功能、一种自动发生的活动，并且被认为是组织公民行为或道德行为的一种形式[7,48]。知识共享是培养有效的知识管理的基本手段，通过知识共享，知识可以在拥有知识的员工和需要知识的员工之间进行转移，创新可以在团队内部传播，进而有利于改善产品创新绩效。

知识共享的研究在过去20多年的发展过程中已经形成一个完善的体系，发展成为知识共享理论，后续学者也不断地提炼与探索实践问题，推动着知识共享理论的发展与完善。在这方面的研究中，Huo等[18]指出在过去20年知识共享领域提出的影响知识共享的三大主要影响因素是管理支持、组织氛围和个人特征。Tsay等[15]认为以往对知识共享的研究多倾向于从比较积极的角度出发，探究信任、社会资本、报酬期望、任务技术契合及信息系统等影响因素的作用。对于跨职能项目团队这一研究情境来说，现有文献从知识的本质[15]、知识边界[21]、职能多样性[49]、人际信任[6]、跨职能合作与竞争[3,9]、领导力[6]及工作氛围[50]等方面来说明影响项目成员知识共享的因素。

2. 知识隐藏行为

与此同时，近几年在知识共享理论发展过程中，知识隐藏也逐渐在跨职能项目团队实践中引发重视。从团队的角度来讲，与任务相关的多样化信息或知识的共享对于团队来说是有利的[10,13]，但亲自我动机驱动下的知识隐藏行为是团队知识资源不能充分利用的一种行为表征，对于实现团队绩效具有潜在的不利影响[10,11,17,19,20,39]。许多学者从消极知识行为与活动的角度出发，提出了知识隐藏行为，即故意对他人隐瞒特定要求知识的行为[13,20,24]，或者故意试图隐藏或保留可能有助于提升或改善团队绩效知识的行为[11,15-16,20]。知识隐藏行为的提出引发了学者的广泛关注，相关学者对其内涵和类别进行了界定与拓展，相关研究主要是从二元主体交互、个体与组织或团队交互角度来说明知识隐藏行为内涵与分类。

从二元主体交互角度来看，Webster等[10]、Kang[11]都将知识隐藏分为两类，即故意的知识隐藏行为与无意的知识囤积行为。知识隐藏是指故

第1章 绪 论

意对他人隐瞒特定要求知识的行为；知识囤积仅仅是一种保留知识的行为，往往没有意识到它可能对其他人有价值。Connelly 等[13]将个体之间的知识隐藏行为定义为接收到他人的询问时，个人故意隐瞒知识的行为，并且，将知识隐藏行为划分为3类：回避型知识隐藏、装聋作哑型知识隐藏和合理型知识隐藏。第一类是回避型知识隐藏，是指向信息请求者提供无用的知识，或者故意将相关信息与知识传递延迟，然后承诺下次提供帮助的行为；第二类是装聋作哑型知识隐藏，即假装对所要求的知识一无所知，或者不诚实地声称对相关领域一无所知；第三类是合理型知识隐藏，即在接收到他人的询问时，声称缺乏提供所要求知识的授权，或者相关信息需要保密而不能共享。知识隐藏行为也可能是源于一种更仁慈或保护第三方利益的动机[13,38,40]，例如，隐藏者可能试图保护组织机密或促进社会公益。与故意的知识隐藏相比，知识囤积不太可能反映出任何恶意意图。员工囤积知识也可能只是为了履行他们的社会责任，尽最大努力为同事和客户服务。因此，隐藏知识的行为不能用单一的伦理标准来判断，知识隐藏行为因采用的伦理标准不同，行为好坏评价结果与行为类别也不同[34,48]。

从"个体—组织/团队交互"角度出发，Kidwell 和 Bennett[51]开发员工保留努力模型，并认为员工保留努力会导致卸责、社会化惰性及搭便车行为。根据此模型，Lin 和 Huang[16]提出知识隐藏是个人在贡献知识时付出努力不足的行为。Tsay 等[15]主张知识隐藏不仅仅是知识共享的缺失，而是故意试图隐藏或隐瞒可能有助于团队绩效的知识。Peng[19]认为知识隐藏是一种反生产工作行为，并在综合以上研究的基础上定义知识隐藏为隐藏或隐瞒任务信息、思想和知识。例如，员工可能会对他/她的同事隐瞒或控制信息，或者在组织中工作时表现出贡献的知识少于所能贡献程度的行为[20]。

综合以上定义，知识隐藏行为可能发生在个体之间也可能发生在个体与组织之间，考虑到跨职能项目团队情境下这两种状况都比较突出，本研究涉及的知识隐藏行为的定义与测量量表综合借鉴 Lin 和 Huang[16]及 Peng[19]提出的知识隐藏行为的概念，以及在中国情境下得以检验的测量量表。

3. 知识隐藏行为与知识共享行为的区别与联系

以往一些知识共享研究将知识共享和知识隐藏合并为一个概念，都属于知识共享范畴[11]。在很多情况下，研究者可能认为知识隐藏行为是知识共享行为的消极表现，之前的研究没有考虑这两个概念的分离。因此，知识共享理论发展至今，知识共享行为的相关研究在此领域占据几乎所有部分，而知识隐藏的相关研究近几年才发展开来，相关的前因与后果研究还很有限，这两种形式与知识行为相关的研究并没有得到同等程度的发展[11]。

这两种知识行为相比较而言，知识共享并不总是与知识隐藏直接相关，也并非事物的两面，即知识隐藏不是知识共享的相反面[52]，它们是两个独立的概念[10]。根据赫兹伯格的双因素理论[53]，知识共享侧重于激励因素，知识隐藏侧重于关注团队保健因素，以不同方式施加影响[11]，Kang 依据双因素理论将知识共享与知识隐藏在组织中可能存在的状态及相应激励计划的执行方式以四种情况表现出来，并且，他指出如果员工有强烈的阻止知识传播的愿望，那么知识共享措施的引入实际上并不会削弱知识隐藏行为，从而无法达到预期的激励效果[11]。双因素理论视角下知识共享与知识隐藏概念如图 1-1 所示。

第1章 绪　　论

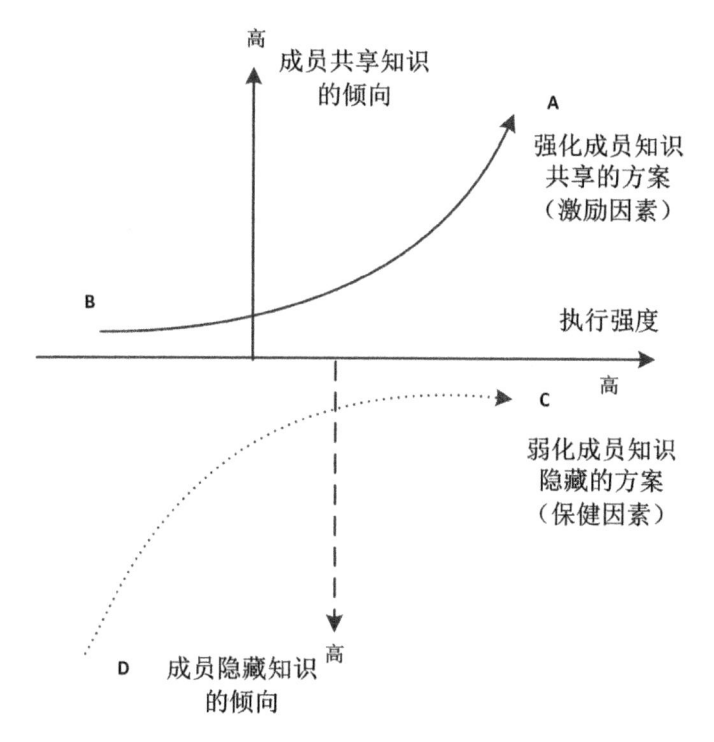

图 1-1　双因素理论视角下知识共享与知识隐藏概念

尽管知识隐藏与知识共享缺失的行为表征非常相似，但两者背后的驱动因素却截然不同。知识贡献主要发生在个人被激励然后花费宝贵的时间和努力来分享知识的时候[54]。更少的知识共享并不一定意味着更多的知识隐藏。例如，当组织成员因为缺乏相关信息而无法转移所请求的知识时，这可以解释为知识共享的失败，但不是知识隐藏的行为表现[10,13]。也有研究指出，当员工与同事分享不重要的信息但隐藏其他重要的信息时，知识共享和知识隐藏可能同时发生[52,55]。根据 Connelly 等[13,38]提出的理性知识隐藏的内涵，在处理保密信息或为了保护第三方利益时，知识隐藏者可能有知识共享意愿，但是并没有表现出知识贡献行为，而是隐藏知识或是选择合适的时间再共享。李浩和黄剑[39]在以往研究基础上，总结出这两种行为存在的四点区别：①当个体不具备某项知识时，个体不共享知识只是知识分享度低，但并非故意隐瞒，更不是知识隐藏；②输出知识需要具备知识表达能力，尤其对隐性知识而言，没有故意隐瞒，但也未必能充分表达，很可能知识隐藏度不高，但知识分享度也不高；③知识具有语境特征，有效的知识分享需要接收者能理解和吸收知识，即使知识贡献者并没有表现出知识隐藏行为，知识接收者也未必能充分理解和吸收；④员工可能同时表现出知识分享和知识隐藏行为，隐藏了一部分知识的同时，分享了另一部分知识，甚至为了维持良好的员工关系，保持交换的动态平衡，隐藏某一方面核心知识的成员很有可能会增强其他方面知识的分享行为。

综上所述，知识共享与知识隐藏是两个相关但又有区别的行为。在跨职能项目团队情境下，隐藏知识会阻碍信息的流动与协同，使团队面临知识资源风险，不利于团队绩效的实现，抑制知识隐藏行为的目的在于激发团队成员更有效地表现知识共享或知识贡献行为。鉴于抑制知识隐藏行为是跨职能项目团队知识管理领域亟待解决的一个难题，有必要对知识隐藏行为领域相关文献进行详细梳理，为跨职能项目团队情境下知识隐藏行为及其后果弱化提供进一步的理论支持。

1.2.1.3 跨职能项目团队知识隐藏行为与领导力相关研究

1. 计划行为理论

作为理性行为理论的扩展，Ajzen 提出了计划行为理论（Theory of Planned Behavior, TPB），该理论结构模型图如图 1-2 所示[29]。该理论认为，在实际控制条件充分的情况下，行为意向直接决定实际行为，所有可能影响行为的因素都是经由行为意向来间接影响行为的。

第 1 章 绪　　论

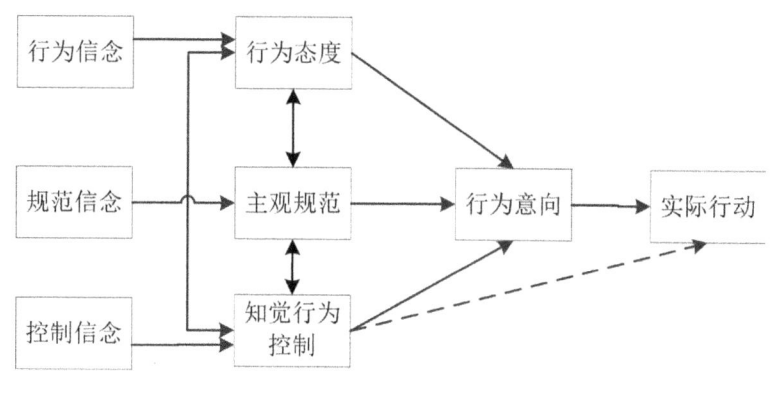

图 1-2　计划行为理论结构模型[29]

2. 知识隐藏意愿与知识隐藏行为相关研究

知识隐藏行为意愿与行为本身不容易被察觉，根据计划行为理论，知识隐藏意愿直接影响知识隐藏行为，约束与转变团队成员的知识隐藏意愿是抑制知识隐藏行为来改善跨职能团队绩效的关键前提。

针对知识隐藏实际行动或知识隐藏意愿，现有研究从不同研究情境出发，采用不同的理论视角提出知识隐藏行为触发机理，表 1-1 对多理论视角下知识隐藏意愿与行为前因研究进行汇总。知识隐藏意愿与行为产生涉及多层面与多研究领域情境，尤其是项目团队情境下领导力知识隐藏行为关系研究也得到了广泛关注，为本研究跨职能项目情境下知识隐藏行为管理提供了理论基础。

具体来讲，知识隐藏意愿或行为受到个体因素与情境因素的共同影响：①个体的性格特征、行为动机、知识所有权及知识价值感知等心理作用机制直接影响着团队成员的知识隐藏意愿，根植于人体施为与追求安全感的本性[10,11,65]；②情境类前因主要是依据 Kidwell 和 Bennett[51]提出的"努力保留行为模型"，该模型从理性选择（Rational Choice）、规范性从众（Normative Conformity）和情感联结（Affective Bonding）这三方面识别影响员工保留努力的影响因素。

表 1-1 多理论视角下知识隐藏意愿与行为前因研究汇总

理论	相关文献代表	前因	行为（研究情境）
代理理论/理性选择理论	Lin 和 Huang[16] Tsay 等 [15]	任务可视化[15-16]，群体规模[16]，任务依赖性[15]	知识隐藏意愿（项目团队）
社会认知理论	Lin 和 Huang[16] Tsay 等 [15] Zhao 等 [56]	知识贡献效能[16]，知识隐藏效能[15]，团队结果期望[16]，个体绩效期望[16]，道德推脱[56]	知识隐藏意愿（项目团队[15-16]/服务型组[56]）
知识黏性理论	Anaza 和 Nowlin[14]	环境（同事与企业的孤立、内部竞争、投机行为），缺乏激励（缺乏奖励，同事与上层的反馈），性格因素（责任、亲和、神经质）	知识隐藏意愿（销售人员）
公平理论	Lin 和 Huang[16] Tsay 等 [15] Webster 等 [10] Connelly 等 [13]	程序公平[15-16] 互动公平[15] 结果分配公平[15-16] 公平氛围[10, 13, 15-16]	知识隐藏意愿（组织[10]/项目团队[15-16]/个体[13]）
社会交换理论	Lin 和 Huang[16] Tsay 等 [15] Webster 等 [10] 王鹏等[26] Zhao 等 [56] Connelly 等 [13] Boz Semerci[57]	人际信任[10, 13, 16, 26] 领导与成员交换关系[15] 成员之间的交换关系[15] 感知组织支持[10] 知识共享氛围[10, 13] 消极互惠[56] 任务与关系冲突[57]	知识隐藏意愿（组织[10,13]/项目团队[15-16]/个体[13]/服务型组织[56]/软件研发企业与银行[57]）
	Černe 等 [40]	（亲社会化动机，经济动机，领导与成员交换动机）[40]	知识隐藏行为（保险公司[40]）

第 1 章 绪 论

续表

理论	相关文献代表	前因	行为（研究情境）
目标成就理论	潘伟和张庆普[17] Boz Semerci[57]	精熟动机氛围，绩效动机氛围感知竞争[57]	知识隐藏行为（科研团队[17]/软件研发企业与银行[57]）
社会认同理论	Wang 等[58] Zhao 等[56]	感知到社会认同，感知到社会支持，期待奖励，期待联系[58]；职场排斥[56]	知识隐藏意愿（学生[58]/服务型组织[56]）
人格特质理论（五大人格）	Wang 等[58]	（外向型、神经质、亲和性、经验开放型、责任感型）[14,58-59]	知识隐藏意愿（学生[58]）
	Anand 和 Jain[59] Anaza 和 Nowlin[14]		知识隐藏行为（销售人员[14]/组织[59]）
双因素理论	Tsay 等[15] Kang[11]	保健因素[11,15]	知识隐藏行为（组织[11]/项目团队[15]）
领地行为理论	Peng[20] Huo 等[18]	标记与防御式领地行为[18,20]	知识隐藏行为（R&D[18]/IT 企业[20]）
心理所有权理论	Peng[20] Huo 等[18] 潘伟和张庆普[17]	感知知识所有权[18,20]；感知组织所有权[20]；感知知识价值[18]	知识隐藏行为（R&D[17-18]/IT 企业[20]）
福柯"权力-知识"视角	Webster 等[10] 潘伟和张庆普[17]	知识权力损失[10,17]	知识隐藏行为（组织[10]/产品研发团队[17]）
个体认知视角	甘文波和沈校亮[33]	缺乏自我效能、行为感知不适当、情景约束	知识隐藏行为（虚拟社区用户）
应对理论、调节聚焦、内疚理论	Fang[60]	内疚感、自我恐惧（丢面子、丢权力、被孤立）、参照他人感到恐惧（投机、开采、知识污染）	知识隐藏行为（移动社交网络）

· 17 ·

跨职能项目团队知识隐藏行为管理：知识领导力智慧演进视角

续表

理论	相关文献代表	前因	行为（研究情境）
认知-情感人格系统理论/资源保存理论	高天茹和贺爱忠[61]	职场排斥，关系认同，心理困扰	知识隐藏行为（一般组织情境）
领导力视角	袁凌等[62] 张笑峰和席酉民[63] Ladan等[64]	谦卑领导力[62] 伦理领导力[63] 变革领导力[64]	一般组织情境[62-64]

在 Kidwell 和 Bennett[51] 提出的研究框架基础上，Lin 和 Huang[16] 及 Tsay 等[15] 依据社会认知理论、公平理论、社会交换理论、代理理论及理性选择理论对项目团队中知识隐藏意愿或行为的影响前因进行探究，这两项研究在知识隐藏研究领域被广泛引用并作为论证依据。除了以上所涉及的多元理论视角下的知识隐藏研究，Webster[10] 和 Colleny[13] 还提出知识的复杂程度也是诱发知识隐藏行为的一个因素，即知识越复杂，拥有知识的人越有可能隐藏知识。张宝生和张庆普[12] 通过对国内7大知识型组织中选取的28位组织成员进行访谈，并依据扎根理论对访谈内容编码发现成员主体（内生性因素）、知识和任务客体（调节性因素）、互动媒介（中介性因素）及组织环境（外部性因素）这4个维度下影响因素交互作用诱发知识隐藏行为，该研究是对以往相关研究的系统总结与再验证。

通过对以上研究进展的梳理总结，可以发现以下两个跨职能项目团队知识隐藏行为研究关键点。

第一，抑制知识隐藏行为的产生，既需要社会化建构的过程使得个体弱化知识隐藏意愿并塑造知识共享意愿，更需要团队层面与个体层面动机控制机制的共同调动来抑制知识隐藏行为的涌现。知识隐藏行为意愿更偏向于与人体对所处环境的自我意义构建[66]，与个人的能力与人格特质有关，但更多的是受到所处群体情境及与群体中其他人的关系或其他人动机的影响；知识隐藏行为的涌现尽管与团队情境有关，但与自身的心理过程机制有着更为直接密切的关系,是多方面因素相互作用的结果。Pearsall等[67]也指出在社会化合作过程中,相比于单一的个体激励或集体激励措施,个体与集体的混合激励制度对于抑制社会化惰性行为具有最大的作用。

第二,领导力已成为跨职能项目团队成员知识隐藏行为潜在的重要前因。Kang[11]认为除了信息贡献者与寻求者之外,未来研究还应该从第三方视角进一步对知识隐藏行为的发生机理进行探究。Semerci[57]强调塑造集体价值观对于弱化竞争情境对知识隐藏的强化作用具有重要影响。权变因素、情境因素对知识隐藏行为的诱发与后果调节具有重要作用。领导力的相关文献也表明领导者在共享认知结构形成、团队合作和信任情境塑造、资源支持及工作设计中都发挥重要的作用。Tsay等[15]也指出领导与成员之间良好的交换关系对抑制知识隐藏意愿具有直接作用。领导力作为一项权变因素,已在管理与干预知识隐藏行为研究领域崭露头角。由此,探究多元特质和行为的团队领导力对项目成员知识隐藏意愿和行为的影响,为有效抑制知识隐藏行为开辟了新的研究视角。

3. 知识隐藏行为与领导力相关研究

群体领导力不鼓励群体中不利于绩效实现的行为,对下属的行为与情境塑造都具有重要影响。例如,高水平的道德型或者谦卑型领导力会通过增强组织支持感、心理安全感及道德认同感,改善互惠的交换关系,或者促进工作状态的调节来弱化团队成员的知识隐藏行为。然而,从研究情境来看,与"领导力—知识隐藏意愿"相关的研究大多数侧重于一般组织情境、销售团队、学生团队或虚拟团队,却忽视了跨职能项目团队情境下领导力是如何影响知识员工的知识隐藏意愿。

对于跨职能项目团队来说,为充分利用项目成员拥有多样化知识资源来完成项目目标,团队尤为注重知识共享与利用,团队领导者会部署措施来提升这些知识活动的效率。若缺乏领导者有效的团队干预，紧密的任务依赖性与良好的团队氛围将难以塑造与保障，加之在知识经济凸显知识员工个性化背景下，个体尽管具有亲社会化的动机，也会为维护自身利益而涌现知识隐藏意愿与行为。因此，团队与员工作为不可分割的利益共同体，需借助领导力作用，发展多元举措促使团队成员树立知识共享意愿的同时，也在建立良好的平衡机制弱化其知识隐藏意愿与行为[10, 15]。尽管也有部分研究聚焦于跨职能项目软件研发团队，探究领导与成员交换关系对知识隐藏意愿的影响，但该情境下团队领导者与管理者重视知识活动形成的知识领导力如何引导成员弱化知识隐藏意愿与行为还有待进一步探究。

综上，参照以上跨职能项目团队知识隐藏行为研究的两个关键点，后续研究现状分析首先对知识领导力的内涵与作用机制研究进展进行梳理，然后对知识隐藏行为研究话题下相关的行为意愿转变、行为控制、行为后果影响机制及负面影响缓解方式等方面文献进行详细梳理，为更好地探究跨职能项目团队知识领导力作用下的亲社会化过程机制的智慧演变及其对知识隐藏行为的作用机理提供理论基础。

1.2.2 知识领导力内涵及作用机制研究综述

在知识经济与数字经济交融背景下，在组织商业模式和竞争优势不断受到威胁的动态变化环境中，知识管理是支撑数字化转型的基础，更是当代企业生存的关键举措。知识管理被描述为"管理者如何为实现个人和组织的利益而产生、交流和利用知识"[8]。知识管理的成功实施取决于管理者在组织中获取、处理和传播知识的能力。现代企业要具备极强的灵活性、适应性及创新性，进而产生源源不断的发展活力，这需要企业不仅要注重知识管理过程中的技术、系统和流程，还应该充分发挥知识领导力的作用。

随着组织对高效信息和知识管理的需求，知识领导力越来越被认为是

第1章 绪　　论

推动组织或团队知识活动的根本力量，对于组织与团队知识管理来说起到了举足轻重的作用[68-75]。Skyrme[76]首先提出"知识领导力"，并认为它是信息资源、个人技能及知识和学习网络的不断发展和创新，但是并没有详细说明知识领导力体现了领导者的哪些行为。Viitala[72]在先前文献研究的基础上详细阐述了知识领导者利用其自身的影响力，创造理想的集体环境，支持组织或团队内其他成员不断学习实现集体目标的一系列行为与过程。Cavaleri和Seivert[77]也指出知识领导力是利用个人影响力来支持知识的发展过程并将其结合到知识管理活动当中，从而实现预期目标的过程。Bertoldi等[68]指出知识领导者是"指明前进方向的人"，对公司如何适应变化具有很强的影响力。

现有知识领导力研究指出，知识领导力研究侧重于跨国跨文化企业、本土企业组织、团队等多个层面下，且会对不同的群体绩效或个人行为产生影响。从不同组织层次丰富了知识领导力理论的发展，主要研究内容如下。

第一，对于跨国或跨文化组织来讲，Mabey等[84]提出在全球科学研究中跨机构和跨文化边界的知识创造和交换，这一过程需要的是一种组织间的动态能力，与传统的工业经济领导不同，它往往更复杂且更加难以掌握和模仿，这种知识领导力在引导和激励知识创新交换方面则发挥着重要影响。Naqshbandi和Jasimuddin[85]以在国际商业环境下跨国公司为研究情境，研究发现当领导具有更多知识导向行为时，企业能够从外部来源获得更多知识，加上有效的沟通和激励会促进企业之间进行知识创造和内部整合，由此对公司的知识管理能力与开放的创造能力具有积极的直接影响。Williams[73]认为高效的知识领导者推动知识的整合和创新，这能够使不同的利益相关方在一起协同高效地工作。

第二，针对本土企业组织层面的研究，知识导向领导力能够通过改善组织的知识管理实践与知识管理能力提升组织创新绩效，知识领导者的参与及多元化网络的建立有利于组织成员对知识领导力的感知。Bertoldi 等[68]提出并分析一个描述领导者在动态环境中管理知识和变化角色的概念模型，并指出变革下或者不确定环境中的知识领导者对于变革和传播知识的正确流程。

第三，从项目与组织跨层次来看，Yang 等[74]将项目为导向的组织作为研究情境，发现知识领导力可以促进客户知识管理，进而改善项目与组织绩效，在数据高度复杂的情况下知识领导力能够使组织达到更高水平的知识共享。

第四，从团队与个人行为层面来看，Zhang 和 Cheng[75]提出工程设计团队基于社会关系的环境中，知识领导力可以促进团队社会资本的形成，进而提升团队成员的知识共享。Nguyen 和 Mohamed[86]认为，为知识共享创建一个信任协同氛围也是知识领导力的核心。在信任协同的氛围中，团队成员拥有相似的兴趣和目标，能够相信他人的知识对自己的工作是有利的。团队成员能够历练和培养他们操纵知识的技能，为团队的知识库贡献资源，并能够很容易地获取重要的知识。在这些研究基础上，Xia 等[213]的研究首次探究了知识领导力对知识隐藏消极知识活动的影响，研究证实了知识领导与知识隐藏之间呈倒 U 型关系，在中等水平的知识领导中，员工的知识隐藏比在低水平和高水平的知识领导中更多，而且在心理所有权高的员工中，该倒 U 型关系更为显著。

综上，现有研究肯定了知识领导力在积极知识活动（比如，知识共享与集成）中发挥的重要作用，也指出了知识领导力是消极知识活动中重要的权变要素，但忽视了知识领导力如何干预并影响知识隐藏行为，作用过程机制有待进一步探究。

1.2.3 知识隐藏意愿转变与行为控制研究综述

1.2.3.1 知识领导力与知识隐藏行为相关研究

通过知识隐藏行为前因分析不难发现知识隐藏行为管理是个复杂的、

第1章 绪　　论

涉及多层面的知识管理难题，领导力对知识隐藏行为影响的相关文献还很少，但领导力在知识活动中的作用在较多文献中被广泛提及。为抑制知识隐藏行为涌现，领导力的干预也应该从个体心理机制、团队氛围塑造、激励机制部署等方面综合考虑。因此，知识领导力与知识隐藏行为的文献进展分析将从知识隐藏意愿干预和知识隐藏行为抑制两方面展开梳理。

1.意义建构理论与知识隐藏意愿干预

意义建构是组织处于变革或混沌状态时为个体决策和行为提供社会认知基础，推动复杂动态组织环境下组织成员间的目标统一和理解过程[95]。意义建构理论的代表学者是 Weick，组织的意义建构理论所遵循的原理是"现实是一个持续的完成过程，它来源于不断地努力创造秩序并通过回溯来理解发生了什么事情"，即组织的目的由组织行动者在行动过程中共同塑造[66]。意义建构理论最早应用于组织危机与改革相关研究中，表明组织情境发生变化，产生不良事件后或组织处于混沌状态时如何通过意义建构进行管理[66]，后在组织行为研究领域被广泛应用，用于解释意义建构如何影响个体的行为或行为意愿变化[66]。

一般来说，组织是一个意义建构过程，组织意义建构需要强有力的、具有魅力的领导作为组织的"意义赋予者"[30,96]。组织行动者的行动和信念是驱动组织意义建构过程的因素，而承诺和控制是行动驱动意义建构过程的重要机制[97]。承诺通过"聚焦注意力，揭示现实未被注意的特点和赋予现实以价值观"的机制驱动意义建构过程，一般会促使个体选择一种信念为这种行动进行辩护。控制通过"创造一种人们可以理解和管理的环境"驱动意义建构过程。在组织行为管理中，群体协作过程也需要"意义赋予者"通过提供陈述情境线索并创造良好的团队环境影响个体自我意义建构过程，领导在塑造或影响工作意义方面也发挥着重要作用。领导者为员工设定组织的使命、目标、目的和身份，并影响他们对工作意义的感知方式。因此，领导者及其对各种工作事件和环境的解释、沟通和反应的象征意义对下属塑造与感知工作意义具有重要影响[30,96]。

较多学者探究了特定的领导风格如何通过意义建构影响人们对工作有意义程度的认知，尤其是变革型领导，即通过发展、智力激励和激励追随者超越自身利益，实现更高的集体目标、使命或愿景，而不仅仅是通过交换与激励来获得所期望的绩效。换句话说，领导者可以通过激励员工超越个人需求或目标，支持那些与更广泛的使命或目标相关的需求或目标，来赋予工作以意义，可以通过承诺和控制这两种机制实现。在这方面，Grant等[98]通过亲社会意义建构的过程指出组织的员工支持计划通过员工对组织和个人的支持行为的解析及对亲社会化行为的认同这两个亲社会化意义建构的过程促使团队成员对组织产生情感承诺，降低离职倾向。在知识共享行为研究领域，也有学者将意义建构理论由组织情境拓展到团队情境。例如，Liu 和 Li[30]采用意义建构视角指出，变革型领导力通过建构共享的团队目标承诺与团队认同双元化的过程机制来促使下属积极地进行知识共享。

以上这些研究为探究跨职能项目团队知识领导力如何通过意义建构过程影响团队成员知识隐藏意愿提供了理论基础。知识领导力的相关研究也指出正式与非正式的知识领导者在知识共享行为管理中的关键角色，Analoui等[80]及 Donate 和 Sánchez de Pablo[69]的研究都指出变革型和交易型领导风格都要被组织内的知识导向领导力所掌握和使用。Donate 和 Sánchez de Pablo[69]强调组织知识领导力通过多样化的激励机制与沟通过程增强团队成员参与各个知识管理过程实践的意愿和承诺。Le 和 Lei[99]研究发现变革型领导力可以增加团队成员对领导者的信任，也可以增加团队成员之间的信任，这种信任是基于披露与依赖两个层面，这种信任的形成能够促进团队成员表现出知识收集与捐献行为，而不是知识隐藏行为。由此可见，知识领导力在团队的激励因素与保健因素方面都有建设，也在致力于增强团队成员参与知识管理的承诺，

第1章 绪　　论

并发展知识导向影响力与关系资本，使团队成员认为塑造知识共享或知识贡献意愿更具有意义，进而弱化知识隐藏意愿。然而，在跨职能项目团队情境下知识领导力究竟是如何转变团队成员的知识隐藏意愿仍需进一步的实证检验和理论探究。

2. 领导力控制知识隐藏行为的多元干预路径

现有研究涉及领导力对知识隐藏行为影响的相关研究，主要是考察领导者领地意识、领导与下属的交换关系及心理干预所产生的影响。

（1）领导者领地行为通过榜样与学习效应，会在很大程度上影响团队成员的知识隐藏行为。

魏峰和马玉洁[101]指出社会学习理论更加强调榜样模仿行为，认为榜样特征、观察者特征及行为的后果是其三个主要因素：当领导表现出更高的领地行为（Territorial Behavior）时，团队成员会认为这种行为是值得学习的，从而也倾向于维护所属领地；而团队成员常常会把自己与领导做对比，从而明白自身在某些领域所欠缺的经验和技能，并且，常常将领导作为自己学习的榜样；有更高领地行为的领导通常也会使团队产生更强的领地氛围，这使得团队成员也开始表现出自己的领地行为，从而加剧知识隐藏行为。此外，范雪灵等[100]应用认知情感系统理论证实，管理者通过改善组织中的领地氛围，能够抑制员工的知识隐藏行为，推动组织的知识共享。所以通过领导力营造非领地导向的合作动机氛围对于弱化团队成员的知识隐藏行为尤为关键。

（2）领导与下属的交换关系被认为是决定下属行为的关键前因。

张笑峰和席酉民等[63]依据社会交换、社会学习及调节聚焦视角论证了伦理型领导对于抑制员工的知识隐藏行为的作用：从社会交换视角来看，伦理型领导主要通过两种积极互惠过程来抑制员工知识隐藏行为的发生，"员工—领导"过程需要伦理型领导是道德人；"员工—员工"要求伦理型领导是一个道德管理者的角色。从社会学习理论视角来看，员工将伦理型领导的人格品质等作为调整自己行为处事的准则，通过提升自身的道德认同感来抑制知识隐藏行为；从调节焦点理论视角来看，伦理型领导的日常反馈强化会激发员工积极型的工作状态的焦点调节。张亚军等[103]认为授权领导可以营造良好的领导力与成员之间的交换关系，进而能够促进员工隐性知识共享，抑制知识隐藏行为。林陵娜等[104]整合社会认知、社会惰化等理论，构建了知识隐藏的前因变量模型，即外生激励、分配公平、互惠与知识隐藏负相关；此外，Xu等[102]指出辱虐式监管引发领导与成员之间的低交换质量，并引发团队成员的沉默，进而在工作中表现出知识隐藏等不利于团队绩效的行为。所以，团队领导力通过营造良好的"领导力—成员"交换关系为弱化团队成员的知识隐藏行为提供了另一条路径。

（3）领导力"赋权、安全"导向的心理干预，也可以抑制团队成员的知识隐藏行为。

Wu和Lee[105]指出，知识管理中领导者的赋权行为可以帮助群体成员发展积极的心理资本，从而增加他们的知识共享行为；Peng[20]发现发展组织导向的心理所有权可以弱化领地行为转化为知识隐藏行为的可能性，组织导向心理所有权的发展需要鼓励员工参与组织的活动和决策，给予员工股权并增加他们对工作的控制能力，为领导者与管理者如何管理盛行的知识隐藏行为提供了解决思路。

结合以上领导力与知识隐藏行为研究进展，在跨职能项目团队知识活动中，发挥榜样作用且在团队学习方面具有较大影响力的一般是博学多才的团队成员，即非正式领导者[72]，团队中能够部署机制的往往都是团队中正式领导者，这两类领导者在团队合作过程中交互作用形成知识领导力，对于推动知识共享和知识隐藏均具有重要作用[75,213]。Pearsall等[67]指出，在社会化合作过程中，个体与集体的混合激励制度对于抑制社会化惰性行为具有最大的作用。因此，知识领导力可以从动机氛围塑造、示范学习效应下个体行为动机调节两方面来控制或抑制团队成员的知识隐藏行为。

1.2.3.2 知识隐藏行为动机调节相关研究

1.调节聚焦理论与知识隐藏行为动机

根据社会化认知理论，个体作为施为者会因为内外部激励，以及外部环境的性质和变化而调节自身的动机与行为。调节聚焦是用来描述自我动机调节的概念，用于解释个体在获得积极成果（促进聚焦：Promotion Focus）或避免消极结果（防御聚焦：Prevention Focus）的趋势方面动机导向[87]。人体行为一般都有根据目标导向自动调节的过程，对于知识隐藏行为来说也会存在同样的行为动机调节过程。

由知识隐藏行为的前因（见表1-1）来看：知识隐藏行为动机一方面来源于个体对权力和地位的追逐，知识心理所有权的维护，或者自身领地的标记与防御；另一方面来源于外部社会化交换关系质量的感知。因此，行为动机调节是多因素刺激的结果，个体的心理特质和外在感知对于自身的知识隐藏行为的发生均具有重要的调节作用。

2.感知自身知识权力的提升会引发个体知识隐藏行为动机的调节

福柯认为，知识和权力是共存和相互联系的，个人或组织拥有比他人或其他组织更有竞争力的知识，知识可以作为权力和影响力的来源，将知识与融资结合起来可以提升组织的有效性[34,88]。潘伟和张庆普[17]认为，个体会为了防止知识权力损失而选择防御聚焦动机导向并表现出知识隐藏行为。相反，Lin和Huang[16]指出当个体感知到知识共享自我效能感提升，个体拥有了知识权力则倾向于促进聚焦并愿意付出较高的努力水平，减少对失去知识力量的恐惧，降低隐藏知识的动机。Webster等[10]表明知识心理所有权得到认可就会共享信息，而且在遇到不同的领地行为情形时，个体也会出现不同程度的共享与隐藏信息。这些研究都说明了权力属性的心理归属感的改善,或者说感知自身知识权力的提升会引发个体知识隐藏行为动机的调节。

3. 知识价值的外在感知也会引发个体知识隐藏行为动机的调节

从他人的视角来看,个体知识隐藏动机产生也受到外在环境或感知他人行为动机导向的影响。Anaza和Nowlin[14]指出,缺乏同事知识共享的反馈及同事与领导的支持会引发销售人员的知识隐藏行为。Zhao等[56]强调工作场所的排斥会引发知识隐藏行为。Fang[60]认为,信息接受者的自身的内疚感与自我恐惧(丢面子、丢权力、被孤立)及感知到他人不良的行为动机(投机、开采、知识污染)都会引发自我动机导向的调节聚焦。Husted等[35]指出,个体也会对拥有低价值知识且倾向于不劳而获知识的他人具有知识共享敌意,进而增强隐藏知识的意愿。但是,当他人具备有价值的知识资源时,个体也会为获取自身利益而调节知识隐藏动机。Huo等[18]提出感知知识价值是个体对其知识重要性的看法,是一种对知识共享具有显著影响的典型知识特征,并指出感知自身知识价值越高则越倾向于隐藏知识。Brachos等[36]指出,感知到知识的有用性会促使个体行为的改变,是引发有效知识转移的前提,外部知识价值的感知也会影响知识隐藏行为动机的调节。在跨职能项目实践中,知识多样化会激发团队成员去主动学习[49],当个体感知到其他成员较高的努力水平且具备对自己有用的有价值的知识,个体也会转变防御聚焦为促进聚焦,为实现自身知识权力的提升而弱化领地行为,降低知识隐藏动机,并与他人保持一致的努力水平去发展深度的知识交换关系[9,89]。由此看来,引发知识隐藏行为动机调节的另外一个因素是知识价值的外在感知。

4. 感知自身知识权力的提升和感知他人知识价值的驱动力与交互影响需引发重视

以上研究分析表明,感知自身知识权力的提升与感知他人知识价值都会引发知识隐藏行为动机的调节,弱化知识隐藏行为选择。正如Colleny等[13]

第1章 绪　论

指出，除了社会化规则对知识隐藏行为的影响，自我调节能力会影响知识隐藏行为的产生，而且自我调节能力增强，知识隐藏行为对人际关系绩效与组织绩效的负面作用将会减弱。尽管以往文献已明确，个体知识隐藏动机调节对于控制知识隐藏行为具有关键作用，却忽视了内在条件变化和外在感知如何对知识隐藏行为产生影响。此外，张笑峰和席酉民[63]也在调节聚焦视角下论证了道德型领导对于抑制员工的知识隐藏行为的作用，即道德型领导的日常反馈强化会激发员工积极型的工作状态调节焦点，但是员工本身的个人特质调节焦点是否会促使自己减少知识隐藏行为，还缺乏实证检验，并且，对于领导者在知识管理中的行为与特质是否影响及如何提升个体知识权力、如何引导个体积极感知他人知识价值等问题都需要进一步探究。

1.2.3.3　群体动机氛围与知识隐藏行为研究

1. 成就目标理论

成就目标理论（Achievement Goal Theory）解释了员工在实际工作中会通过工作环境的政策、实践和程序的感知与判断，形成共同认同的成功和失败标准[91-92]。依据此理论，感知群体氛围可以帮助员工理解什么行为是被认可和被期望的（例如，知识共享行为），群体动机氛围被分为两类：精熟动机氛围和绩效动机氛围。

2. 团队氛围与知识隐藏

团队氛围是团队成员在不断地交流与互动中形成的共享的工作环境政策、实践和程序。公平与信任氛围的影响主要侧重个体感知外部环境的视角，精熟与绩效导向团队动机氛围感知会引发个体的目标和动机导向变化，对于知识隐藏行为来说，具有更加直接与更深层次的影响[25,90-91]。

通过表1-1对知识隐藏意愿与行为诱因的文献梳理可发现，群体动机氛围（公平氛围[15-16,18]、知识共享氛围[10,13]，以及精熟与绩效氛围[17]）

在抑制知识隐藏意愿与行为中发挥重要作用。Tasy等[15]指出程序公平和分配公平通过领导者与成员之间的交换关系对知识隐藏意愿产生影响,而互动公平会通过成员之间的交换关系作用于知识隐藏意愿。Connelly等[13]指出组织的知识共享氛围与个体之间的公平氛围对知识隐藏行为会产生潜在的抑制作用。在项目团队中,公平氛围对知识隐藏意愿与行为的影响是间接的,Lin和Huang[16]证实了程序与分配公平氛围会通过人际信任对知识隐藏行为产生影响。

3."精熟—绩效"导向团队动机氛围与知识隐藏行为

精熟动机氛围支持努力和合作,强调学习、精熟和技能发展,在保证知识集成最大化的同时,也会认同与重视个体知识所有权[91-92]。研究发现,这样的环境可以促进更多的适应性行为,比如更好的表现、更高的工作投入、额外的努力和面对困难时的坚持[91,93],而且团队成员倾向于建立学习导向并积极共享知识,弱化知识隐藏行为。相反,绩效氛围强调规范能力、社会比较和内部竞争,业绩优于他人被认为是成功的表现[50,91]。研究表明,在这种被迫进行社会比较的群体环境下,员工之间就会形成一种消极的依赖关系,个体会被诸如能力分组和语言比较等信息所淹没,处于紧张与不安全的交互环境中,表现出防御动机倾向并隐藏知识。

在知识隐藏相关研究中,较多学者深层次地探究了精熟动机氛围与绩效氛围这两种不同的动机氛围对知识隐藏的作用机理,并且建议在团队合作中营造精熟动机氛围来促进团队的知识共享,弱化知识隐藏行为[17,24,50]。例如,潘伟和张庆普[17]通过对23个团队进行问卷调研后发现,精熟动机氛围可以对知识隐藏产生直接的负向作用,而且还负向调节知识权力损失与知识隐藏的关系;绩效动机氛围的作用结果则相反。Černe等[24]认为精熟动机氛围下知识隐藏对个体创造力的负面作用会削弱,绩效氛围下则加剧了知识隐藏

第1章 绪 论

行为引发人际不信任的恶性循环,从而降低个体创造力。

然而,动机氛围研究领域也有学者指出,精熟氛围容易导致个体关注自身发展而忽视组织的利益。例如,Edmondson 和 Nembhard[94]指出,精熟氛围下学习与知识共享需要花费时间,加上项目的复杂性,很有可能会导致项目的延期交付。Caniëls 等[50]认为精熟氛围与绩效氛围之间的关系是微妙的,组织与团队存在的最终目的是完成相应的目标,这两种动机氛围不是单独存在的。依据调节聚焦理论中两个焦点可能同时处于高水平或低水平,这两种动机氛围是共同存在并交互作用的,并且表现出不同的导向,即精熟导向动机氛围与绩效导向动机氛围[50]。员工拥有的亲社会化动机越高,精熟导向动机氛围下越容易产生较好的合作绩效,绩效导向氛围对合作绩效的负面效应也能够减弱[50]。因此,为促进项目中的合作绩效,需要综合考虑两种动机氛围的一致性与导向性所带来的影响。

4.团队动机氛围的营造

Huo 等[18]证实任务依存度、团队的公平性(程序、互动与结果分配公平)氛围水平越高,领地行为转化为知识隐藏行为的可能性就越小。该研究建议领导者在进行工作设计时考虑改善任务依赖性,并提倡团队发展道德领导力,促进公平氛围的塑造。Lin 和 Huang[16]进一步指出社会交换下的信任氛围的构建对于控制知识隐藏行为具有更直接的作用。为了确保知识活动的有效性,降低知识资源风险,领导者必须创造一个公平和有凝聚力的工作环境使得团队成员愿意认同项目愿景,参与项目的实施并分享他们的知识[15]。在此研究基础上,王鹏 等[26]探究了员工对环境不确定性、组织氛围不确定性及个人胜任力不确定性的感知联合调节作用下人际信任对知识隐藏行为的影响。相关的管理启示建议,企业管理者应采取措施,强化工作场所内成员间的人际信任,进而抑制知识隐藏行为,尤其是在通过认知信任获取帮助时,知识求助者向信任自己的人或拥有高声誉的人求助，其获取帮助的可能性较大，而对于胜任力不佳的知识求助者来说，向精通于所求助问题的人进行知识求助更容易获得帮助。综上文献研究成果，团队领导者在塑造公平与信任的团队氛围方面具有重要的作用，是抑制知识隐藏行为的前提，也为如何营造良好的团队动机氛围以弱化知识隐藏行为提供了启示与解决思路。

1.2.4 知识隐藏行为负面影响弱化机理研究综述

1.2.4.1 知识隐藏行为影响机制相关研究

近几年来，随着知识隐藏行为被提出，该行为如何对个体与群体绩效产生影响也引发了广泛的关注，尽管现有的后果研究较少，但对不同组织层次绩效、不同的过程机制及相应的调节机制都有一定程度的涉及，并且知识隐藏行为被证实对个体创新与关系绩效、团队研发绩效及组织绩效均有不同程度、不同方向的影响。

1. 知识隐藏行为的"双刃剑"作用

在个体层面的相关研究中，知识隐藏行为会引发相互不信任、相互不支持的恶性循环，对个体创新绩效或工作绩效产生负面影响。例如，Černe等[24]通过一项对34组240名员工的实地调查研究发现个体的知识隐藏行为引发了成员之间的不信任的恶性循环，通过引发个体间的不信任对知识请求者与隐藏者的创造力产生负面影响；Evans等[65]提出并验证了知识囤积行为产生后，会因为同事撤回社会支持而降低个人的工作绩效。

对于团队或组织层面研究来说，知识隐藏会对资源存量、快速应对能力、创新绩效等带来负面影响。Tsay等[15]指出知识隐藏行为是增加项目潜在的知识资源风险的前因之一；Evans等[65]通过对美国林业局41个单位的297名员工进行抽样调查，进一步证实了知识囤积和感知囤积都对单位绩效有害，因为它们损害了与工作相关的互动，损害了单位快速应对问

第1章 绪 论

题的能力;周健明等[41]选择103个高新技术企业研发团队作为研究对象,验证了团队成员知识隐藏行为通过对团队知识存量(知识深度与相关度)的不利作用,进而阻碍了新产品研发团队绩效的改善。Kang[11]也提出企业的创新转移与维持企业的竞争优势直接相关,但是知识隐藏行为通过引发四种类型的领地行为阻碍了企业的创新推广。

尽管以上大多数研究都指出了知识隐藏行为对不同层面绩效的负面影响,但也有学者指出在不同的行为类型、绩效考核标准或组织层面下,知识隐藏行为也可能产生正面影响或不产生负面作用。Connelly等[38]也通过实证检验提出,不同类型的知识隐藏行为对个体间关系绩效与信息寻求者的报复行为都具有不同影响,理性隐藏或装傻型知识隐藏可能打破知识隐藏在组织中的恶性循环,对个体间知识流动与关系质量不产生负面影响。Webster等[10]提出知识隐藏会对组织的知识产权保护具有正向作用,且对短期内个体的工作绩效也有正向作用。Evans等[65]综合性地分析知识隐藏者通过隐藏行为提高自身的议价能力和影响力,提高个人的工作绩效。在此基础上,该学者进一步强调知识隐藏和感知他人知识隐藏都对单位绩效有害,从个体与组织双层次视角考虑深度揭示了由于知识隐藏而降临到个人和他们的组织身上的好坏参半的作用效果。同样,Wang等[106]依托自我决定理论与社会交换理论证实了知识隐藏行为在个体与团队两个层面产生的双刃剑效果,即在控制社会化交互质量的基础上,知识隐藏行为有利于提升知识寻求者销售绩效,但从团队层面来看,在控制激励结构后,知识隐藏行为会不利于改善团队生存能力。

2. 知识隐藏行为影响个体绩效的中介与调节机制

相关研究在阐述知识隐藏对各层面绩效作用机理的同时,也揭示了知识隐藏对知识隐藏者个体绩效产生影响的过程机制(例如,不信任发展[24,32]、工作场所的公平待遇[32]、关系认同[61]、心理困扰[61]及领地行为[18,20]等),以及对信息寻求者绩效产生影响的调节机制(例如,社会化交互质量[61]。

3. 团队知识隐藏成为新的发展趋势

近期研究也逐渐强调与证实,知识隐藏行为涌现从长远来看逐渐上升为团队层面问题且对团队生存能力、团队的情感状态、团队知识存量、团队知识吸收能力及知识协同产生不利影响。例如,李浩和黄剑[39]探究了团队知识隐藏对交互记忆系统的深层作用机理,揭示了团队知识隐藏通过削弱可信与协调两个子维度及团队成员情感信任的建立,阻碍了交互记忆系统的发展。

综上研究发现,本研究认可保护机密信息或保护他人利益的动机引发的理性知识隐藏行为带来潜在正向作用,但本书内容侧重于强调由个体利己动机引发的非机密任务相关的知识隐藏行为涌现给团队过程与绩效带来的潜在负面影响。

1.2.4.2 知识隐藏行为负面影响弱化相关研究

1. 知识隐藏行为对团队过程、绩效产生影响的边界条件

随着研究的深入,在这些知识隐藏行为作用机制基础上,相关学者也探索了知识隐藏行为对团队过程或不同层面绩效产生影响的边界条件或调节机制。在这方面,Connelly等[13]提出一般组织情境下知识隐藏前因后果的框架,其中自我调节、职业承诺、社会规则等充当调节变量。Burmeister等[107]指出,自我的道德情绪调节有可能激发先前做出知识隐藏的人的愧疚感与羞耻感,从而在后续工作中表现出组织公民化行为。Evans等[65]发现囤积行为对个人绩效的积极影响是由议价能力调节的,而感知囤积行为对个人绩效的消极影响受到社会支持程度的调节。团队情境因素,尤其是感知动机氛围,对缓解个体知识隐藏行为带来的负面影响也具有重要作用。Černe等[24]基于社会交换理论提出当个体感知到绩效氛围时知识隐藏行为对人际信任与创造力的消极影响会增强,但

第1章 绪　　论

当感知精熟导向的掌控氛围时，这些消极影响将被缓解。Černe等[25]以成就目标理论与工作特质理论为理论框架，通过跨层次两波调研，研究结果表明：组织中的动机氛围有助于消除知识隐藏行为对微观创新过程的负面影响；任务相互依赖性和决策自主权二次调节了感知到的团队精熟氛围在知识隐藏和创新工作行为关系中的调节作用。在此研究基础上，Wang等[106]选择销售类研究情境，证实了高社会化交互会弱化知识隐藏行为对信息寻求者销售绩效的正向作用；团队导向的激励结构设置可以弱化知识隐藏行为对团队生存能力的负面影响。

以上研究为缓解个体层面知识隐藏带来的负面效果提供了解决思路，但进一步来说，知识隐藏发生在团队成员社会化交互的知识活动中，个体之间的"一报还一报"趋向的行为演化极有可能发展成为团队层面的问题，以上提到的周健明等[41]及李浩和黄剑[39]的研究中已经证实团队知识隐藏会对团队知识协同过程与跨职能项目团队绩效（例如，新产品研发绩效）带来负面影响。但Fong等[31]以中国87个知识团队为研究情境，发现团队成员之间高任务的依赖性能够有效缓解团队知识隐藏对团队知识吸收能力的负面作用，并由此降低对团队创造力的不利影响。以上研究强调团队氛围、团队工作设计、团队社会化交互及团队导向激励结构的调节作用能有效缓解团队知识隐藏带来的负面效果，但对于团队知识隐藏对团队知识合作过程和绩效的负面影响如何干预机制仍有待深度探究。

2. 交互记忆系统与团队知识隐藏

团队交互记忆系统是指基于对团队中"谁知道什么内容"（Who knows what）的共享理解而用于编码、存储和检索信息的协作分工系统，也是学习、记忆和交流知识的协作分工[108-109]。Wegner[108]认为，交互记忆系统涉及两个方面的组成，一部分有组织的知识存储（交互结构）和一组发生在成员之间的与知识相关的交互活动。从信息处理视角来看，交互记忆系统的发展促进了信息的编码、存储和检索[21]。除了信息处理功能，交互记忆系统理论的发展进一步指出该系统反映了发展和利用专业知识的其他多个过程，如社会认知过程[110]、知识协调与利用过程[111]。

Griffith 和 Neale[112]指出，团队经常通过几个过程将新生知识转化为交互记忆和团队的结果。团队成员之间的相互交流和共同努力取决于团队成员相互了解的程度，以及团队成员为完成任务和交流建立的惯例[113]。因此，交互记忆系统被认为是知识共享、团队学习和细化任务相关信息的先决条件[113-114]。

此外，团队认同作为一种团队涌现的状态，也可以通过提升交互记忆系统来提高团队绩效[115]。这表明交互记忆系统与其他团队的信息处理过程和涌现的团队状态相互作用，确保团队绩效的实现。相关研究也证实了交互记忆系统对群体学习、团队创新、团队有效性、团队成员满意度等都具有积极作用[109, 116]。结合李浩和黄剑所提出的知识隐藏作为交互记忆系统发展的前因，以上现有研究进展为建立"团队知识隐藏—交互记忆系统—团队绩效"的作用关系提供了理论基础，并为本研究解释团队知识隐藏对团队绩效的负面影响提供了新的过程视角。然而，目前的研究还没有系统地考察交互记忆系统在解释团队知识隐藏负面效果中所发挥的作用。

3. 团队知识隐藏负面影响弱化的新边界——知识领导力的权变作用

本节进一步梳理知识隐藏行为、知识领导力、交互记忆系统的相关文献，为跨职能项目团队中知识领导力权变作用能否成为缓解团队知识隐藏负面效果的解决方式提供进一步的文献梳理。

在交互记忆系统理论的发展过程中，很多学者长期以来都在探索交互记忆系统的前因、后果及构成要素等[109, 116]。相关实证研究指出交互记忆系统的发展及交互记忆系统对团队成果的影响都是在一定条件下产生的。一般来说，社会化交互和沟通过程是培养交互记忆系统的基础条件，共享的团队

第1章 绪　　论

项目目标和团队内成员之间的沟通被认为是基本前因[37,115]。然而，在具有严格的工期要求和成员多样化的临时项目中，共享目标的激励作用、团队内成员之间的沟通效果及合作式交互氛围的创建都必须通过团队核心人物主动控制或引导过程来实现。Hsu等[22]认为智力资本在跨越知识边界和协调子群体之间的认知冲突方面发挥着至关重要的作用。Cabeza等[118]也发现网络关系对交互记忆系统发展的影响取决于领导力这一权变因素。在目前关于交互记忆系统的文献中，学者们越来越关注跨职能背景下的正式领导力如何作为一种权变因素促进交互记忆系统的发展与运行[117-119]。

此外，交互记忆系统在改善团队绩效功能方面，也需要知识领导者的介入。以往的实证研究发现，交互记忆系统功能受信任水平[120]、成员交换[116]、变革型领导[117]等因素的影响。团队领导力在其中发挥的作用主要体现在促进团队成员之间的沟通、激发合作与信任为导向的团队关系环境及促进团队知识共享与交换，这也正好为解释知识领导力如何能缓解团队知识隐藏对交互记忆系统和跨职能项目团队绩效的负面效果提供了理论依据。

1.2.5　文献述评

围绕跨职能项目团队知识领导力与知识隐藏行为，知识管理相关研究领域学者展开了广泛研究，强调探究与解释跨职能项目团队情境下弱化知识隐藏行为及其负面效果的必要性与可行性。然而，从知识隐藏行为演化视角来看，如何从个体知识隐藏意愿、个体知识隐藏行为、团队知识隐藏演化过程探究知识领导力作用下亲社会化过程的智慧演进机制及知识隐藏行为的弱化机理还存在较大的局限性，主要表现在以下方面。

第一，知识领导力对知识隐藏这一消极知识活动的影响机理及由此而智慧演进的过程机制均有待进一步探究。

知识领导力在整合知识和经验、激励团队成员学习和创新的能力及提升知识管理水平等方面是至关重要的。现有研究大多数都在强调知识领导力在积极的知识活动（如知识共享与集成）中发挥的重要作用，尽管近两年在消极知识活动（知识隐藏）中的作用也逐渐凸显，但知识领导力通过什么过程机制干预并影响知识隐藏行为还鲜有研究，需进一步聚焦知识领导力在弱化知识隐藏行为及其后果中的角色，深入探究其影响知识隐藏行为而智慧演进形塑的过程机制。

第二，领导力与知识隐藏相关研究视角有限，多以静态某一行为要素展开分析，缺乏从行为演化与知识领导力干预过程演进的动态视角系统化分析知识领导力与知识隐藏的影响关系，也欠缺相应的定量研究，主要表现如下。

（1）在多样化团队成员组成的项目团队情境下，知识领导力究竟是如何通过知识管理意义建构的过程，转变团队成员的知识隐藏意愿，仍缺乏更加全面的实证检验和理论探究。

（2）尽管知识隐藏行为与动机氛围的相关研究不断深入，更加肯定了团队精熟导向动机氛围在控制与抑制知识隐藏行为中的关键作用，此氛围的营造及控制知识隐藏行为都离不开团队正式与非正式知识领导者在知识管理中的有效干预。但现有研究仍旧存在两个理论缺口，即：①在项目情境下如何部署微妙的、有效的团队干预机制，塑造精熟导向动机氛围，进而抑制知识隐藏行为。②精熟导向动机氛围是通过何种过程机制抑制知识隐藏行为，或者说，如何有效抑制知识隐藏行为。

（3）尽管以往文献已明确个体知识隐藏动机调节对于控制知识隐藏行为具有关键作用，也提出道德型领导能够诱发个体知识隐藏动机调节，但对于领导者在知识管理中的行为与特质如何引导个体积极感知自身知识权力与他人知识价值，进而弱化自身知识隐藏行为等问题都需要深入探究。

（4）知识领导力和交互记忆系统在缓解团队知识隐藏负面影响中的

第1章 绪　　论

联合作用较为凸显，知识领导力是不是一种能够有效弱化团队知识隐藏负面效果的权变因素也仍需进一步的实证探究与检验。

针对以上提到的研究局限，本研究强调从个体知识隐藏意愿与知识领导力、个体知识隐藏行为与知识领导力、知识协同导向下团队知识隐藏与知识领导力三方面探究知识隐藏行为跨层演化过程中知识领导力干预过程的智慧演进及其对知识隐藏意愿、知识隐藏行为、团队知识隐藏的深层影响机理。

1.3　本书研究框架

1.3.1　研究目的与意义

1.3.1.1　研究目的

本书研究目标与研究问题相关联。聚焦"跨职能项目团队知识领导力智慧化演进视角下知识隐藏行为管理"这一研究话题，跨职能项目团队实践中存在一个未解决的问题，即该团队成员的知识隐藏行为比较普遍，低效率的团队知识合作阻碍了团队内部知识利用效率，知识领导力的干预过程有待智慧化演进，知识管理水平有待提高。鉴于此，本书拟解决的研究问题是：如何采取有效的团队干预措施，尤其是如何利用团队知识管理的邻导力量，部署知识领导力以抑制知识隐藏意愿与行为涌现，并弱化该行为所带来的负面效果？

通过以上研究问题的解析与分析，本书主要研究目的是：深度剖析知识领导力干预知识隐藏行为的亲社会导向智慧化演进过程机制，全面揭示跨职能项目团队知识领导力及其作用下的多元亲社会化过程机制对知识隐藏行为的综合影响机理，构建知识领导力视角下跨职能项目团队知识隐藏行为的有效管理方式，为跨职能项目团队知识领导力如何干预与管理消极知识活动、提升知识领导者管理效率和项目成员的知识贡献度、改善团队知识管理水平与项目绩效提供一定的理论指导和管理启示。

1.3.1.2 研究意义

1. 理论意义

本书各部分研究内容突破知识隐藏行为研究领域现有的理论视角与情境因素，克服了现有知识隐藏研究注重个体与情境因素而忽视领导者这一团队情境塑造者角色的不足，打破仅聚焦于探究知识隐藏个体层面负面效果的局限性，拓展知识隐藏行为的研究层面、前因与后果边界，丰富知识领导力的内涵，对于推动知识领导力理论与知识隐藏行为研究的整合与发展具有一定的理论价值，更重要的是以跨职能项目情境下知识隐藏行为演化过程与知识领导力的智慧演进为双元切入点，深入揭示了跨职能项目情境下知识领导力的智慧演进机理及对不同发展阶段的知识隐藏行为要素的影响机理，可为跨职能项目团队管理者在知识隐藏行为演化的不同阶段如何强化项目成员的亲社会化意愿与行为的相关研究提供理论借鉴。

2. 实践意义

本书相关研究成果具有丰富的管理启示，帮助项目经理与骨干项目团队成员更好地理解知识领导行为如何精准施策，干预与管理身处消极知识活动团队成员的知识隐藏行为，为当前知识经济与数字经济交融背景下跨职能项目团队不同层面消极知识行为管理策略的部署提供了明确指导，对于提升跨职能项目团队知识领导者管理效率和团队成员的知识贡献度、激发知识资源潜能、提升团队知识资源利用与协同效率、改善项目知识管理水平、促进企业数字化转型、保持知识密集型企业竞争优势都具有一定的实践指导意义。

1.3.2 研究内容

依据梳理文献所提出的研究问题，本书的研究内容包括四个部分，具

第1章 绪　　论

体如下。

研究内容 1：知识领导力视角下亲社会化意义建构机制对知识隐藏意愿的影响研究。

本部分在知识贡献行为为团队非强迫性行为的前提下，从跨职能项目团队知识领导者作为团队知识管理的意义建构者角度出发，探究多样化的团队成员如何建立共识与目标承诺并感知知识价值与参与知识活动的意义，进而超越自身利益而积极为实现团队目标和团队合作贡献力量。首先，借鉴意义建构理论将知识领导力视为"从团队知识活动全局出发，知识管理意义赋予的过程"，将团队成员亲社会化意义解析界定为双元化过程机制，即团队目标承诺与知识导向亲社会化影响力；在此亲社会化意义建构过程界定基础上，进一步探究知识领导力如何通过团队目标承诺与知识导向亲社会化影响力作用于团队成员的知识隐藏意愿，并在文献研究的基础上建立相应的假设与理论模型。本部分采用问卷调查的方法收集数据，通过建立结构方程模型对数据进行处理和分析，验证相关理论假设与模型。

研究内容 2：团队精熟导向动机氛围与个体知识隐藏动机调节机制联合中介作用下知识领导力抑制知识隐藏行为的跨层次作用机理。

本部分内容借助个体行为涌现的混合前因跨层次模型，依然以知识领导力为研究视角提出：知识领导力作为团队层面的管理者会营造精熟导向动机氛围，也会作为个体层面的魅力型学习榜样引发团队成员知识隐藏行为动机的调节，双向调节动力在于感知他人知识价值与感知自身知识权力提升。在团队层面与个体层面动机控制机制的共同作用下，知识领导力抑制团队成员知识隐藏行为的涌现。本部分内容首先通过文献研究，将个体层面的感知他人知识价值与感知自身知识权力提升概念化并形成其量表，除此之外，以社会交换理论与调节聚焦等理论为基础，确定知识领导力通过团队精熟导向动机氛围与个体知识隐藏动机调节机制（感知他人知识价值与自身知识权力提升）对知识隐藏行为的深层影响，并建立相关假设和理论模型。通过两轮的问卷调查，第一部分进行预调研，初步分析测量量表的信效度，第二次问卷调查对量表的信效度进行再次验证，并对相关假设进行检验，揭示知识领导力抑制知识隐藏行为的跨层次动机控制机制。

研究内容3：知识领导力与交互记忆系统联合作用下知识隐藏行为对跨职能项目团队绩效负面影响的弱化机理研究。

跨职能项目团队个体间知识隐藏行为的涌现引发团队成员之间非协调性社会交互的恶性循环，逐渐演化成为团队层面行为管理的问题，并由此削弱了团队知识协同与集成机能，威胁着项目团队绩效的实现。尤其在严格工期与各方利益相关者诉求凸显状况下，知识领导力作为以团队为中心的绩效承担者，将会进一步实施干预机制，弱化团队知识隐藏对团队知识协同过程与团队结果的负向影响。因此，本部分内容将知识隐藏行为涌现作为团队层面的研究问题，引入交互记忆系统这一中介变量，进一步探究知识领导力在"团队知识隐藏—交互记忆系统—跨职能项目团队绩效"作用关系中的调节作用。第一，在大量的文献研究基础上，分析团队知识隐藏通过交互记忆系统对跨职能项目团队绩效的作用机理，并理论推导知识领导力是如何负向调节团队知识隐藏与交互记忆系统的关系、团队知识隐藏与跨职能项目团队绩效的关系，以及如何正向调节交互记忆系统与跨职能项目团队绩效的关系。第二，采用问卷调查方法获得团队层面定量数据，构建偏最小二乘法结构方程模型，采用SmartPLS统计分析软件进行数据处理和分析，验证知识领导力的多元化调节效应及交互记忆系统的中介作用。

研究内容4：知识领导力作用下亲社会化导向过程机制智慧演进及其对知识隐藏行为影响的案例研究。

在前述四部分研究内容所探索与揭示的知识领导力对知识隐藏意愿、知识隐藏动机与知识隐藏行为负面效果的多层面、多过程作用机理的基

第1章 绪 论

础上，采用定性和纵向研究视角，进一步系统地解释并证实知识领导力对知识隐藏行为演化过程中的亲社会化导向干预机制。为此，该部分研究采取典型性个案研究进行研究设计，并将半结构化访谈与会议记录等文本资料作为数据收集的方式。首先，拟通过详细查阅和梳理知识领导力与知识隐藏相关文献，初步建立跨职能项目团队知识领导力视角下知识隐藏行为干预机制访谈提纲。在此基础上，选取一个典型以研发为导向且采用跨职能项目团队的公司作为案例，在获取多个项目的基本信息后进行实地调研。其次，组织领域专家进行焦点小组座谈，修正和完善初步设计的访谈提纲。最后，根据完善的访谈提纲对案例中的相关参与人员进行半结构化访谈，收集文本资料数据，并运用NVivo等软件对语音与文本材料进行分析，深度剖析知识领导力受双元要素驱动，智慧演进而形成的亲社会化导向过程机制（团队目标承诺、知识导向亲社会化影响力、团队精熟导向动机氛围、自身知识权力提升、感知他人知识价值、交互记忆系统、关系导向利益感知、人技交互下任务监管与可视化）对知识隐藏行为的干预给予进一步验证与解释，形成一个较为完善的跨职能项目团队知识领导力对知识隐藏行为综合影响机理模型。

1.3.3 研究设计与方法论

1.3.3.1 研究设计构思

为了揭示某一现象或寻找某一研究问题的解决方法或答案，通常会采用一种系统的方法，更深层次来说，研究项目的基础和统一是选择合理的方法论[121]。研究方法论引导整个研究工作的方向，方法论选择的前提是本体论和认识论，通过界定"现实中存在着什么""知道什么及如何知道"等事实，确定研究现象，聚焦研究问题，明确研究目的进而确定合理的研究策略与方法来解答研究问题并实现研究目的[122]。不同学科或不同研究问题采用的研究路径和方法各不相同,但殊途同归,最终都为了采用科学严谨的思维揭示与掌握事物本质及其运行变化的规律。

结合本章第1.1和1.2小节的内容梳理,本书关注的研究现象侧重于跨职能项目团队情境下知识活动中项目团队成员普遍存在知识隐藏行为,引发了低效率的团队知识合作,阻碍了知识利用效率及项目绩效。在影响项目成员知识隐藏的众多因素中,项目管理者在知识活动中的特质与行为往往影响着项目成员的感知与行为选择,即知识领导力对项目成员的知识隐藏心理与行为发展具有一定的规律性,但是该作用机理尚不明晰,有待于进一步地探索与解释。受该研究问题驱动与指引,方法论的设计过程像"剥离洋葱"一样(研究设计过程如图1-3所示),从初始的研究哲学基础、研究方法、研究策略的选择再到详细的数据收集方法设计都是一个依据现象的本体论深度合理选择的过程[121]。

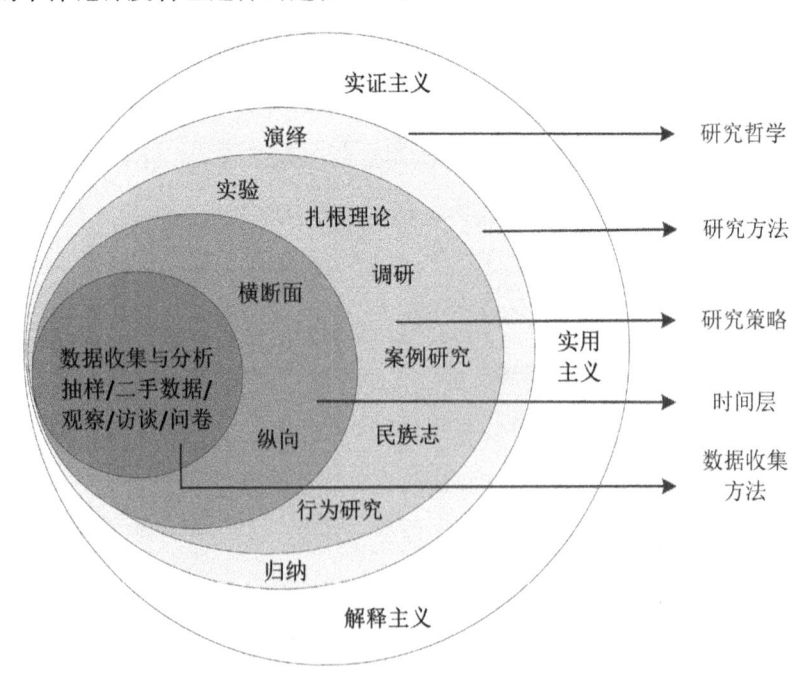

图1-3 研究设计过程"洋葱图"[121]

第1章 绪　　论

以上科学研究设计过程中的"洋葱图"提供了一个非常全面的框架，详细展示了科学研究设计过程中涉及的所有步骤并为每一个步骤提供了选择。基于此，依据研究基石之间的相互关系及科学研究设计范式的具体过程与研究设计的具体步骤，结合本研究中跨职能项目团队知识领导力对知识隐藏行为影响机制研究这一主题，确定研究基石间的相互关系与研究总体设计如图1-4所示。

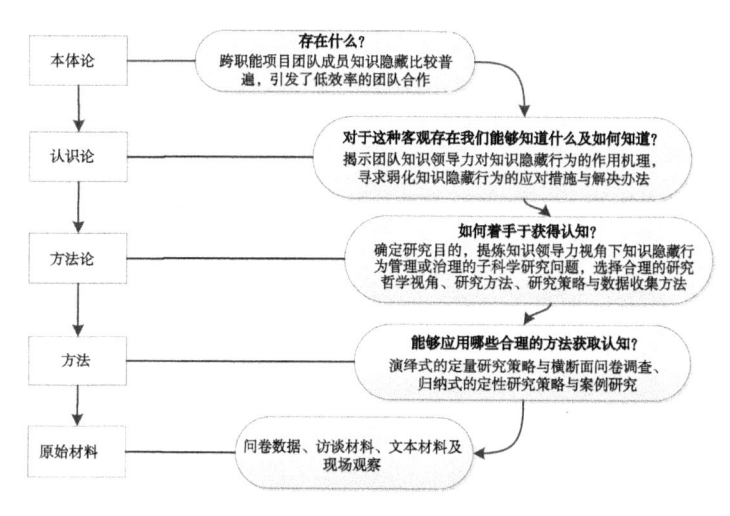

图1-4　研究基石间的相互关系与研究总体设计[122]

为进一步细化研究设计，本书将研究问题分解为以下四个子科学问题。

问题1：知识领导力如何通过团队目标承诺与知识导向的亲社会影响力这两个亲社会化意义建构机制影响团队成员的知识隐藏意愿？

问题2：知识领导力如何通过团队精熟导向动机氛围与个体知识隐藏动机调节这两个跨层次的动机控制机制抑制知识隐藏行为的涌现？

问题3：知识领导力如何通过干预团队交互记忆系统这一知识协同过程弱化团队知识隐藏对跨职能项目团队绩效的负面影响？

问题4：为增加研究结果的稳健性与解释力，在对前三个研究问题横向探索与演绎研究的基础上，如何通过纵向定性研究，较为系统地归纳与

跨职能项目团队知识隐藏行为管理：知识领导力智慧演进视角

解释知识领导力对知识隐藏的作用机制，即归纳与验证问题1~问题3涉及的知识领导力作用下亲社会化导向过程机制，并进一步解释在跨职能项目管理实践中它们是否及如何联合发挥作用影响知识隐藏行为？

从本体论和认识论来看，从客观或自然角度解读现象时，更倾向于采用实证主义下定量研究范式来揭示现象的客观规律与事实，但从主观或社会生活的角度解读现象时，则倾向于采用解释主义下定性研究范式来解释意义或揭示现象。鉴于以上四个子研究问题的内涵与视角，确定解决各子科学研究问题所采用的研究范式如下。

（1）为了解决问题1，参照实证主义的研究范式[121-122]，需要识别知识领导力视角下亲社会化意义建构机制（团队目标承诺与知识导向的亲社会化影响力）并使其连接知识领导力与知识隐藏意愿的关系，通过文献研究推导理论假设，探索知识领导力及两个亲社会化意义建构机制对知识隐藏意愿的作用机理。

（2）为了解决问题2，遵循实证主义的研究范式[121-122]，需要建立团队知识领导力、团队精熟导向动机氛围、个体知识隐藏动机调节机制（感知他人知识价值与感知自身知识权力提升）及知识隐藏行为四个跨层次构念之间的关系模型，进而探索知识领导力对知识隐藏行为的跨层次作用机理。

（3）为了解决问题3，同样依据实证主义的研究范式[121-122]，需要构建知识领导力、团队知识隐藏、交互记忆系统及跨职能项目团队绩效之间的关系模型，做出理论假设，验证理论假设是否成立，进而探索知识领导力对于缓解团队层面知识隐藏行为负面效果的知识协同干预机制。

（4）为了解决问题4，以诠释主义为主导研究范式[121-122]，选择关键案例并收集、分析定性材料，针对问题1~问题3从客位取向所建立的知识领导力对知识隐藏行为的亲社会化导向过程影响机理，从主位取向综合性地验证并解释知识领导力智慧演进形塑的过程机制下相关解释变量与

第1章 绪　论

知识隐藏行为相关结果变量之间的作用机制，进一步的解释与完善问题1~问题3的研究发现。

1.3.3.2　研究方法

混合方法研究是以某种方式将定量和定性研究结合起来的研究范式[121, 125]，两种方法可解决不同研究问题，研究结果还可以对照分析产生更全面、科学及完整的研究结论。本研究综合参考实证主义与诠释主义范式下的认识论，采用定量的问卷调查研究策略与定性的案例研究策略[123-124]，将两种研究策略相结合解决研究问题并实现研究目的。

依据研究问题与研究目的采取的研究范式，进一步对数据收集方法细化设计，本研究4个子科学研究问题将演绎式定量研究策略与归纳式定性研究策略相结合，本研究设计策略与方法构思如图1-5所示。

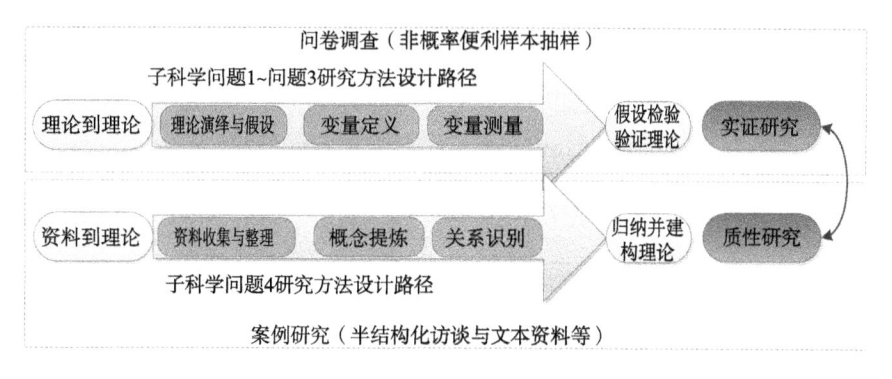

图1-5　本研究设计策略与方法构思[124]

这两种研究策略是社会学研究中广泛采用的研究策略[122-123]。其中，实证主义是本体论中采用客观的角度解释现象，偏向于采用实验法、社会调查法等规范的数据收集与分析方法，以发现与证实一系列可能的因果定律，对人类的普遍模式进行预测；解释主义接近采用主观角度解释现象，侧重微观的、行动导向的社会互动过程，尤其是行为背后的动机及不同情境下影响行动与经验条件的解释，通过深度访谈或对自然情境中人的观察收集信息，解释与建构事实[123]。这两种逻辑范式在社会科学研究中形成有益的互补。

1.定量的问卷调研策略

依据前面所谈到的研究范式，子科学研究问题1~问题3采用演绎式的定量研究策略[121-122]，再依据各子科学问题所涉及的研究内容，建立相应的理论假设。鉴于研究的关键变量未有现成的官方发布或可参考的二手数据，本研究所有数据来源于问卷调查的第一手数据。为避免回收率过低带来的低有效性问卷与较高调研成本问题，本研究采用非概率便利样本为抽样方法进行问卷调查来获得数据[126]，并通过分析收集的定量数据验证所建立的理论假设。

问卷调查式定量研究策略[121]遵循"调研目的合理实现下调研成本经济化"原则，依照图1-5所示问卷调查研究路径，具体涉及以下几个步骤。

（1）基于以往相关的文献与相关理论，对各个研究问题下的关键研究变量进行界定并构建关于各个研究问题的理论假设。

（2）参考各个研究问题下的关键研究变量测度相关文献，确定关键变量的初始测量题项。

若文献中已有关键变量的测量题项，则只需转入下一步（3）进行情景化；若变量未有现成可参考的测量题项，则转入步骤（4）根据以往相关理论研究，作者自主开发出合适的且符合研究情景的题项。

（3）对初始变量的测量题项进行情景化处理。

研究内容2中精熟导向动机氛围、感知他人知识价值及感知自身知识权力提升这三个变量缺乏成熟的测量量表。除此之外，本书其他关键变量均来源于相关文献中的成熟量表。这些量表的设定都是基于一般或特定的研究背景。为了使其能符合跨职能项目团队知识活动相关的背景并方便被调查对象对测量题项的理解，需要将这些借鉴过来的测量题项进行情景化

第1章 绪　论

处理。同时，本书中的初始测量量表均来源于英文文献，为了减少不同语言意义的差异，保持测量题项的原有信息，邀请若干项目管理专业的博士被邀请对原始英文量表进行交叉对照翻译。

（4）开发测量题项。

根据以往相关理论研究，考虑本研究的跨职能项目团队的背景，确定关键变量的初始测量题项。如研究内容2中感知他人知识价值与感知自身知识权力提升这两个变量，根据以往相关文献对此两个关键变量的现实表现特征描述、讨论或类似变量描述，再结合本书的研究背景，遵循调查题项简洁、易懂的原则，确定它们相应的测量项；团队精熟导向动机氛围这一构念的测量集成了精熟氛围、绩效氛围的测量量表，增设选择性打环节，进而实现动机氛围导向的测度。

（5）小规模访谈并修订问卷。

邀请项目管理领域的专家或经验丰富的从业者对情景化后的测量量表进行评审，根据他们的意见和建议，修订问卷。

（6）预调研。

针对由作者自主开发的测量量表，按照小规模访谈或焦点小组讨论结果修订后的问卷需要预先向被调查者发放，检验量表的信效度。从相关文献中引用的成熟量表，已在以往研究中做了多次的信效度检验。而新开发的量表，还未被任何研究检验过，因此，在正式使用前，需要进行一次预先调研，检验测量题项的信效度是否合格，根据检验结果进行相应的处理。

（7）形成正式问卷。

经过以上步骤的处理和检验之后，确定各关键变量的测量量表，最终形成正式的调查问卷。调查问卷由两部分组成，并结合本次调查目的的说明。第一部分要求有关受访者和项目的信息。第二部分要求受访者根据他们参与项目的实际情况使用5分李克特量表（"1=很不同意"至"5=很同意"）

对每个题项的符合程度进行评价。正式的问卷详细见附录A、附录B和附录C。

（8）确定被调查对象。

子科学研究问题1~问题3是从三种不同的理论和问题角度展开的，尽管调查方法与调查对象要求有相似的地方，例如，都是采用非概率性便利抽样；选择样本具有代表性且多样化的团队来增加研究结果的普遍性和外部有效性；抽样样本框选择的是中国境内广泛采用跨职能项目团队的知识密集型行业。但因为分析单元不同、变量所属范畴与测量精确性的要求不同及研究设计中共同方法偏差的约束，解决这三个子科学问题所采用研究方法的设计过程也存在一定差异，表1-2为子科学研究问题问卷发放时间状况汇总，三个子科学问题具体设计情况如下。

研究问题1：以个体感知和行为意愿为分析单元，更适合以自我报告的形式回答问卷；采用非概率性目的抽样生物科技、工程设计、电机研发、电池研发等行业典型的跨职能项目团队，潜在受访者是团队成员，他们依据感知到团队知识领导力、团队目标承诺及知识导向亲社会化影响力的程度更好地评价自身的知识隐藏意愿这一心理构念。为最大可能避免共同方法偏差，问卷调研分两阶段进行，考虑到项目的临时性特征，中间间隔大约1个月，第一阶段调研团队成员评价感知到知识领导力的程度；第二阶段测量团队成员对团队目标承诺水平、知识导向亲社会化影响力及团队成员的知识隐藏意愿发展程度。

表1-2　子科学研究问题问卷发放时间状况汇总

子科学研究问题	问卷发放时间	问卷发放目的
研究问题1 （两阶段调研）	2017/9—2017/12	完成研究问题1第一阶段调研
	2017/10—2018/3	完成研究问题1第二阶段调研

第1章 绪　　论

续表

子科学研究问题	问卷发放时间	问卷发放目的
研究问题2：预调研和正式调研	2016/4—2016/5	完成研究问题2预调研
	2016/8—2017/2	完成研究问题2第一阶段正式调研（源于研究问题3知识领导力构念调研数据）
	2016/9—2017/4	完成研究问题2第二阶段正式调研
研究问题3	2016/3—2017/2	完成研究问题3正式调研

研究问题2与研究问题3：这两个问题以软件研发、汽车、电信与电子产品、工程设计及金融行业等为抽样框架选取跨职能项目团队样本，但在不同的时间段调研获取不同属性的数据。研究问题2涉及的研究内容是跨层次分析，所以分析单元既涉及团队也涉及个体，由于知识隐藏行为具有不易察觉性且研究表明自我报告具有较大的信度，因此该问题下个体层面的变量的潜在评价者仍然是团队成员。为避免共同方法偏差的存在，团队层面的受访者由领导者与团队成员组成配对，从而更加全面地反映团队层面构念的情况，且此问题下问卷调研分两阶段进行。第一阶段调研是评价知识领导力这一构念的测量题项，从研究问题3所涉及的问卷调研中获取调研数据；第二阶段调研是测量团队精熟导向动机氛围、感知他人知识价值、感知自身知识权力提升及知识隐藏行为等构念，通过问卷星平台、邮件、微信、QQ等通信方式发放电子问卷获取数据。对于研究问题3，研究分析单元是团队，潜在受访者由团队领导（或组织人力资源部门领导）与团队成员组成且这两个群体评价的问卷形成配对数据。

实际调研过程中，研究问题3调研先于研究问题2的调研，调研前期通过与项目上领导者和受访者的接触，建立了一定的友谊与信任，为研究问题2的调研打下了基础。这两个子研究问题下选择潜在受访者时，无论是团队领导还是团队成员，对于他们的参与调研的意愿、知识水平与填写问卷的能力、参与项目的工作经验、领导者在项目执行中对团队全局的掌握程度等都具有严格要求。通过与人力资源管理部门沟通、上层领导的推荐或研究员自身的观察与调研选择问卷的回答者。另外，受访者被要求选择和描述他们正在开展的或印象深刻的研发项目，随后回答关于各个关键变量的问题。为了减少产生偏见的可能性，调查问卷不需要受访者填写姓名，单位名称自愿填写并声明回答结果和任何有关于私人的信息都是保密的。

（9）问卷发放。

鉴于与调查对象直接接触存在难度，并且，随机抽样不能保证被调查者参与调研的意愿与填写质量的可靠度，因此本研究采用提高回收率的非概率便利抽样方法[126]，该方法在项目导向型组织相关研究中得到广泛应用。通过在我们学院的专业学位和执行发展计划中心接受教育和培训的MBA/MEM研究生或企业培训人员中选取从事跨职能项目团队相关工作的实践者直接交谈并填写，或者利用课题组发展的社会资本来选定抽样框中的从业人员并请求他们协助发放问卷，或者亲自参加以项目管理为主题的行业论坛会议或研讨会，将调查问卷直接分发给参会者。在调研过程中，为提高问卷回收率，尤其是团队层面数据要保证组内回收率，我们还借助"滚雪球"方式发放问卷，即请求答卷人提供其他合格的被调查对象的联系方式（例如电子邮件或社交软件账号）。为进一步鼓励受访者认真填写问卷的意愿，调研过程中有小礼品相送或微信红包发放；若受访者对研究感兴趣，我们也将调研结果或论文成果通过邮件的方式发送给他们。

（10）数据处理技术与工具。

定量数据的处理应该依据问题分析单元、样本大小及测量变量类型选择合理的数据处理技术。本研究子问题1~问题3中测量的大都是构念，假设检验涉及的是构念之间的作用关系。相比于SPSS软件下的统计分析技术，结构方程模型能够更好地处理潜变量之间的关系[127-128]；低样本或数据不符合正态分布的情况下，优选偏最小二乘法结构方程模型

第1章 绪　论

（Partial Least Squares Structural Equation Model，PLS-SEM），允许同时估计验证性因子分析和结构关系分析，并通常采用SmartPLS软件进行数据处理[127]。此外，跨层次模型的检验优选多层线性模型（Hierarchical Linear Modeling，HLM）技术[129]，为多水平和非独立数据提供正确的参数估计及显著性检验。

在此选择标准下，本研究的子科学研究问题1是从以个体感知与行为意愿为分析单元，回收数据接近200个样本，考虑软件的便捷性及理论发展与预测的需要，采用SmartPLS软件建立结构方程模型并对定量数据进行处理检验假设。研究问题2是知识领导力对知识隐藏行为的跨层次影响激励研究，收集的定量数据要进行跨层次分析，分析单元既涉及团队也涉及个体，所以此部分数据的处理技术采用HLM 7.0建立跨层次模型并进行假设检验。研究问题3的分析单元是团队，收集的大多数个体层面的定量要聚合到团队层面进行处理，由于收集的样本量相对偏少（96个团队），这部分定量数据的处理采用SmartPLS 3.0技术建立结构方程模型并对数据进行分析并验证假设。

2.定性的案例研究策略

（1）定性的案例研究策略总体设计。

研究问题4的解决采用的是归纳式的定性研究策略。定性研究是以"分析—归纳"为主的推理模式，是要去发现文本与互动背后的客观意义建构，遵循自下而上的方法，常常应用于探索性研究或描述性研究，尤其是在解释人的行为、人与人之间的互动及过程机制的揭示等主题研究中得到广泛应用[121,123]。在定性研究中，包含丰富信息的某些案例可以实现了解特定情境下人、问题或实践的详细情况的研究目的，可以被发现并通过详细分析得知对问题的理解或解决一些未知问题[122]。

案例研究适合于回答"如何（How）"或"为什么（Why）"类型的

研究问题[124]。对于问题4来说，从纵向定性研究视角看跨职能项目团队知识领导力如何综合干预知识隐藏行为，属于典型的"How"问题范畴。此外，知识领导力对团队成员知识隐藏行为的影响过程是一个逐渐深入的行为演化过程，采用纵向的案例研究策略比较适合。

基于此，本书采用案例研究策略：以半结构化访谈方法为主、文本分析与现场观察为辅的数据收集方法。定性的案例研究方法设计过程如图1-6所示。

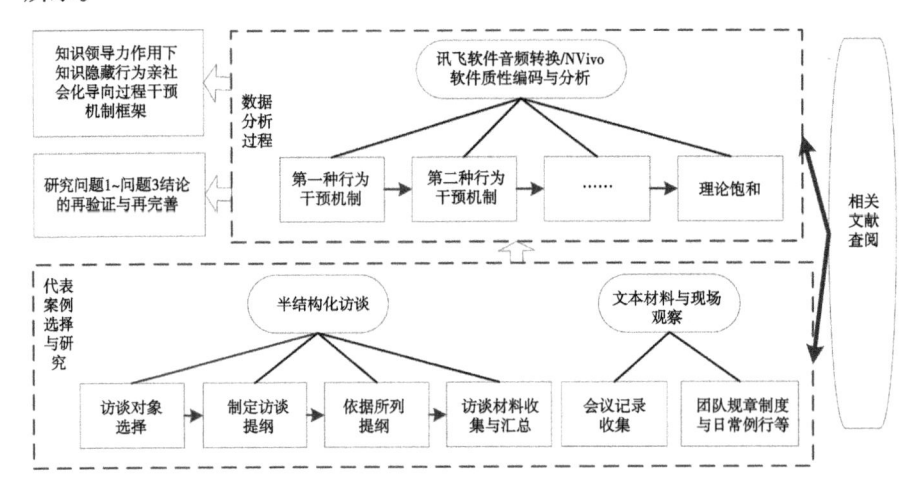

图1-6 定性的案例研究方法设计过程图

（2）案例选择。

对于案例研究来说，选择具有典型性的关键案例至关重要。根据本研究情境与主题的需要，所选项目所在案例公司应符合以下标准：①该公司属于知识密集型跨职能项目导向的公司，公司员工将自己的知识与技能贡献于公司的研发项目，进而提供智力支持与服务；②所有的知识员工在项目知识活动中都是利益相关者，都要为所参加的研发项目负责任；③该公司或项目上各部门之间进行密切的跨职能的协同与合作；④该公司拥有丰富的知识资源和知识管理经验，配有知识管理系统，内部设置有局域网以保

第1章 绪　　论

证各职能部门员工的沟通与联系，注重知识共享与创新；⑤该公司重视知识管理，配置系统清晰的奖罚系统，尤其是对项目研发过程中有突出共享的知识员工设置有特殊贡献奖等激励措施，对于绩效考核不合格的员工也有一定的惩罚措施。

根据上述标准，选取某智能科技有限公司作为研究案例，该公司是以电动汽车和车联网技术为核心，形成完整的汽车产业链。作为一家集研发、生产、销售和运营为一体的智能出行领域的高科技公司，其旗下设置多个研发基地，以软件研发和信息技术服务外包两种形式组成研发项目为客户服务。组织层面设置运营部、产品设计部、财务部、人资行政部等职能部门，研发项目包括系统研发部、硬件平台部、移动开发部、测试部、前端开发部、大数据部等技术职能部门，致力于车联网和智能驾驶技术的研发及全产业链的运营，建立了一整套严谨的管理制度。信息与知识是该公司提供服务所依托的重要资源，弱化团队成员的知识隐藏行为，提升知识管理水平对于公司至关重要，公司重视知识管理活动的策划与方案有：①多元化激励有突出性知识贡献的员工；②致力于建设学习型与创新型组织，共享并协同式利用公司的知识资源；③建设员工学习和沟通平台，内部设置有供各组织层级人员沟通与联系的内部局域网。在项目执行阶段，高时间压力促使团队成员共享自己的知识并协同合作，致力于实现共同的项目目标。

（3）半结构化访谈设计。

案例选定以后，2017年10月至2018年8月期间按照相关要求合理选择访谈者并组织半结构化访谈；作为实习员工或调查员我们还参与了部分会议，在跟进项目的过程中观察知识活动中的人际互动；此外，我们收集了公司及参与访谈的项目经理所在项目的会议记录、团队规章制度、日常例行等文本材料。后两种方式收集的材料与半结构化访谈的资料进行进一步的辅佐式拓展与验证[121-122,124]。半结构化访谈一般在个案研究中得到广泛应用，采用这个方法收集材料具有一定的优点[121-122]。①半结构化访谈是在访谈提纲的基础上进行的，访谈提纲能够使访谈者选择合适的访谈地点，充分利用访谈时间，从而有利于节省研究者的时间和精力，而且以提纲为主题与控制方向，访谈可以由多个研究者执行，节约调研时间。②根据访谈提纲，访谈双方能够自由地随着新话题展开谈话，研究者能够利用这种方式获得较为系统的资料。访谈提纲还可以告诉研究者需要从访谈中所获得的信息，从而使访谈方式显得十分灵活。

上述半结构化访谈的优点着重体现在访谈提纲上，因此在访谈进行之前需要精心制订一个访谈提纲，以便清楚地了解在访谈中应该问什么问题、谈什么话题等。应特别声明的是，在制订访谈提纲的时候要注意访谈的伦理问题。访谈问题中不包含该公司的任何机密信息和被访者的隐私，这样做的目的是减少访谈障碍和内容准确性偏差。访谈提纲主要针对"知识领导力视角下跨职能项目团队亲社会化导向过程机制对知识隐藏行为的影响"这一问题而制订。在制订访谈提纲的时候，需要考虑到被访者是否对知识领导力与知识隐藏行为有一定感观上的认识，以便于引导被访谈者顺利进入访谈的重要部分。相关细节在访谈提纲的问题设计环节均有考虑（详见附录D）。

对于选择访问对象来说，依据访谈提纲的需要，一般选择一些具有代表性并熟悉情况的人，要尽可能了解被访者，例如年龄、职业、从业经历、文化程度等。这有助于研究者顺利进入访问，与被访谈者建立良好的印象与访谈氛围，对提高访谈质量十分有益。一方面，此次访谈需选择该公司的管理人员，因为管理者不仅能够全面把握团队的知识管理策略，管理者个人能力对知识领导力的发展与项目成员行为干预机制的部署都有着重要的影响。从被访者对调查方式的喜好程度而言，当管理者对与他们当前工作密切相关的话题感兴趣的时候，更偏向于采用访谈方法。一项有意义的

第1章 绪　　论

访谈能够给管理人员提供更多的机会去反映事实的真相,而不必把这些事情都一一记录下来,也能够使管理人员获取他们所提供信息相关的反馈意见。另一方面,团队成员是知识隐藏意愿的拥有者及知识隐藏行为的表现者,对于干预机制部署对其心理与认知所产生的效果具有更直观的感受。因此,本研究选择案例公司中典型的研发与服务外包类型项目为研究情境,将选取这些项目所在组织的高级管理者、职能管理人员、高级管理者及技术高管作为第一种半结构化访谈的对象,然后从这些管理者所在团队中随机抽取项目成员作为第二种半结构化访谈对象。这两种对象下的访谈内容的交叉可更全面地实现对知识领导力下知识隐藏行为干预机制框架的构建。此外,还预留同类型项目并选择访谈者作为框架内容饱和度检验备选分析对象。总之,从不同的组织层级和视角选择访谈对象能够更好地保障开支目的的实现。

为了能够使此次访谈顺利进行,让管理者愿意提供所知道的事实,需要事先同该案例公司的管理者建立良好的信任关系。从2017年中下旬开始,本书作者由直系亲属引荐成为该案例公司的实习员工。在实习过程中,不仅可以获得更多和访谈者接触的机会,而且还可以获取相关文本材料作为研究的辅助材料。访谈的地点定于案例公司的某一办公室;访谈时间定于被访者不太繁忙,而且心情比较愉悦时,一般是在工作闲暇时或周末的下午;访谈过程是面对面的口头交流,整个访谈过程是访问者与被访问者之间互动的过程。因此,在访谈的过程中,访问者把握时机,掌握访谈过程的主动权,积极引导被访谈者,尽量使被访谈者按照预定的计划回答问题并提供尽可能多的信息。在访问过程中,不仅详细记录主要语言数据,而且还要认真记录下被访者的表情、行为等非语言信号。

综上所述,半结构化访谈有利于本研究很好地理解知识领导力视角下亲社会化导向过程机制的多元化内容与内涵,以及它们对知识隐藏的影响机理，并且，观察法收集的材料与文本材料对比分析将清晰捕捉知识领导者视角下多元的知识隐藏行为干预机制的作用过程。

1.3.4 章节结构安排和技术路线

1.3.4.1 本书章节结构安排

基于上述研究内容与技术路线，本书共划分7个章节，图1-7提供了各章节内容及其关系框架，具体安排如下。

第1章绪论是基础章节，相关综述肯定了所提研究问题与研究内容的必要性和创新性，为第3章~第6章中所涉及的各研究问题的解决提供了文献基础与理论支持；"跨职能情境下知识领导力智慧化演进分析"这一视角要点相关分析被安排在第2章——跨职能项目团队知识领导力及其智慧化演进分析；与"知识隐藏行为意愿转变"这一研究要点相关的研究内容被安排在第3章——亲社会化意义建构机制对知识隐藏意愿的影响研究；与"知识隐藏行为涌现抑制"这一研究要点相关的研究内容被安排在第4章——跨层次行为动机控制机制对知识隐藏行为的影响研究；与"知识隐藏行为负面效果弱化"这一研究要点相关的研究内容被安排在第5章——知识协同机制与团队知识隐藏负面影响弱化机理研究"；与第3~5章内容相互对应，第6章——亲社会化导向过程机制影响知识隐藏行为的案例研究共同验证与解释了跨职能项目团队知识领导力智慧演进过程机制及其对知识隐藏行为的影响机理；研究内容C1~C4所得主要研究结论，以及本研究局限之处及未来研究方向被安排于第7章——结论与展望。

第1章 绪 论

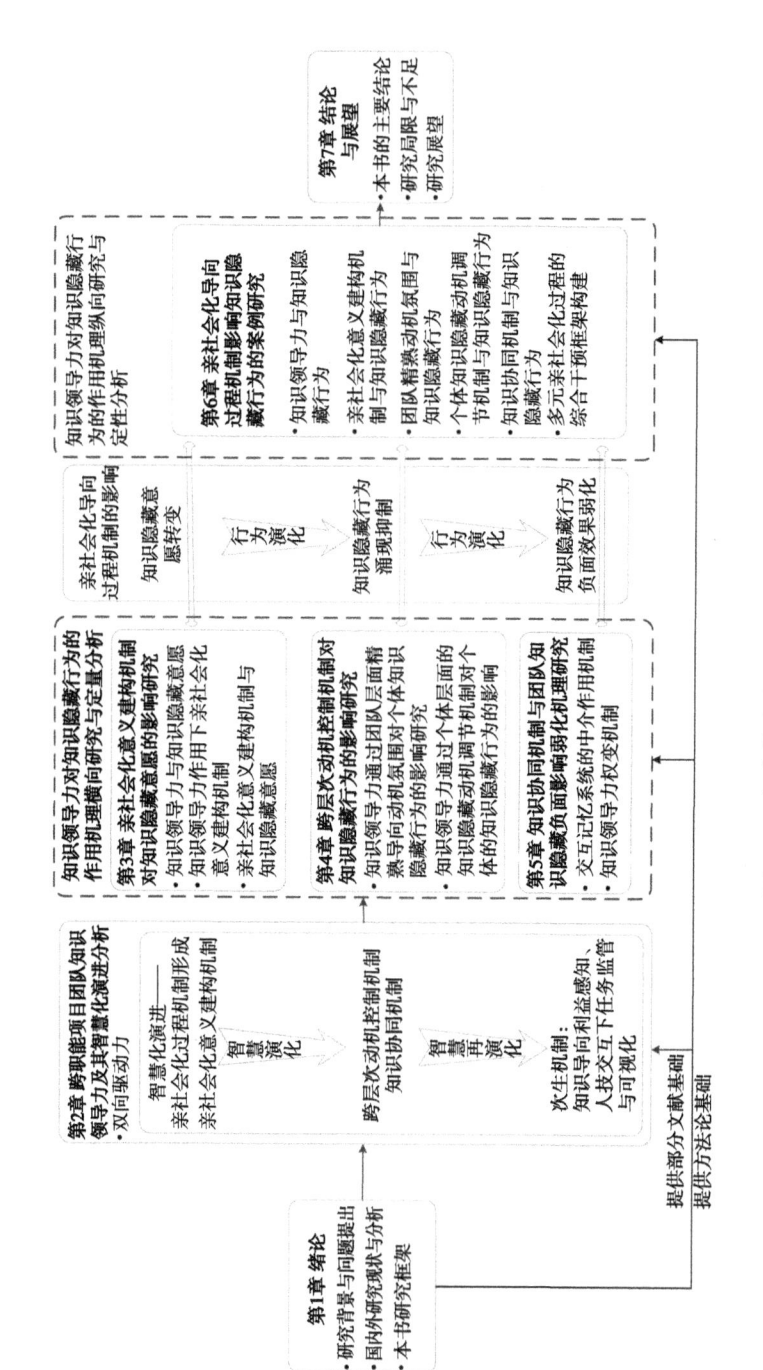

图 1-7 各章节内容及其关系框架

1.3.4.2 技术路线

本研究的技术路线如图1-8所示。

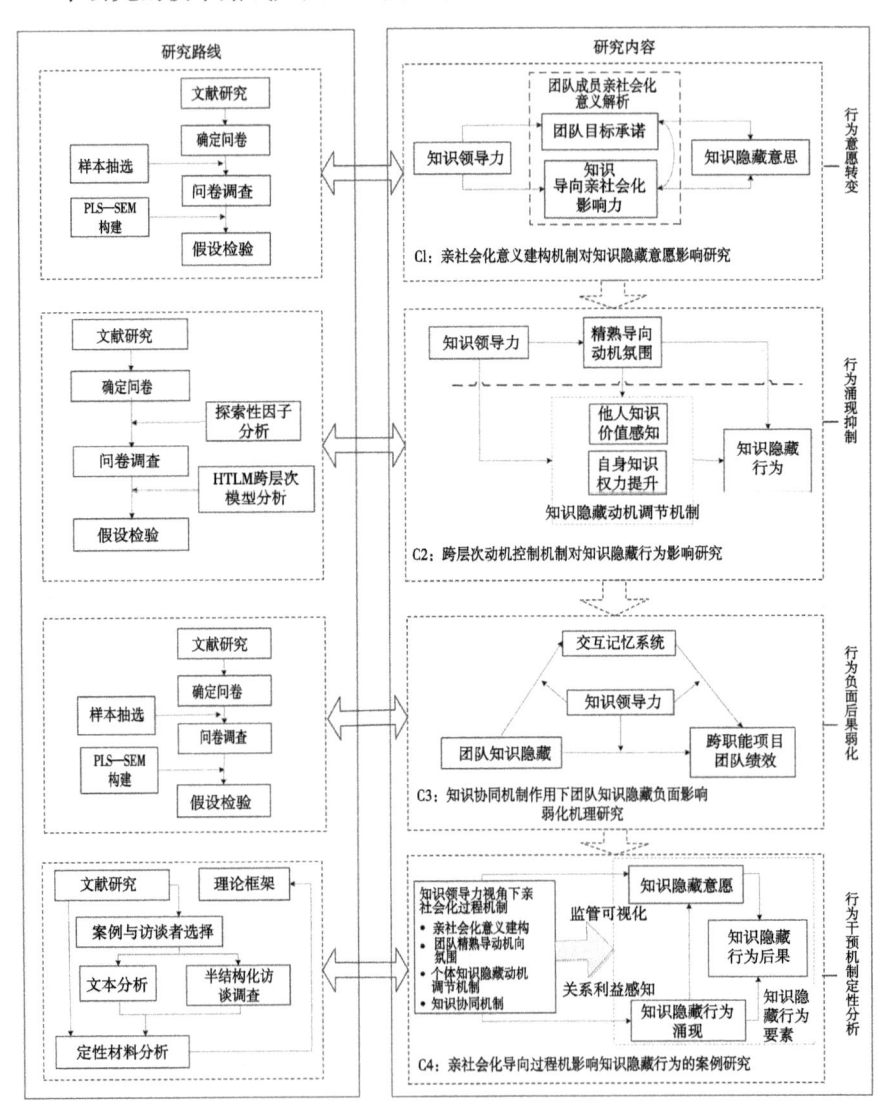

图1-8 研究技术路线

第1章 绪 论

1.3.5 主要创新点

本研究主要有以下四个创新点。

（1）以知识领导力为研究视角探究了弱化知识隐藏意愿的亲社会化意义建构过程，揭示了跨职能项目团队知识领导力对团队成员知识隐藏意愿的作用机理。

针对"领导力—知识隐藏意愿"这一研究问题，从研究情境来看，大都是聚焦一般化组织背景，忽视了跨职能项目团队这一尤为重视知识共享与利用的临时性项目团队研究情境。尽管Tsay等[15]以知识密集型软件研发项目团队为研究情境指出知识领导者与下属的交换关系会影响团队成员的知识隐藏意愿，但是鲜有研究关注团队领导者与管理者重视知识活动形成的知识领导力如何影响成员的知识隐藏意愿。从理论视角来看，社会交换理论、社会学习理论及调节聚焦理论等虽被广泛采用以解释不同风格领导力对知识隐藏意愿或行为的影响[62-63]，但相关理论视角未能充分解释知识领导力作用下知识管理意义建构过程如何促使团队成员发展社会交换关系并激发学习动力来弱化知识隐藏意愿。

基于此，本研究以跨职能项目团队为研究情境，拓展现有理论视角，依托意义建构理论，提出消极知识活动会引发团队意义建构过程，从亲社会化意义建构视角深入挖掘，揭示了知识领导力通过亲社会意义建构机制，即引导多样化团队成员塑造知识导向亲社会化影响力并处于高团队目标承诺状态，促使团队成员转变知识隐藏意愿，拓展与丰富了知识隐藏意愿的前因研究，加深了对项目情境下知识领导力如何弱化知识隐藏意愿这一问题的理解，实现了知识隐藏与知识领导力理论研究的整合。

（2）分析了个体知识隐藏动机双向调节动力的作用，并将其与团队精熟导向动机氛围的角色相整合，探究了知识领导力对知识隐藏行为的跨层次动机控制过程机制，揭示了跨职能项目情境下知识领导力在双元层面以隐性的知识赋权过程抑制知识隐藏行为涌现的作用规律。

尽管以往研究指出抑制知识隐藏动机与行为的管理措施要侧重在团队层面建立精熟动机氛围或个体层面积极感知知识价值与权力，但是：①未能综合考虑精熟氛围与绩效氛围共存的关系[24]，也未深入探讨跨职能项目团队研究情境下如何通过塑造团队精熟导向动机氛围来抑制知识隐藏行为；②个体层面知识价值与权力的积极感知仅考虑了自身知识价值与知识心理属性的所有权对于调节自身知识隐藏行为的影响[18,20]，缺乏综合考虑他人知识价值与社会化交互过程中自身知识权力如何被有效激发进而调节自身知识隐藏动机和行为；③虽然张笑峰和席酉民[63]借鉴调节聚焦理论探讨了一般组织情境下道德领导力通过员工工作状态调节来弱化知识隐藏行为，但是对于精熟导向动机氛围塑造及知识价值与权力的积极感知具有直接影响的知识领导力的作用，尚未得到充分关注。

本研究强调以上研究局限性，借助个体行为涌现的混合前因跨层次模型，综合考虑精熟氛围与绩效氛围共存的关系，分析精熟导向动机氛围的内涵；界定个体知识隐藏动机调节机制为感知他人知识价值和自身知识权力提升，进而提出了知识领导力作用下团队精熟导向动机氛围和个体双向的知识隐藏行为动机调节动力对团队成员知识隐藏行为的跨层次动机控制机制模型，阐述了跨职能项目情境下知识领导力在双元层面抑制知识隐藏行为涌现的作用规律。综上，本书较为深层次地诠释了知识领导力如何在"团队—个体"跨层面借助知识隐藏行为动机控制过程，干预团队消极知识行为，补充与拓展了"领导力—知识隐藏行为"相关研究话题，克服了以往知识隐藏相关前因研究注重团队动机氛围而忽视领导者这一团队情境塑造者和行为引导者角色的不足，进一步推动了知识隐藏行为与知识领导力理论研究的整合与发展。

第1章 绪　论

（3）探究了交互记忆系统与团队领导力在弱化团队知识隐藏负面后果中的联合作用，揭示了知识领导力作为团队一项权变机制，通过促进良好交互记忆系统的发展来弱化团队知识隐藏对团队绩效的负面影响。

以往知识隐藏行为后果的相关研究主要聚焦于知识隐藏行为对个体层面变量（如个体创造力与关系质量）的负面影响[24]。尽管已证实知识隐藏行为后因产生的过程机制在于个体间不信任的循环[24]，或阻碍交互记忆系统的发展[39]，但是对于理解跨职能团队情境下个体知识隐藏行为涌现反映的团队层面知识隐藏程度如何影响团队绩效这一问题还存在较大的局限性。据此，本研究通过探究知识领导力与交互记忆系统的联合作用，揭示了知识领导力作为团队一项权变机制，通过促进良好交互记忆系统的发展来弱化团队知识隐藏对团队绩效的负面影响。为有效地缓解团队知识隐藏对团队合作过程和团队绩效的负面影响，揭示了一种新的权变机制，是知识隐藏行为领域研究在团队层面的重要拓展；同时也证实了知识领导力的战略部署向消极知识活动后果方面延伸，进一步加深理解了知识领导力在项目情境下知识行为管理中的作用，丰富与完善了"知识领导力—知识隐藏"相关话题的理论研究。

（4）构建了跨职能项目情境下知识隐藏行为亲社会化导向干预机制模型，推动了知识领导力对知识隐藏行为多层次多维度涓滴过程机制的整合与拓展。

选取基于案例研究的定性分析方法，从纵向解释性研究策略角度对跨职能情境下知识领导力对知识隐藏行为的作用机理进一步剖解，提升了与此研究内容相对应的横向和定量研究策略的解释力和稳健性；相比于横向和定量研究策略下所揭示的知识领导力对知识隐藏行为范畴下单一行为要素的影响机理，纵向解释性研究策略下多元亲社会化过程机制的阐述与解释能够较为全面地指导复杂项目情境的知识行为管理实践；揭示了知识领导力作用下亲社会化导向过程机制通过"知识导向利益感知—任务监管与可视化"对知识隐藏行为的综合干预机理,加深了对知识领导力视角下弱化知识隐藏行为相关的亲社会化导向干预机制意义和作用过程的理解,推动了知识领导力对知识隐藏行为多层次、多维度涓滴过程机制的整合与拓展。

第2章 跨职能项目团队知识领导力及其智慧化演进分析

2.1 跨职能项目团队知识领导力内涵与测量

2.1.1 知识领导力定义

随着组织对高效信息和知识管理的需求，知识领导力越来越被认为是推动组织或团队知识活动的根本力量，对组织与团队知识管理起到了举足轻重的作用[68-75]。Skyrme[76]首先提出"知识领导力"并认为它是信息资源、个人技能及知识和学习网络的不断发展和创新，但是并没有详细说明知识领导力体现了领导者的哪些行为。Viitala[72]在先前文献研究的基础上详细阐述了知识领导者利用其自身的影响力，创造理想的集体环境、支持组织或团队内其他成员不断学习实现集体目标的一系列行为与过程。Cavaleri 和 Seivert[77]也指出：知识领导力是利用个人影响力来支持知识的发展过程并将其结合到知识管理活动当中，从而实现预期目标的过程。Bertoldi 等[68]指出，知识领导者是"指明前进方向的人"，对公司如何适应变化具有很强的影响力。

从知识领导力的形成来看，Viitala[72]在 Skyrme[76]提出知识领导力定义的基础上，详细分析了领导者在塑造知识领导力中的行为与角色，将知识领导力中的领导者界定为在任何组织水平上拥有追随者的任何一个个体，并非一定是团队或组织正式委派的领导者。因此，知识领导力是由群体中两类知识领导者发展并形成的,即一类是具有正式权威的领导者,另一类是非正式领导者——可能不具备任何官方权威,但却是具有全面知识的通才[70]。这两种类型的知识领导者不论身处何种级别和头衔,都有着共同的特点,即更愿意作为教练或顾问,为智力资本和知识价值的优势发展集体能量。正如管理实践中领导力的塑造体现科学与艺术的结合一样[78-79],知识领导力的内涵在于:一方面重视集体的知识管理和团队学习[69,70,72];另一方面,在这些知识领导者的影响下培养了一种关系环境,强调经验开放性、合作和信任[6,74-75]。由此,知识领导者为其他成员提供实用和高质量的知识,并为集体目标实现创造条件,即作为一种以发展为导向的力量,通过灵巧的知识管理(动机和支持路线)和关系管理(合作和信任)的战略部署,以及这些战略相互作用共同确保预期的群体合作过程和绩效的实现。

2.1.2 知识领导力内涵与测度

现有研究对不同层面的知识领导力内涵和维度进行了界定,为后续研究提供了丰富的理论基础。

在组织层面上,Analoui 等[80]发现变革型和交易型领导风格都会被组织内的知识管理者所掌握和使用。Donate 和 Sánchez de Pablo[69]认为知识导向的领导力可以是变革型风格也可以是交易型风格,并基于多个以往研究文献,提出了含有六个测量条目的量表,测量条目主要侧重以下六个方面:①衡量促进员工和团队之间负责任行为的条件;②领导者作为分享和应用知识的媒介角色;③在评估员工时所扮演的角色是基于容忍错误和促进学习而不是工作成果;④员工工作质量期望的产生;⑤通过承担知识管理者的角色来以身作则;⑥奖励那些分享和应用知识的员工。Viitala[72]指出知识领导力即能够为下属明确发展方向,创造学习氛围,并且在个人和组织层面上支持学习过程的领导者发挥作用的过程。在此基础上,该学者进一步提出这种领导力的四个核心维度是定向学习运动、创造支持学习的氛围、支持团队和个人层面的学习过程，以及成为行为榜样。Williams[73]通过探究综合护理领域的知识领导力，发现学习和知识管理中的领导角色主要集中在四个主要领域：促进共同目标、发展合作文化、促进多学科团队合作、制定学习和知识管理策略。

在项目层面上，Yang 等[74]以项目导向型组织为研究情境，认为知识领导是一个过程，在这个过程中，知识领导者在实现团队或组织目标所必需的持续学习过程中影响和支持其他团队成员。这些学者还提出知识领导力包含领导能力、合作与信任及知识集成与创新三个维度，该定义与维度分类在项目管理领域相关研究中被广泛采用[75]。

鉴于本研究选取的跨职能项目团队情境，将采用 Yang 等[74]提出的知识领导力内涵、维度及相应量表并据此探究该情境下知识领导力在消极知识活动中的作用。

2.2 跨职能项目团队知识领导力能力形塑

2.2.1 知识主体与客体能力角色

从不同知识取向上来看，现有与知识领导力相关的大多数研究都是将知识领导力作为知识管理的主体，通过以上提到的多元过程机制对组织或团队的知识活动产生影响。此外，也有研究将知识领导力作为知识客体探究其在知识动员（Knowledge Mobilization）管理实践中的作用。例如，Fischer 等[83]借鉴福柯关于"权力—知识"的观点，通过对在英国医疗保健行业的六个研究密集型组织进行案例研究，研究结果表明管理者将知识领导力塑造成为知识客体，从而将知识管理研究运用到实践当中。管理者在使自己成为知识客体的过程当中会进行一些能动性实践，包括个人置换、挪用或竞争管理研究成果。

2.2.2 知识领导力过程能力形塑

从发挥作用的过程机制来看,知识领导力侧重于三个核心方面:基本领导要素(沟通和动机)、关系战略,以及实现有效知识管理的手段。

(1)正如 Donate 和 Sánchez de Pablo[69]所阐述的那样,群体中的知识领导者主要在任务专业领域分工中发挥关键作用,随后担任顾问,使团队成员能够认识到知识管理举措及其工作。随着各项工作的持续开展,知识领导者像一位导师(智者),能够帮助团队成员认识到他们的经验和知识如何在沟通中被转移,而沟通对知识领导者而言是至关重要的,领导者能够通过沟通知识很清楚地使成员看到团队对每一成员工作的期望。此外,知识领导力涉及隐性和显性激励机制(例如,个人魅力、角色建模及各种奖励)。

(2)为取得高效的知识领导力,知识领导者致力于营造一种融洽的团队氛围去激励团队成员展现最佳知识行为,即知识领导力通常采用关系策略培养一种合作和信任导向的关系环境来促进团队成员的知识共享行为[75]。

(3)Lakshman[70-71]表明知识领导力体现了领导者在信息与知识管理方面的行为与特质,并通过实施社会化认知路线与技术路线,形成集体的社会化认知网络与技术网络,进而推动组织内部知识管理与客户的知识管理,实现有效的知识整合和创造。社会认知路线涉及各种业务组成部分,包括职位轮换和人员调动、组织职能部门之间的论坛或会议、持续的培训和发展工作、项目的持续学习,以及通过书面文件分享知识。技术网络主要涉及电子邮件网络、信息系统和知识管理系统等方面。知识领导者的及时指导及双元化网络路线的建设与应用打破了员工之间的沟通障碍,提高

第2章 跨职能项目团队知识领导力及其智慧化演进分析

了团队成员之间的沟通效率。

（4）从动态作用视角来说，Sarabia[81]提出知识领导力通常经过四个过程（领导力的原型、文化塑造、学习、知识）实现知识放大与调整的动态循环过程，进而实现知识创造。更具体地说，知识领导者的角色是提供战略愿景、激励、沟通、指明企业发展方向，在不断变化的环境中推动公司的前进与发展[68,82]。

综合以上对于知识领导力过程机制的探究，与上述研究关注其单一策略不同，本研究强调的知识领导力注重知识管理和关系策略的同时部署，探究双元策略在跨职能项目团队知识活动中的交互作用。

2.3 跨职能项目团队知识领导力智慧化演进分析

2.3.1 知识领导力智慧化演进驱动力分析

结合第1.2小节国内外研究现状分析结果，以及第2.1~2.2节对知识领导力内涵与能力形塑的深度剖析，跨职能项目团队知识领导力通过部署亲社会化过程机制干预知识隐藏行为，该过程机制受多元目标与知识隐藏这一消极知识行为动态演化要素的双元驱动而展现出智慧化演进趋势，形塑了"亲社会化意义建构机制—跨层次行为动机控制机制—知识协同机制"亲社会化导向的主干过程机制及再演进形成的"知识导向利益感知—人技交互下任务监管与可视化"的次生影响过程机制，知识领导力干预知识隐藏行为亲社会化过程机制的智慧化演进驱动分析如图2-1所示。

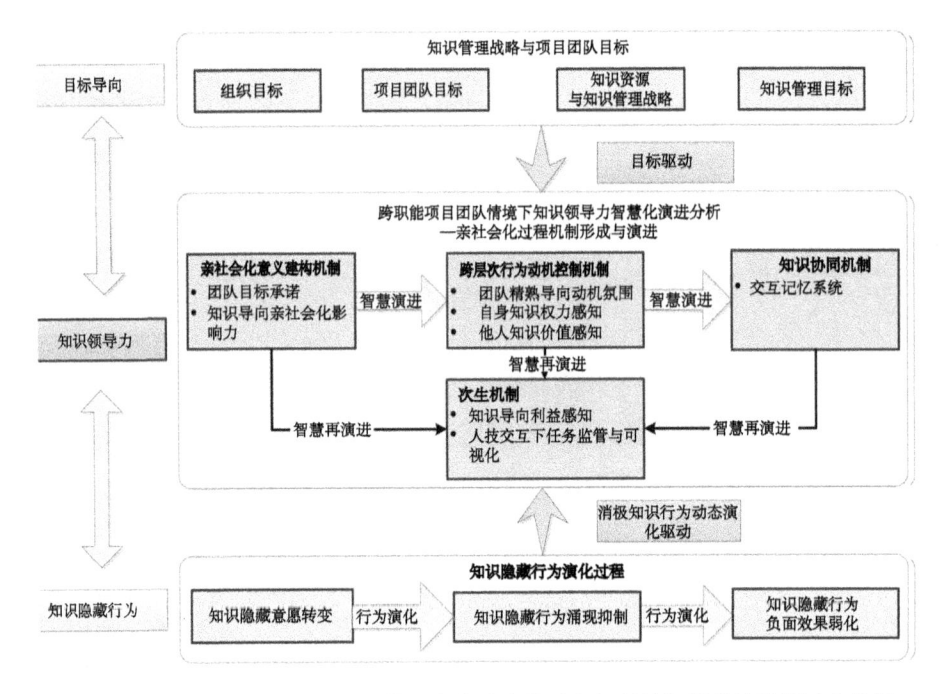

图 2-1　知识领导力干预知识隐藏行为亲社会化过程机制的智慧化演进驱动力分析

2.3.1.1 多元目标驱动

对于组织知识管理战略来说，跨职能项目的核心负责人物，即项目经理与博学多才的团队成员，作为组织中层管理人员和团队的知识领导者对于组织层面战略的执行及项目层面的特殊知识管理战略部署发挥着重要的作用[137-138]。正式与非正式知识领导者开展项目管理工作的导向与动力，与所在企业组织目标与项目目标直接相关[37,115]，即为实现项目目标而部署与优化管理方法与方式，激发团队成员呈现出努力完成本职任务、努力贡献知识与技能的状态，同时制定措施对项目团队成员表现出的对团队或组织不利的消极知识行为进行干预；再者，在跨职能项目目标的驱动下，知识领导者将实施知识管理策略，构建良好的知识管理体系，以充分利用项目团队多样化知识资源，激发团队成员知识共享与知识贡献，在良好的

第2章 跨职能项目团队知识领导力及其智慧化演进分析

知识集成与协同机制辅助下促使项目目标实现。因此，知识领导力受多元目标驱动，对知识活动的干预是精准部署与施策，呈现多元化、智慧化的演进趋势。

2.3.1.2 知识隐藏行为——消极知识行为动态演化驱动

按照第1章第1.2.1.3小节中跨职能项目团队知识隐藏行为的研究进展相关分析，知识隐藏行为研究展现出"个体知识隐藏意愿→个体知识隐藏行为→团队知识隐藏"的演化趋势，为有效抑制知识隐藏这一消极知识行为给项目团队知识活动带来的不良后果，知识领导者将会部署多元化的干预措施。措施的部署受行为演化过程驱动，在不同的演化阶段展现出不同的干预机制，对于知识隐藏行为来说，干预策略部署要足以应对"个体知识隐藏意愿的转变→个体知识隐蔽行为涌现的抑制→知识隐藏负面后果弱化"，进而展现出"亲社会化意义建构机制→跨层次行为动机控制机制→知识协同机制"一系列亲社会化导向过程机制智慧化演进及再演进形成的"知识导向利益感知—人与技术交互下任务监管与可视化"的次生影响过程机制。

2.3.2 知识领导力作用下智慧化演进的亲社会化过程机制

2.3.2.1 亲社会化意义建构机制

对于项目为导向的组织来说，组织采用项目管理的方式以满足自身对创新管理方法的需要，应对诸如非例行工作等各种复杂问题。项目自身在遵循组织的一系列运行程序等规范的基础上具有较大的执行柔性，可以依据项目的需要制定能够推动项目实施的特有的程序和规则[137]。对于组织知识管理战略来说，项目经理与博学多才的团队成员作为组织中层管理人员和团队的知识领导者，为有效推动组织层面战略的执行及项目层面的特殊知识管理战略部署[137-138]，他们一方面响应组织知识管理号召并做出承

跨职能项目团队知识隐藏行为管理：知识领导力智慧演进视角

诺；另一方面他们作为项目知识管理的意义给赋者会通过意义建构的过程积极将组织的政策和项目特有的知识管理策略传递给各职能部门人员。其中，团队成员的知识共享作为项目团队知识管理策略实施的核心内容，得到了知识领导者极大的重视[74-75]。

相对于知识共享，知识隐藏意愿的产生尽管有时候是出于保护他人的利益，但大多数情况下来源于个体维持竞争优势与防御领地的动机[10,13,24-25,40]，这种维护或保护自身利益的倾向体现了一种亲自我意向。然而，从跨职能项目团队角度来看，知识领导者希望不同专业的知识员工能够超越自身利益，具备集体与亲社会化意识，为尽早且高效地完成项目目标而积极贡献知识[30]。因此，在项目日常的社会化交互与知识活动当中，他们作为团队知识管理的意义给赋者积极推行组织的政策和团队特有的知识管理策略[70-71]，知识领导力的发展体现了一个亲社会化意义给赋与塑造的过程。

具体来说，根据 Donate 和 Sánchez de Pablo[69]对组织知识导向知识领导的作用描述，正式知识领导者首先在依据专业知识领域分配工作中扮演关键角色，随后作为顾问，引导团队成员能够认识到项目知识管理计划和他们的工作的重要性。随着项目的推进，知识领导者会与团队成员积极沟通，必须就每个成员的工作明确地传达团队的期望[69,75]。另外，在工作当中，知识领导会依据团队成员的需要部署激励措施，包括内在激励和外在激励（例如，依靠个人魅力、角色塑造与薪酬奖励）[69]。对于非正式的领导者来说，他们拥有渊博的知识，可以在不同专业知识员工之间交互的过程中帮助他们打破知识边界，促进知识的融合与创新，个人的魅力又引发了团队成员之间的合作性学习[72,74-75,77]。两种领导者的交互作用为团队塑造了良好的协作与信任导向的学习环境。再者，从两种知识领导者作用下共同的知识活动结果来说，知识领导力旨在促进知识的集成与创新[74-75]。

第2章 跨职能项目团队知识领导力及其智慧化演进分析

知识集成被定义为通过组织成员的社会互动，构建、阐明和重新定义共同信念的持续的集体过程[139]。知识可以来自团队内部的所有成员，也可以来自团队以外的主要客户。在这方面，团队导向及客户导向的社会化认知网络和技术网络的构建极大地促进了知识的共享与集成[70-71]。

以上分析中知识领导力的发展所体现的亲社会化意义给赋与塑造的过程，会通过强化团队成员的团队目标承诺及对知识导向亲社会化影响力的感知来弱化团队成员的知识隐藏意愿，详见本书第3章亲社会化意义建构机制对知识隐藏意愿的影响研究。

2.3.2.2 跨层次动机控制机制

按照 Dragoni[90] 提出的个体目标导向涌现的混合前因跨层次模型，领导者对个体目标导向与行为的影响是跨层次双元化的过程，即群体层面的领导者的模式导向直接影响着群体氛围；"群体—个体"跨层次层面上领导者的模式导向也会通过影响个体的心理氛围影响个体的目标导向与行为。基于此，跨职能项目团队情境下知识领导力对团队成员个体知识隐藏行为的影响也偏向于跨层次的作用过程。

具体来说，Skyrme[76]表明该领导力是指不断发展和创新信息资源、个人技能及知识和学习网络。Cavaleri 和 Seivert[77]也指出，知识领导力是利用个人影响力来支持知识的发展过程并将其结合到知识管理活动当中，从而实现预期目标的过程。知识领导力作为一种以发展为导向的力量对于群体的知识活动和人力资本发展具有重要的作用：一方面在于团队层面发展学习与精熟导向动机氛围；另一方面会通过自身的模范角色与资源支持引发个体知识隐藏动机的调节，即催发个体行为动机控制机制——感知他人知识价值与自身知识权力提升。由此两层面的潜在作用使个体控制并抑制知识隐藏行为，详见本书第4章跨层次行为动机控制机制对知识隐藏行为的影响研究。

2.3.2.3 知识协同机制

跨职能项目团队情境下,项目经理这一正式的知识领导者、经验丰富的团队成员及非正式的知识领导者及团队的核心人物,在团队工作中扮演着重要角色,最终承担着团队有效创新和项目成功交付的重担[199-200]。在他们的影响下形成的知识领导力对于有效的共享、协同,以及利用知识资源都具有重要的作用[71]。Anthony等[177]通过实证研究发现,职能部门负责人之间的协调质量越好,跨职能项目团队与部门负责人之间的边界冲突越低,项目效率越高。Hsu等[22]认为,智力资本,尤其是知识领导者,在跨越知识边界和协调子群体之间的认知冲突方面发挥着至关重要的作用。

交互记忆系统是促进团队知识协同的重要机制,相关的文献也表明变革型领导力对于促进知识共享和交互记忆系统的发展都发挥着重要的作用[30, 99, 117, 119]。发展良好功能的交互记忆系统,以及与知识领导力联合作用促进团队内部知识协同利用,已逐渐成为团队知识领导力作用下一种典型的知识协同机制,详见本书第5章知识协同机制与团队知识隐藏负面影响弱化机理研究。

2.3.2.4 二元次生机制

通过本章2.3.1小节的相关分析与论述,跨职能项目团队知识领导力受到双元要素驱动,智慧演进与部署了一系列的亲社会化导向过程机制(亲社会化意义建构机制、跨层次动机行为控制机制及知识协同机制),促使团队成员弱化知识隐藏意愿与行为,以上过程机制对知识隐藏行为的影响还存在次生的过程机制。一方面来说,促使行为转变最直接相关的是个体积极感知引发的一系列社会化心理变化,进而导致个体消极行为的主动转变或主动抑制[212-214]。另一方面,知识管理领域相关研究指出信息技术和技术驱动的知识管理系统对于知识的获取和传播起到了关键的作用[10-11],

第2章 跨职能项目团队知识领导力及其智慧化演进分析

并且,技术监管对团队成员亲自我的行为具有一定的约束作用,技术应用引发的可视化与团队交互规则的改变也会促使团队成员弱化知识隐藏行为。因此,知识领导力作用下的亲社会化导向过程机制在智慧演进的同时,对知识隐藏行为的影响还存在次生的过程机制,即知识导向利益感知、人技交互下任务监管与可视化。

1. 知识导向利益感知

次生的过程机制之一,即项目团队成员知识导向利益感知主要表现在以下三个方面。

(1) 发展知识导向亲社会化影响力为主,提升团队成员目标承诺为辅的意义建构机制促使团队成员感知到知识应用所带来的亲社会化影响力,尤其是对提升自身技能与知识能力的作用;

(2) 感知到团队内部精熟导向动机氛围建立,尤其是感知他人知识价值与自身知识权力提升,均使团队成员认识到知识交换所带来的互惠效益;

(3) 团队层面良好功能的交互记忆系统的发展,促使团队成员感知到弱化知识隐藏行为给整个团队的知识协同与利用带来的有利之处。

2. 人技交互下任务监管与可视化

知识导向利益感知促使了团队成员主动弱化知识隐藏意愿,强化知识共享行为,然而,跨职能项目的临时性、一次性及严格的工期等特点,以及跨职能情境下知识边界障碍、团队成员间知识的交互与竞争凸显、个体为保持自身的竞争优势与"与组织的讨价还价"价码或避免所处非正式团体其他同事的排斥,即使有强烈的知识共享意愿,仍然会表现出较为凸显的知识隐藏行为。

数字化与智能化技术的发展及在项目工作中的应用,为解决以上问题提供可能。在当前移动互联网与浩浩荡荡的数字化浪潮的发展时期下,更为实现知识管理领域人力资源管理实践中的知识行为管理注入了新的演化动力[215-218]。知识领导力在智慧演进与部署一系列的亲社会化过程机制的同时，部署实施每周例会、职位转换、信息网络沟通、研讨峰会等技术路线，加入了智能化的数字监管与考核措施，通过人技交互下任务监管与可视化促使团队成员弱化知识隐藏意愿与行为，即由被动共享转化为主动共享。人技交互下任务监管与可视化成为跨职能项目团队知识领导力作用下的亲社会化导向过程机制影响知识隐藏行为的另一项次生机制。

综合以上论述，知识领导力作用下亲社会化过程机制干预知识隐藏行为的次生机制激发团队成员主动知识共享与被动知识共享，具体影响与干预路径详见本书第6章亲社会化导向过程机制影响知识隐藏行为的案例研究。

第 3 章 亲社会化意义建构机制对知识隐藏意愿的影响研究

3.1 跨职能项目团队热点问题一：个体知识隐藏意愿凸显

聚焦于跨职能项目团队，团队成员具有多样性特征，即具有不同的教育与工作背景、性格特征及价值观[130-131]。团队形成初期成员之间往往缺乏信任[6]，而在后期的合作中，社会分类理论认为知识多样性极有可能引发团队内部断层现象[49,132]。尽管团队成员有共同的项目目标，但各职能单元分目标的不一致导致竞争关系凸显[23]，团队成员之间交换关系质量较差，团队知识活动在缺乏领导者有效的团队干预下，紧密的任务依赖性与良好的团队氛围难以塑造与保障，加之知识经济凸显知识员工个性化背景下，项目成员尽管具有亲社会化的动机也会为维护自身利益而具有愈加强烈的知识隐藏意愿[10,13,24]。

为实现客户或与组织高层等利益相关者诉求下的多重团队目标，尤其是紧迫的项目进度目标，背景多样化的团队成员被迫使在团队组建初期尽快形成共享心智[133]，建立统一的知识贡献意愿，积极参与知识管理过程。这就要求知识管理的核心人物知识领导者，在实现集体目标中进行多方面的策略部署与引导。

知识领导力被定义为一个过程，即知识领导者利用其自身的影响力，创造理想的集体环境，支持组织或团队内其他成员不断学习实现集体目标的过程[74-75]。知识领导力反映了正式与非正式的领导者在信息与知识管理中的特质与行为，往往直接影响着团队成员在知识活动中的意义建构，进而影响他们行为意愿的选择；另一方面来说，知识领导力的发展力求塑造有利于团队协作的亲社会化关系情境来积极地干预社会互动与意义建构过程，进而通过建立统一的团队认知而弱化其知识隐藏行为意愿。由此看来，知识领导力对弱化团队成员的知识隐藏意愿具有潜在的重要作用。

相关研究指出，在项目情境下团队知识领导者，即项目经理与博学多才的团队成员，他们会为团队成员树立好的学习榜样，发展知识领导力促使团队成员相互学习，并发展与成员之间良好的交换关系来弱化员工的知识隐藏意愿[15,134]。尽管如此，现有"领导力—知识隐藏"相关研究较多基于社会交换理论、社会学习理论探究伦理型、谦卑型领导力对知识隐藏的影响机制。知识领导力作为知识活动中更为直接影响团队成员知识行为意愿的领导者特质与行为如何通过亲社会化意义建构过程来弱化团队成员的知识隐藏意愿还鲜有研究，使得当前对于理解"跨职能项目团队情境下知识领导力如何弱化团队成员知识隐藏意愿"这一问题还存在较大局限性。

3.2 跨职能项目团队知识领导力与个体知识隐藏意愿

根据先前章节阐述的知识领导力的定义与发展过程，在跨职能项目团队中，由正式权威的项目领导者和"无级别和头衔类但博学多才"的非正式领导者共同塑造的知识领导力致力于发挥集体的力量来发展团队智力资本和知识价值的优势[72,75]。从领导者个人知识特征来看，项目经理或管理者在职业生涯中担任一些重要职位，拥有知识经验水平决定了他们是否察觉到团队成员的知识隐藏问题。高知识领导力水平下，知识领导者会就知识贡献度问题与知识员工进行积极沟通，了解其知识隐藏动机，引导其树立并完成预设的任务目标，降低知识隐藏意愿[15]。

第3章 亲社会化意义建构机制对知识隐藏意愿的影响研究

针对团队内部不协调的社会化交互和低效率的知识活动，知识隐藏作为潜在原因之一，阻碍着团队内部知识价值的提升与智力资本的发展。为推动团队知识管理，知识领导者在积极宣扬团队知识共享的同时，也会注意到团队成员潜在的诸如隐藏知识的亲自我倾向。正式知识领导者会采取一系列措施（沟通、激励、资源支持及环境氛围塑造）在知识活动中进行干预，尤为突出的是知识领导者通过发挥自身的影响力致力于塑造一种强调经验开放性、合作和信任的关系环境[74-75]，使得团队成员塑造正确的亲社会化倾向认知，积极参与集体的知识管理和合作式团队学习[69,72-73,75]；相关研究表明团队成员感到领导者的支持会展示出亲社会化行为[135-136]。Černe 等[24]提出在互惠和学习的环境中，知识隐藏不是一个有益的选择，因为这样的行为会不利于他们提升自己的能力与专业知识的质量；Tasy 等[15]证实团队成员感知到安全、信任和有凝聚力的工作环境与发展良好的领导与成员交换关系时，将会更加愿意认同项目愿景，参与项目的实施，降低知识隐藏意愿。因此，高水平知识领导力作用下的团队支持促使领导力与成员之间的交换关系良性发展，使知识员工转变原有的知识隐藏意愿，增强为团队作贡献的意愿，塑造知识员工之间的良性互动。

3.3 跨职能项目团队知识领导力与亲社会化意义建构机制

3.3.1 知识领导力与团队目标承诺

结合第 1 章 1.2.3.1 小节阐述的知识领导力作用下的亲社会化意义建构机制分析结果，依据意义建构理论，知识领导者对团队知识活动的亲社会化意义建构与塑造会为下属的行为决策提供社会认知基础，推动跨职能项目团队这一复杂动态的临时性项目组织情境下各职能部门成员间的目标、信念、态度及行为的统一[66,98,140]。由此，团队成员会对知识领导者的给赋行为进行解析，团队成员对于自己在团队中的角色有了新的认识，对知识活动价值是来自共享还是隐藏将会有新的价值判断，对自身在知识活动中产生共享还是隐藏倾向有了新的改观[98]。当感受到领导者对知识活动和自身工作与学习的支持，具有亲自我动机而倾向于隐藏知识的团队成员逐渐意识到实现知识价值更有意义的方式在于与其他成员高效地合作并完成项目目标所带来的集体成就感，并由此而增加了对团队目标的承诺。

团队目标承诺被定义为"一个人达到团队目标的决心"，是指团队成员对团队目标的依恋，以及实现这些目标的决心[135-136,141]。Grant等[98]指出，组织对于员工的支持计划可以引发个体与组织两个层面的亲社会化意义建构过程，使员工增加对组织的情感承诺。领导力相关文献也指出变革领导力与共享型领导力有助于提升团队成员感知到团队认同和团队目标承诺的水平[30,142]。

3.3.2 知识领导力与知识导向亲社会化影响力

心理学家认为追求社会价值是人类的一个基本价值体现[143]。跨职能项目团队的知识活动镶嵌在社会化交互活动中，人们在追求跨职能边界进行合作完成团队任务的同时，也会追求知识共享产生的关系和社会化价值[36,55]。因此，团队成员解析知识领导者的给赋行为时，不仅对于共享的项目目标有了更深的承诺，对于社会化交互中个体之间的知识活动的意义，即团队成员对共享或隐藏行为产生的社会化价值及自己在团队中的角色意义，也有了新的认识[98]。

知识导向的亲社会化影响力是一种将各职能部门拥有不同专长知识的团队成员连接起来的关系型机制[143-145]。它不仅体现了跨职能项目团队成员认为他们的信息与知识使其他成员或客户受益的程度，也体现了他们提供有用的信息与知识所产生的贡献被其他人重视的程度。Yang等学者[74]、

第3章 亲社会化意义建构机制对知识隐藏意愿的影响研究

Zhang 和 Cheng[75]将知识领导力引入项目管理情境中，并指出知识领导力倡导团队营造以信任与合作为导向的关系情境，该情境体现了知识活动中团队成员之间、团队成员与客户之间互惠的环境氛围。根据动机性信息处理理论[146]，以合作与信任为导向的社会交互有助于激发团队成员的亲社会化动机，建立良好的团队成员交换关系，互相提升专长技能、增加专长可信度，进而增强知识导向亲社会影响力。从社会化学习视角来看，知识渊博的非正式领导者建立自身影响力的过程在于该领导者帮助不同职能人员跨越知识边界，贡献知识以帮助别人解决问题、产生较好的创新产品或方案使客户受惠，以上知识应用产生了较大的社会价值并赢得了团队成员与客户的认可[55,147]。这使得团队成员认为提升自身知识水平共享知识以获得团队和客户重视也是实现自我成就感的一种方式，进而积极参与到团队的知识活动中，实现团队多样化知识资源更有效地利用。

3.4 跨职能项目团队亲社会化意义建构机制与知识隐藏意愿

3.4.1 团队目标承诺与知识隐藏意愿

通过感知知识领导力作用下亲社会化意义建构过程，团队成员对亲社会化意义给赋的解析后，一方面对自身信念、认知及行为进行重塑；另一方面团队成员集体的信念重塑发展成为一种规范信念与主观规范。根据计划行为理论，个体在控制信念充分条件下，行为意愿由个体自身的行为信念和行为态度，以及所处环境的规范信念和主观规范共同决定[29]。为此，团队目标承诺与知识导向的亲社会化影响力作为知识领导力视角下亲社会化意义建构机制对团队成员的知识隐藏态度与意愿产生潜在的影响。

知识领导力作用下的亲社会化意义建构使得团队成员认为增强团队目标承诺是自身在团队中价值与意义的体现。对于项目团队成员来说，帮助实现团队目标最直接有效的方法就是付出更大的努力,为项目团队提供高质量的知识[30,136]。社会心理学相关研究也表明,承诺是个体对目标或者群体的认同与依恋,会通过高水平的表现和额外的努力来使他们所归属的团队受益或者来促进目标的实现[136,141]。在这样的信念支持下,团队成员在知识活动中将会建立知识贡献意愿而降低知识隐藏意愿;相反,在团队成员对团队目标承诺较低的情境下,不同职能部门的团队成员对目标承诺程度不一致,在跨职能合作中将呈现消极的状态,甚至会为了维护自身的分目标而降低努力程度,进而表现出更强烈的知识隐藏意愿。在这方面,Husted 等[35]抽样调查了丹麦 15 个组织的 1639 名受访者进行的问卷调研,结果显示承诺导向的知识治理机制可以降低个体的知识共享敌意。Liu 和 Li[30]也通过实证检验表明团队目标的承诺可以增加知识共享意愿,降低知识隐藏意愿。

3.4.2 知识导向亲社会化影响力与知识隐藏意愿

知识领导力作用下的亲社会化意义建构使得团队成员感知在团队中贡献知识产生的社会化价值比知识隐藏带来的自我利益追逐更有价值。信息与知识贡献及利用产生的亲社会化价值在于:①解决问题的同时,团队成员自身知识水平的提高,同时其他团队成员感知其知识可靠性增加[148];②拥有专长的成员运用自身知识解决团队问题会为其带来声誉与影响力,便于发展知识权力和人际信任关系[26,55];③团队知识可靠性提高,以及客户、顾客或终端产品使用者对团队与组织的信赖和赞赏[147]。

尽管知识隐藏可以满足个体对权力的追逐和领地的维护,从长远来看,对于社会化交互过程中个体技能和人际关系发展来说,知识隐藏并不是有利的选择[10,18,20]。一方面,团队成员一般是具有情感的个体,更偏向于身处于安全、合作和信任的环境,而知识隐藏意愿的发展会带来潜在的人际风险[65];另一方面,来自不同专业的知识员工自我学习能力有限,团队任务的完成更

第3章 亲社会化意义建构机制对知识隐藏意愿的影响研究

加依赖彼此塑造的跨专业协作[23];在拥有知识心理所有权的情况下,尽管从个人领域获得的排他性利益是知识未来价值的预期,但也需要投入相互学习的氛围之中并从解决实践问题中积累经验,提高保持自身知识的优越感的可能性[73,113];由此看来,对于具有知识隐藏意愿的团队成员来说,知识导向的亲社会化价值极有可能引发个体信念的转变,进而弱化知识隐藏意愿。

很多文献表明知识贡献会引发知识价值损失[17],但是在共享知识以帮助别人解决问题的同时,一定程度上来说也可以深化专业技能并收获声望,发展社会关系[149-151];拥有良好社交关系的员工会从同事的额外帮助中受益,反过来,他们也会帮助他人[10,15]。因此,社会化过程也可以弥补知识价值损失,甚至相反可以增加自身的声望与影响力。Černe 等[40]研究也指出团队成员的亲社会动机可以降低团队知识隐藏水平。Tsay 等[15]通过在软件研发项目团队中调研也发现,团队领导与成员之间的交换关系及团队成员之间的交换关系等处于较高质量时,知识员工感知自身的价值被人关注,幸福感被他人关心,就会对团队产生依赖,增强努力的动力,降低知识隐藏意愿。相反,知识导向的亲社会化影响力较低,即使知识拥有者意识到知识隐藏可能带来不可预测的人际风险也不愿意贡献有价值的知识[52,55],甚至会坚持对自我竞争优势和知识心理所有权的追逐而发展知识隐藏意愿[18]。

3.4.3 团队目标承诺和知识导向亲社会化影响力的交互作用

团队目标承诺与知识导向亲社会化影响力作为知识领导力视角下的亲社会意义建构机制,会对知识员工的知识隐藏意愿产生交互影响。Takeuchi 等[152]提出高承诺的工作系统可以产生高水平的集体人力资本,并且鼓励组织内的高度社会交换。高承诺的人力资源管理系统往往可以促使团队成员之间可信度与协同度的发展[153];Wombache 和 Felfe[154]强调团队与组织承诺会增强效能信念,而且促进员工公民化行为的产生。田立法[155]认为高承诺的工作系统会驱动信任关系的建立，进而促进团队成员去共享知识，弱化知识隐藏意愿。因此，团队目标承诺强化知识员工对目标的依恋感，自我效能的提升会赢得他人认可，将有意愿付出更多的努力并表现出亲社会化意愿。同时，高承诺团队能够加强团队信任导向关系型机制的发展，提升各职能部门人员的协作水平，从而强化了知识导向影响力对知识隐藏意愿的抑制作用。

从另一方面来说，Grant 等[98]指出亲社会化认同可使成员增强对组织的情感承诺，亲社会化行为将有助于关系型社会资本的发展，促使团队更好地利用资源，增强实现目标的有效性。此外，知识导向亲社会化影响力的发展可以使员工把握自身的努力方向，激励员工积极参加知识活动，更容易将团队规范内在化并表现出更多亲社会化行为，进而在交互的过程中增强相互的信任与认同，更加清楚地知道哪些知识和行为有利于目标实现[98,143]。组织行为领域的相关研究也指出团队参与、人际信任及团队认同的提升使员工具有高水平工作满意度并对目标实现充满信心，增加对团队目标的承诺[157]。由此看来，知识导向亲社会化影响力的发展也会使团队成员进一步感觉到实现目标的可能性，投身于社会化活动并通过积极的协作、学习及互相贡献知识而不是隐藏知识来实现团队目标，强化了感知到团队目标承诺对知识隐藏意愿的弱化作用。显然，在这两种机制的交互作用下，团队成员的知识隐藏意愿将得到很大程度的约束。

3.5 亲社会化意义建构机制影响知识隐藏意愿理论模型构建与分析

3.5.1 理论模型构建

本节内容研究聚焦跨职能项目团队情境，以知识领导力视角为基础，借鉴意义建构理论将此视角下的亲社会化意义建构机制界定为两方面，即

第3章 亲社会化意义建构机制对知识隐藏意愿的影响研究

团队成员的目标承诺和知识导向亲社会化影响力,探究知识领导力如何通过团队目标承诺和知识导向亲社会化影响力影响团队成员的知识隐藏意愿,主要回答研究问题1下细化出的两个问题。

(1)知识领导力如何影响团队成员的知识隐藏意愿?

(2)知识领导力视角下双元的亲社会化意义建构机制能否及如何弱化团队成员的知识隐藏意愿?

本研究结果将拓展知识隐藏意愿的前因边界,为跨职能项目团队情境下如何弱化消极行为意愿提供一定的理论借鉴并为有效治理知识隐藏行为奠定基础。

综合本章第3.2节~第3.4节二级或三级标题下内容分析,依序分别建立相关假设并据此构建本章的研究框架图与概念模型,知识领导力视角下亲社会化意义建构机制对知识隐藏意愿影响模型如图3-1所示。

假设1(H1):在跨职能项目团队中,感知知识领导力水平越高,团队成员知识隐藏意愿程度越低。

假设2(H2):在跨职能项目团队中,感知知识领导力水平越高,团队成员的目标承诺越高。

假设3(H3):在跨职能项目团队中,感知知识领导力水平越高,知识导向亲社会化影响力水平越高。

假设4(H4):在跨职能项目团队中,团队成员的团队目标承诺越高,知识隐藏意愿程度越低。

假设5(H5):在跨职能项目团队中,团队成员知识导向亲社会化影响力水平越高,知识隐藏意愿程度越低。

假设6(H6):在跨职能项目团队中,团队目标承诺和知识导向亲社会化影响力对弱化团队成员知识隐藏意愿具有正向交互作用。

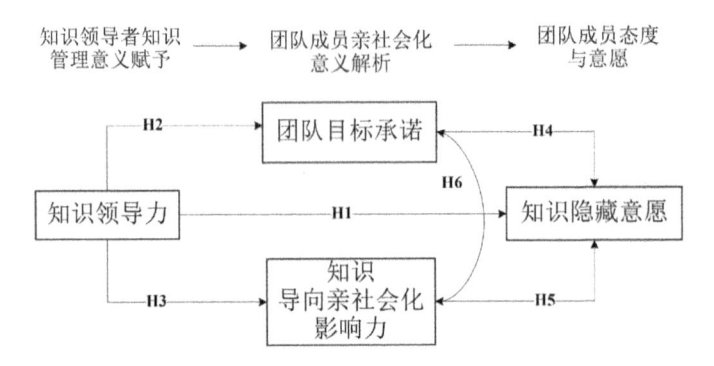

图 3-1 知识领导力视角下亲社会化意义建构机制对知识隐藏意愿影响模型

3.5.2 研究样本与问卷调查

3.5.2.1 样本选择与问卷设计

本次调研以中国境内工程设计，电机研发及电池研发等行业的跨职能项目团队为抽样框。根据国内外文献及国内最新行业分类标准，这些行业归属于典型的知识密集型产业。基于此抽样框，以京津冀区域为调研区域，获取了 8 家企业 46 个团队的调研数据。调研者利用课题组社会关系首先联系公司的中高层领导者，阐述了本次研究的目的、意义、参与者的收益，说明了本次研究结果对公司未来知识管理的预期指导意义。本研究以当代企业致力于提高知识经济下的信息与知识管理水平为背景，得到了高层管理者和团队管理者的大力支持并确定了进一步的合作意向。通过与公司管理者和人力资源部门的进一步接洽与沟通，其中 6 家样本公司确定了 38 个典型知识密集型项目团队作为本次研究的对象。另一种方式是亲自参加以信息和知识管理为主题的行业论坛会议与研讨会，将调查问卷直接分发给 2 家公司的参会者，涉及 8 个不同的工程设计项目团队。样本公司及研究团队基本情况如表 3-1 所示。为了使数据能够更好地反映本研究主题，每一个团队选取其领导者并随机选择至少 3 名下属。为了保证问卷的适用

第3章 亲社会化意义建构机制对知识隐藏意愿的影响研究

性和问题回复的准确性,要求所选受访者具有较大的自愿性,以及足够的经验与知识回答问卷中的问题。即:①现在正在某一知识密集型团队工作,有足够能力理解问题并填写问卷;②已经参加过两个以上项目,有至少三年工作经验。

表 3-1　样本公司及研究团队基本情况（N=46）

编号	公司名称	团队数量/个	平均团队人数/人	平均项目工期/月
1	某生物科技有限公司	5	8	6
2	某交通规划设计院	6	16	5
3	某建筑设计研究院	4	7	8
4	某控制仪器研究所	4	5	6
5	某铁路设计院	3	12	12
6	某电池研发	2	5	12
7	某局市政设计院	4	13	9
8	某工程设计研究院	10	12	10

在问卷正式收集前,邀请了3名参与跨职能项目团队领导和3名项目管理专家对测量题项的清晰度和实用性进行了预测试,再讨论各题项是否满足研究情境的需要,然后根据他们的反馈进行细微的语句修改与格式调整（附录A列出了调整后的最终问卷）。随后,大量问卷在人力资源部门人员的帮助下,被分发给38个样本团队的项目管理人员与团队成员。每一个公司派一名研究助理协助人力资源部门完成问卷的发放和回收工作。

问卷采用纸质版形式,填答过程安排在全体成员工作会议后进行。研究助理首先解释本次调查的目的、意义和研究背景;然后说明问卷填答要求；知识隐藏意愿往往被认为是一种"不好的行为意愿"，为避免社会称许性偏差，最后强调了问卷本着自愿原则，所有填答结果均匿名并保密，保障受访者按照自身情况或所在团队的实际情况放心填写。为最大限度地避免共同方法偏差，正式问卷的调研分两个阶段进行，第一阶段调研是由团队成员评价知识领导力的题项，知识领导者也会收到一份与自身和团队信息相关的统计调查问卷；第二个阶段调研是团队成员自评团队目标承诺、知识导向亲社会化影响力及知识隐藏意愿这三个构念下的题项，另外为更好地反映团队成员亲社会化意义解析过程，也会邀请领导者辅助评价团队目标承诺与知识导向亲社会化影响力两个构念，两个阶段调研的时间间隔是一个月左右。对于第二次调研的邮件或电子版问卷发出两周后，我们给那些回复了邮件的人打了"感谢"电话，给还未按时提交问卷的受访者打了提醒电话。对于两阶段调研中获取个人与项目信息有不一致的情况，会通过电话、邮件或微信、QQ等通信方式联系后再次确认。

整个问卷回收工作持续7个月，共发放问卷320份，问卷回收后整理所有问卷，剔除不合格问卷（漏选、多选、明显错答），第一阶段回收项目管理者问卷74份，团队成员数据251份，剔除不合理数据，有效配对问卷247份；第二阶段回收有效问卷199份。两阶段总体的配对数据是199份，总体回收率62.2%。表3-2汇总了所有受访者的人口统计特征。

结合表3-1与表3-2统计结果显示，项目工期3~18月不等；团队人员数量范围从5~25名不等，平均团队规模为11人，工程设计团队占58.7%；有效个体样本中，男性占据70.85%，平均年龄30岁左右；平均工作年限为5.78年，而且多数受访者获得了硕士及以上水平教育程度（硕士学位，49.25%；博士学位，16.58%）。团队知识领导者中，男性占据70.27%；平均年龄35岁；研究生以上学历占据64.51%；平均团队共事年限为6.64年。

第3章 亲社会化意义建构机制对知识隐藏意愿的影响研究

表3-2 受访者的人口统计学特征汇总

特征变量	类别	团队成员（N=199） 频数	频率/%	团队知识领导者（N=46） 频数	频率/%
性别	男	141	70.85	30	65.22
	女	58	29.15	16	34.78
年龄（岁）	<25	27	13.57	0	0.00
	26~30	100	50.25	7	15.22
	31~40	69	34.67	29	63.04
	>40	3	1.51	10	21.74
团队共事年限（年）	<3	69	34.67	5	10.87
	3~5	64	32.16	15	32.61
	6~10	45	22.61	15	32.61
	>10	21	10.55	11	23.91
教育水平	专科	5	2.51	0	0.00
	本科	63	31.66	17	36.96
	硕士	98	49.25	25	54.34
	博士/博士后	33	16.58	4	8.70

3.5.2.2 数据与分析工具

本研究通过比较被调查者与非被调查者的特征，进行卡方差异检验，结果表明两个群组并没有显著差异，因此无应答偏差问题不严重。对于第二阶段调研涉及的多个构念的测量，采用了相同的受访者与方法可能存在共同方法偏差问题。根据Podskoff等[158]的建议进行哈门单因素分析，探索性因子分析的结果显示，恰好浮现出3个因子，共解释了总方差的70.9%，并且最大因子仅解释了最大方差的25.67%，表明解释大部分方差的因子并不存在。为辅助检验，本研究在模型中添加在理论上无关的量表作为标记变量并建立其到所涉及的内生因变量的路径，检验结果表明这些影响路径并不显著。

此外，鉴于本研究样本相对较少（199个），根据理论发展与预测的需要，采用SmartPLS 3.0建立偏最小二乘法结构方程模型并处理数据，检验测量模型与结构模型的合理性，进而检验各假设。

3.5.2.3 构念测量

本研究所涉及的四个构念的测量均采用已有研究中已验证过的题项。由于各测量题项均来自英文文献，本研究按照中文情境将其翻译成中文，由5个项目管理专业研究生对各个题项转译效果进行评价。各测量题项均采用5分的李克特量表（1为完全不同意，5为完全同意）。各构念的具体测度如下。

（1）知识领导力：采用Yang等[74]基于Davenport和Prusak[159]的研究提出的知识领导力量表进行测量，该量表依据情境进行了一定程度的修订。知识领导力包括领导者技能（3个题项）、合作与信任（4个题项）及知识集成与创新（4个题项）三个维度，共包含11个题项，例如"团队项目管理者总是试图获得新知识，为其他人树立学习榜样""团队项目管理者尽力去营造信任的环境氛围""团队项目管理者整合了来自不同部门的实践经验去创造新的知识"。这些题项是团队成员在感知团队知识领导力发展程度的基础上进行评价的。

（2）知识隐藏意愿：借鉴Tsay等[15]研究中的团队努力保留程度量表形成知识隐藏意愿量表，本研究采用此量表测量知识隐藏意愿，该量表包括7个题项，例如"在贡献知识方面，我不会付出太多的努力"。

第3章 亲社会化意义建构机制对知识隐藏意愿的影响研究

（3）团队目标承诺：借鉴 Aubé 和 Rousseau[135]开发的量表，该量表包括4个题项，例如包括"我坚定地致力于实现项目目标"。

（4）知识导向亲社会化影响力：借鉴 Grant[144,145]编制或采用的社会影响力（3个题项）与感知到的社会价值（2个题项）量表进行适当修订后采用，该量表共包含5个题项，例如"我贡献的知识常对其他人产生积极影响""我的专业和技能常被团队内其他员工欣赏"。

（5）控制变量：参考知识隐藏相关文献，本研究选取团队类型、团队规模、性别异质性及工作年限为控制变量[18,49,160]。性别异质性采用 Blau 异质性指标测量，工作年限转变为虚拟变量进行测量[18]。

3.5.3 研究结果与分析

3.5.3.1 测量模型检验

采用软件 SmartPLS 3.0 对数据进行统计与分析[127,161]，表3-3列出各潜变量信效度指标值，各潜变量或分维度的 Cronbach α 值均大于 0.7（0.717~0.894），组合信度（Composite Reliability，CR）均大于 0.7（0.808~0.940），表明所使用的量表具有较好的内部一致性信度[127,161]；各测量题项载荷均接近或大于 0.7，各构念或分维度的平均提取方差值（Average Variance Extracted，AVE）均大于 0.5（0.505~0.600），表明测量模型具有较好的收敛效度[127,161]。表3-4描述性统计结果与构念的收敛效度和区分效度提供了各构念的平均值、标准方差及区分效度指标。按照 Fornell-Larcker 标准评价测量模型的区分效度，各构念 AVE 的平方根及每一测量题项的载荷值均大于该构念与其他构念之间的相关系数数值，表明测量模型具有较好区分效度[127,161]。

表 3-3　潜变量信效度指标值

潜变量	测量题项	载荷	T 值	α	CR
知识隐藏意愿[15]	KWI1	0.660	15.049	0.792	0.885
	KWI2	0.748	12.288		
	KWI3	0.785	14.982		
	KWI4	0.675	14.716		
	KWI5	0.776	14.630		
	KWI6	0.714	10.943		
	KWI7	0.716	9.541		
知识领导力[74]：领导者技能	LS1	0.669	8.767	0.894	0.940
	LS2	0.707	6.711		
	LS3	0.811	11.551		
知识领导力：合作与信任	CT1	0.817	5.513		
	CT2	0.761	10.305		
	CT3	0.791	10.236		
	CT4	0.778	11.380		
知识领导力：知识集成与创新	KII1	0.671	13.403		
	KII2	0.877	10.214		
	KII3	0.789	14.258		
	KII4	0.822	15.541		

第3章 亲社会化意义建构机制对知识隐藏意愿的影响研究

续表

潜变量	测量题项	载荷	T值	α	CR
团队目标承诺[135]	TGC1	0.735	12.340	0.786	0.808
	TGC2	0.743	10.905		
	TGC3	0.663	10.574		
	TGC4	0.723	10.876		
知识导向亲社会化影响力[144,145]	KPI1	0.726	11.601	0.717	0.834
	KPI2	0.745	11.613		
	KPI3	0.664	12.912		
	KPI4	0.682	13.217		
	KPI5	0.732	15.573		

注：测量题项大写字母代表含义详见附录A。

表3-4 描述性统计结果与构念的收敛效度和区分效度

变量	描述性统计 均值	描述性统计 标准差	AVE	1	2	3	4
1.知识隐藏意愿	3.90	0.66	0.527	**0.726**	—	—	—
2.知识领导力	3.83	0.77	0.600	−0.328	**0.775**	—	—
3.团队目标承诺	3.97	0.70	0.514	−0.294	0.536	**0.717**	—
4.知识导向亲社会化影响力	3.80	0.67	0.505	−0.394	0.569	0.345	**0.710**

注：对角线上加粗数值是平均变异抽取量的平方根。

3.5.3.2 结构模型分析与假设检验

本研究通过采用SmartPLS 3.0软件建立结构方程模型，计算结构模型的相关参数（R^2，Q^2）与变量之间的路径系数，并通过执行5000次的Bootstrapping技术检验路径系数的显著性，相关结构模型测量结果如图3-2

跨职能项目团队知识隐藏行为管理：知识领导力智慧演进视角

所示。团队目标承诺、知识导向的亲社会影响力与知识隐藏意愿这三个变量的拟合系数 R^2 分别为 0.220、0.299、0.493，满足要求；采用 Blindfolding 功能评估结构模型的预测能力，团队目标承诺、知识导向的亲社会影响力与知识隐藏意愿这三个变量的 Q^2 值分别为 0.154、0.222、0.367，表明结构模型具有较好的预测能力[127,161]。

应用 Bootstrapping 再抽样方法进行显著性检验和路径系数计算。由图 3-2 结构模型测量结果可知，知识领导力负向影响知识隐藏意愿（β=-0.298，t=2.796，p<0.01），H1 得到验证。由模型结果可进一步发现知识领导力正向影响团队目标承诺与知识导向亲社会化影响力（β=0.470，t=5.920，p<0.001；β=0.547，t=7.612，p<0.001），H2 与 H3 得到验证。知识导向亲社会化影响力负向影响知识隐藏意愿，但团队目标承诺对知识隐藏意愿作用不显著（β=-0.323，t=3.204，p<0.01；β=-0.146，t=1.365，p>0.05），H5 得到验证但 H4 没有得到验证。将团队目标承诺与知识导向亲社会化影响力交互项纳入模型时，该交互项对知识隐藏行为具有负向影响（β=-0.249，t=2.194，p<0.05），H6 也得到了验证，两者的调节效应结果如图 3-3 团队目标承诺与知识导向亲社会化影响力对知识隐藏意愿的交互作用所示。鉴于知识领导力对知识隐藏意愿的负向作用、对知识导向亲社会化影响力的正向作用及知识导向亲社会化影响力对知识隐藏意愿的负向作用都显著，按照 Kenny 等[162]对中介检验方法的说明，可进一步检验知识导向亲社会化影响力在知识领导力与知识隐藏意愿关系中是否具有中介作用。本研究采用 Bootstrapping 方法，检验知识领导力与知识隐藏意愿之间总效应（Total Effects）（$\beta_{\text{Total Effects}}$=-0.568，$t$=8.212，$p$<0.001）、直接效果（Direct Effect）（$\beta_{\text{Direct Effects}}$=-0.298，$t$=2.796，$p$>0.01）及非直接效果（Indirect Effects）的显著性。检验结果表明知识导向亲社会化影响力部分中介知识领导力与知识隐藏意愿关系（$\beta_{\text{Indirect Effects}}$=0.176，$t$=2.571，$p$<0.05）。

第3章 亲社会化意义建构机制对知识隐藏意愿的影响研究

此外，控制变量的相关结果表明团队规模正向影响知识隐藏意愿（$\beta=0.262$，$t=2.209$，$p<0.05$），而性别异质性与工作年限则对知识隐藏意愿都没有影响。这表明男性或女性员工在表现知识隐藏方面没有显著差别；不同工作年限的团队成员在倾向于隐藏知识方面没有显著差异；规模越大，团队成员受监管的程度降低，员工可能会发展知识隐藏意愿。

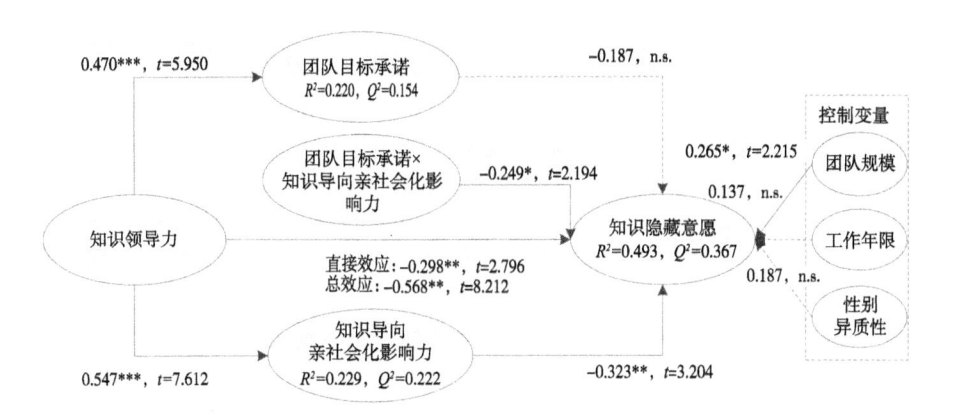

图 3-2 结构模型测量结果

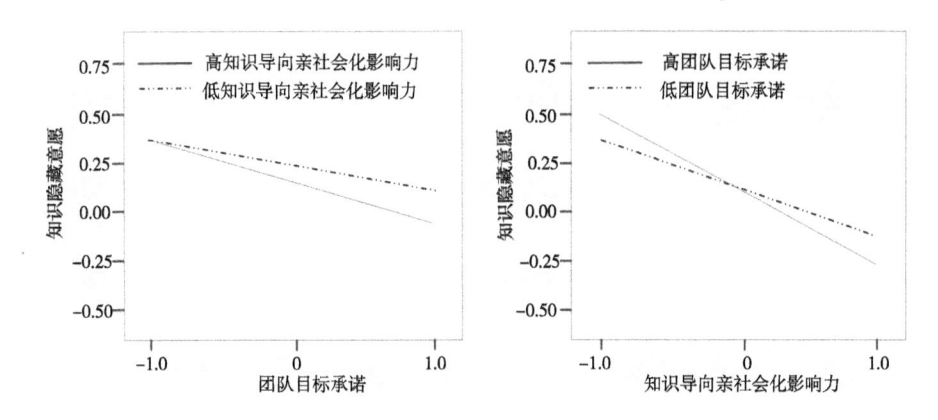

图 3-3 团队目标承诺与知识导向亲社会化影响力对知识隐藏意愿的交互作用

3.5.4 研究结论与理论贡献

3.5.4.1 研究结论与讨论

总体来说，本研究探究了知识领导力视角下亲社会化意义建构机制对团队成员知识隐藏意愿的影响机理。综上研究结果：①知识领导力会增强团队成员对团队目标的承诺并使其发展知识导向亲社会化影响力，并且在一定程度上通过知识导向亲社会化影响力作用于知识隐藏意愿；②知识导向亲社会化影响力与知识隐藏意愿负相关，知识员工团队目标承诺越高，知识导向亲社会化影响力与知识隐藏意愿负相关程度越强；③在高水平的知识导向亲社会化影响力作用下，团队目标承诺对知识隐藏意愿的负向影响也可能显著。

H1、H3 及 H5 的验证指出跨职能项目团队知识领导力发展过程体现了团队亲社会化意义给赋的过程，能够直接或者间接约束与转变团队成员的知识隐藏意愿。一方面，团队成员感知到团队知识领导者的榜样效应，引发其模仿意愿，感知到知识领导力对团队成员参与知识活动的一系列支持行为使其树立亲社会化行为信念与态度，保持领导与成员良好的交换关系，从而逐渐弱化知识隐藏意愿。另一方面，团队目标的实现所需要的高效跨职能合作要求团队成员的知识水平保持一致，然而在多样化分目标的不一致、竞争强压于合作之上的情形下团队成员趋向于发展非合作性的知识隐藏意愿[3,9,23]。在此情形下，正式知识领导者及拥有渊博知识的非正式领导者作为团队的核心人物推动知识价值的实现，像教练员、顾问或导师一样引导团队成员建立亲社会化的价值观，作为中层管理部署多元化措施，保障团队知识活动正常进行。知识领导力的发展会促使知识员工感知到知识所带来的社会化价值与意义，即通过贡献自身的知识实现知识带来的成就感，知识在社会化过程流动与共享中更有意义，从而增强了团队成

第3章 亲社会化意义建构机制对知识隐藏意愿的影响研究

员塑造知识导向亲社会化影响力的动力,更加努力地工作并积极参与知识活动,倾向于通过贡献知识来提升自身知识价值,弱化甚至摒弃原有的知识隐藏意愿。

H1 与 H2 得到验证,H4 未得到验证,与 H2 和 H3 研究发现对比,研究结果进一步揭示了跨职能项目情境下知识领导力致力于提升知识资源价值,也会强化团队成员对项目目标的承诺[163],但不会通过团队目标的承诺间接影响团队成员的知识隐藏意愿。H4 所指出的团队目标承诺对知识隐藏意愿的负向作用未得到验证,其原因可能在于以下两方面。①跨职能项目团队项目工期紧,高目标承诺的团队成员会投入过多的时间与精力学习并搜索信息去完成自己的任务,尽管具有知识贡献意愿,但是也可能会没有更多的精力和时间来帮助他人的工作,在强调绩效结果的竞争氛围下可能表现更明显。因此,客观条件限制可能会导致知识隐藏弱化意愿并没有大幅度发展。②当前任务目标的完成距离总项目目标的实现具有时间距离,依据社会心理学中的解释水平理论[164],个体对于事件的表征有不同的抽象水平,具有高解释水平的团队成员更倾向于从更长远的、广泛的或他人的角度处理信息和制定决策,具备这种水平的团队成员在参与跨职能合作时,能够响应知识领导力的号召,弱化知识隐藏意愿,在有需要的时候积极贡献知识;具有低解释水平的团队成员看问题是具体表征,尽管对目标具有较强的承诺,但是考虑问题的范围更狭窄,处理信息和制定决策的视角更狭窄或更自我,更加关注自身任务的完成而不能更好地与其他成员协作,贡献知识意愿比较低。通过以上分析,可以推测知识领导力对知识隐藏意愿的影响可能要受到个体与团队情境特征因素的调节,未来研究可以进一步考虑这些因素的作用完善本研究的结论。

H6 被支持成立对以上 H4 不成立理由的推测给予了肯定,进一步指出跨职能团队情境下团队目标承诺与知识隐藏意愿的负面关系受到知识导向亲社会化影响力的调节；在高团队目标承诺下，知识导向亲社会化影响力对知识隐藏的负面作用会增强。研究结果表明，团队目标承诺与知识导向亲社会化影响力作为知识领导力视角下的亲社会化意义建构机制，对知识隐藏意愿的影响是互补的。从本质上来看，团队目标承诺更偏向于一种认知机制，而知识导向的亲社会化影响力属于一种关系或者情感机制[98,144]，前者是一种方向指引，后者是社会化状态，对于跨职能项目团队的知识隐藏来说，方向指引会增加潜在的收益期望，弱化知识隐藏；然而，团队之间社会化关系状态对于知识隐藏意愿弱化具有更直接的影响。

3.5.4.2 理论贡献

以上研究发现揭示了跨职能项目团队管理实践中知识领导力作用下亲社会化意义建构机制如何弱化知识隐藏意愿，对于进一步理解如何弱化知识隐藏意愿提供了更深层次的理论解释。该研究发现支持Černe等[24,40]主张的亲社会化动机降低知识隐藏的论点，并指出知识导向的亲社会化影响力除了直接抑制团队成员的知识隐藏以外，与项目成员高目标承诺同为亲社会化意义建构机制会交互对知识隐藏意愿产生负面影响[30,136]。团队目标承诺相关的文献指出感知到的团队承诺能够增强团队成员之间的知识共享[30,136]，而且承诺导向的知识治理机制可以降低个体的知识共享敌意[35]。本研究的结果与以往文献不同，团队目标承诺不一定能直接弱化知识隐藏意愿，即在知识导向亲社会化影响力发展较好的情况下团队目标承诺才能有效抑制知识隐藏意愿，也就是说知识有价值，能够对他人产生影响力，并且贡献知识后能够受到良好的反馈才能够使拥有高目标承诺的项目员工愿意贡献知识，弱化知识隐藏意愿[14]（对于如何控制并提升知识导向影响力，本书将在第4章做出详细的探究）。总之，该研究发现拓展了知识隐藏意愿的前因，加深了对不同亲社会化机制是如何弱化知识隐藏意愿这一问题的理解。

这些研究发现不仅支持Černe等人的论点，也支持社会交换理论视

第3章 亲社会化意义建构机制对知识隐藏意愿的影响研究

角下 Tsay 等[15] 的主张,即领导力与成员之间的交换关系可以弱化成员的知识隐藏意愿。在这些研究的基础上,本研究进一步解释了跨职能团队情境下知识领导力可以通过亲社会意义建构过程加强知识领导者与团队成员之间的关系交换,并促使团队成员通过贡献知识产生影响力来发展亲社会化行为信念,激发亲社会化动机,进而弱化团队成员的知识隐藏意愿。"知识隐藏—领导力"相关研究也肯定了一般组织情境下领导力可以通过社会学习与社会认知等过程重塑行为信念,改变对知识隐藏的态度与意愿的观点[63]。基于此,本研究进一步发现,跨职能项目团队情境下领导者在知识管理中的行为与特质体现的知识领导力可以通过关系导向的亲社会化意义建构对知识隐藏意愿的重塑产生直接或间接作用。由此,本研究不仅进一步加深了对如何通过发展亲社会化动机及如何增强领导力与成员之间的交换关系来转变团队成员知识隐藏意愿这一问题的理解,而且丰富并拓展了意义建构理论在解释领导力对知识隐藏的作用机理中的应用,为如何有效地抑制和约束团队成员的知识隐藏意愿提供了综合性的解决思路。

从本研究采用的知识领导力视角来看,本研究与 Viitala 提出的知识领导力在创造学习氛围中的作用及 Zhang 和 Cheng[75] 探究的知识领导力在培养一种合作和信任导向的关系环境中的作用相一致,都是在强调了知识领导力在促进知识管理实践的"软机制"部署中发挥的关键作用。在这些研究的基础上,本研究揭示了跨职能项目情境下的知识领导力体现了一种促进知识活动而发展的亲社会化意义建构的过程,即一种为增强团队知识共享、集成与创造,弱化团队成员惰性与保留努力等知识隐藏意愿而进行的亲社会化意义给赋的过程,推动了知识领导力理论的发展。该视角下亲社会化意义建构机制在于团队目标承诺与知识导向的亲社会化影响力这两种认知和关系导向机制的发展,它们有利于跨职能部门员工之间的融合、合作,以及凝聚力的建立[30, 98, 135, 165]。

更重要的是，项目成员提升知识导向的亲社会化影响力对于弱化团队成员知识隐藏意愿发挥着尤为关键的作用。研究结果推动了知识领导力理论与知识共享理论的发展与整合，在以往探究知识领导力对知识共享这一积极知识活动作用基础上[74-75]，进一步揭示了跨职能项目团队情境下知识领导力会通过亲社会化意义建构过程对团队成员消极知识活动行为意愿——知识隐藏意愿产生作用，加深了对知识领导力如何弱化团队成员知识隐藏意愿这一问题的理解。此外，本研究不仅通过揭示知识领导力对团队目标承诺的正向影响完善了目标承诺的前因机制研究[30,98]，而且拓展了 Grant[143-145] 提出的社会化影响力与社会化价值这两个构念的内涵，即在知识领导力视角下发展的知识导向的亲社会化影响力揭示了知识的共享与利用是产生社会化影响力与价值的重要动力，为如何发展亲社会化机制来约束与弱化团队成员的知识隐藏意愿提供了一个新的研究视角和理论借鉴，也进一步推动了意义建构理论的发展。

3.6 跨职能项目团队个体知识隐藏意愿管理启示

（1）应重视知识领导力在亲社会化意义建构方面的作用，带动全员共同培养亲社会化共识。

在当今共享经济与激烈的市场竞争共存的环境下，跨职能项目团队得到组织的广泛采用，尽管知识密集型团队成员的知识多样性带来了丰富的信息资源，但若缺乏亲社会化共识，团队成员极有可能发展知识隐藏意愿并引发低下知识活动效率。由此，跨职能项目团队应重视团队领导者或知识渊博的团队成员在塑造与构建知识管理亲社会化意义中的角色与作用；同时，团队构建时不但要选拔与培养有能力的知识领导者，而且要招聘沟通能力和亲社会化倾向较强的团队员工。团队领导、管理者与成员共同培养亲社会化意识，通过跨职能合作使团队知识发挥最大价值。

第3章 亲社会化意义建构机制对知识隐藏意愿的影响研究

（2）发挥知识领导力塑造团队成员知识导向亲社会化影响力的积极作用。

项目经理、因知识渊博而有影响力的管理者或团队成员作为知识领导者在追逐实现团队绩效的过程中，应该明晰如何塑造团队成员知识导向亲社会化影响力并弱化团队成员的知识隐藏意愿。团队知识领导者不止在于给团队成员创造良好的学习环境，在日常工作中还应该不断的宣扬亲社会化的口号，对团队成员给予及时的帮助和支持，注重为员工提供培训机会，提高他们的专业技能。同时，更应强调贡献知识带来的亲社会化意义（例如，每次开例会时强调团队成员的知识与工作的重要性及价值），及时给予团队成员帮助和支持，提高其专业技能并引导团队成员将不断提升的专业能力转换为一种影响力；或通过讲述亲身经历，分享提升知识价值的重要经验，通过团队知识领导力的引导促使知识员工塑造自身知识导向影响力，弱化团队成员的知识隐藏倾向。

（3）以培育团队成员知识导向亲社会化影响力为主，以强化其目标承诺为辅，双管齐下促使其建立亲社会化知识行为意愿。

团队知识领导者在强调知识的社会化价值的同时，对于员工的目标设定可以有个动态的认同过程，还应循循善诱，建立公平的分配制度与及时的奖赏制度，使团队成员逐步认同团队目标并施加承诺。同时，组织政策和法规应该鼓励跨职能部门之间的内部协作，在项目前期尽可能使团队成员建立集体身份，产生归属感和认同感。团队领导与管理者还应建立公平的分配制度与及时的奖赏制度，避免降低团队成员为目标努力工作的亲社会化热情。

另一方面，鉴于团队项目工期较严格或任务量过大很可能会致使团队成员重燃知识隐藏意愿，在项目任务设计时，项目领导者和管理者要合理安排团队任务，使团队成员之间有紧密的交互，使员工有更多时间和精力能够互相帮助、及时沟通，意识到知识的价值并尽可能多地向成员提供正向反馈、意识到知识的价值而持续参与知识合作。对于"闷头苦干"的团队成员，团队领导者应与其及时沟通，提醒其团队协作的社会化价值，并引导团队成员通过贡献协作更加高效地实现团队目标；对于那些知识导向影响力较大的团队成员，可通过有效沟通来了解其心声并给予激励（例如，更多培训的机会、岗位晋升和薪酬激励），使其加强对团队目标的承诺；对于整个团队的成员来说，应该不断地提升认知能力，对知识导向的合作有更深层次认识，在实现团队目标的过程中，给自己制订既能提升知识水平又能积累影响力和经验的工作计划，从而弱化项目成员隐藏知识的意愿。

3.7 本章小结

本章节依据子科学研究问题1，揭示了跨职能项目团队中项目成员通过感知知识领导力并解析亲社会化意义对其知识隐藏意愿的作用机理。在知识领导力视角下将亲社会意义建构为两方面，即团队目标承诺与知识导向的亲社会化影响力，探讨了知识领导力如何通过团队目标承诺与知识导向的亲社会化影响力作用于团队成员的知识隐藏意愿，提出了相应的理论假设。采用问卷调查方法收集数据并运用结构方程模型方法对样本数据进行统计分析与假设检验，结果表明，知识领导力水平越高，团队成员的目标承诺水平与知识导向的亲社会化影响力越高；知识导向的亲社会化影响力的程度越高，知识隐藏意愿越低；团队成员的目标承诺水平与知识导向的亲社会化影响力对知识隐藏意愿交互产生作用；知识领导力通过知识导向的亲社会化影响力弱化团队成员知识隐藏意愿。本章研究内容与结论为跨职能项目团队知识领导者如何通过发展亲社会化机制来弱化项目团队成员的知识隐藏意愿提供了新的研究视角和一定的理论借鉴。

第4章 跨层次行为动机控制机制对知识隐藏行为的影响研究

4.1 跨职能项目团队热点问题二：个体知识隐藏行为涌现

为抑制跨职能项目团队成员的知识隐藏行为，项目管理者在促使其弱化知识隐藏意愿的同时，另一个关键问题是如何在复杂的动态项目环境中关注工作场所知识活动动态，部署有效的控制机制使团队成员在弱化知识隐藏行为意愿方面保持稳定性。因此，需进一步探究跨职能项目团队情境下知识领导力如何通过团队层面与个体层面行为动机控制或调节机制，促使团队成员塑造控制信念，通过有效的知觉行为控制抑制知识隐藏行为涌现，进而在项目团队实践中持续表现出知识贡献、交换与共享等知识合作行为。

项目团队成员是实现共同目标的承诺者，更是个体成就感与价值感的施为者[166]，处在不同的团队环境下所塑造的目标导向或设定的成就目标偏好和行为动机的总和，对于行为意愿的稳定性及展示何种行为发挥着关键作用[90]。对于知识型员工来说，更加注重的是自身知识技能的成长，较强的工作能力使其在团队中具有较强的"讨价还价"权力。根据福柯"权力—知识"观点[88]和社会交换理论[167]，团队成员在目标导向牵引下会在跨职能学习与合作中发展交换关系，并通过提升知识和技能水平发展自身的影响力与权力，但也会因为感知到交换对象的努力水平和知识的价值

跨职能项目团队知识隐藏行为管理：知识领导力智慧演进视角

不同而表现出不同的动机取向。一般来说，对于不断追求精熟技能与高价值且有用知识的人一般会弱化知识隐藏行为，并通过知识交换使相互知识价值最大化。此外，对于在跨职能合作过程中因为社会化的惰性存在的搭便车行为的成员，被称为"知识害虫"。努力贡献知识的人对这些成员存在较低的交换意愿与强烈的共享敌意[35,67]。因此，对于跨职能项目情境下团队成员的知识隐藏行为来说，团队成员在发展知识权力中的目标导向和自身外在感知引发的动机调节，决定其如何在知识共享与知识隐藏之间做出行为决策。

更重要的是，团队成员的目标导向、成就焦点的塑造与所在团队的领导者的模式取向（Pattern Orientation）、模式可变性（Pattern Variability）及营造的团队氛围有着密不可分的关系[90]。对于知识隐藏行为来说，相关研究表明，团队动机氛围（精熟氛围与绩效氛围）[24-25,91-92]会引发不同的成就动机导向，进而会对知识隐藏行为产生不同程度的影响。对于由团队领导者激发的注重绩效导向的动机氛围强调的是规范能力、社会比较和内部竞争，以及员工的目标成就实现标准是否超越于别人[24,91]。在这种情境下激烈的追逐知识权力并防御权力损失会成为主要目标导向，导致知识隐藏行为涌现，尤其是在项目这一临时组织情境下，项目经理一人独大，追逐项目的短期绩效，往往形成绩效导向动机氛围，导致知识隐藏问题尤为突出[48]。相比之下，由项目领导者与管理者共同塑造的精熟导向动机氛围下，团队成员努力合作，以学习和技能发展为共同目标导向，知识权力追逐强调的也是共同发展以实现团队目标[24,91]。该氛围下塑造的目标导向一般驱动个体选择知识贡献行为，抑制知识隐藏行为[57]。

综合以上分析，知识隐藏行为是团队动机氛围与个体动机调节双向动力综合影响的结果。Pearsall等[67]也指出个体与集体的混合激励制度可以有效地弱化由社会化惰性引发的知识隐藏行为。Dragoni Lisa[90]也提出学

第4章 跨层次行为动机控制机制对知识隐藏行为的影响研究

习行为与防御性行为要受到个体目标导向及群体层面领导力与团队氛围的共同影响。因此，抑制知识隐藏行为需要团队动机氛围与个体动机调节机制的跨层次的干预。知识领导力及团队动机氛围相关文献也指出，知识领导者像导师、教练或顾问，与成员学习目标导向与精熟技能发展密切相关，对于精熟氛围营造以及个体学习目标导向塑造都具有重要的作用[69,72,75,168]。因此，本章综合第1章1.2.3小节团队动机氛围对知识隐藏的作用机理[10,13,17,24-25]、领导者对团队氛围塑造的重要影响[30,63,101]及个体的自我调节能力对知识隐藏行为的潜在抑制作用[13,90]，对跨职能项目情境下领导力如何塑造精熟导向动机氛围及个体学习目标导向来联合调节知识隐藏行为动机、控制知识隐藏行为涌现展开深入探讨。

4.2 跨层次行为动机控制机制影响知识隐藏行为的假设发展

4.2.1 知识领导力与团队精熟导向动机氛围

从团队层面来说，跨职能项目团队是一个临时性项目团队，严格的项目工期使得项目目标的实现一方面需要通过各职能部门成员参与跨职能合作并积极贡献知识保证团队绩效[3,9,49]，另一方面，各职能部门成员需要不断地提升知识水平与技能满足复杂的不确定的项目任务需求并抵御外部复杂动态环境的变化[170]。作为跨职能项目团队绩效的核心承担者[170]，知识领导者树立双元化模式导向，即"学习&合作导向""绩效导向"共存。绩效导向决定着团队信息处理的方向；学习和合作导向是绩效导向实施的前提与基础，决定着团队信息处理的深度和质量。

知识领导力致力于培养精熟导向的团队动机氛围并将绩效氛围作为团队信息处理的方向，通过发展团队的智力资本和社会资本促使团队目标实现。Hannah 和 Lester[168]指出，知识领导者作为边界管理者和知识催化剂，可以提高追随者学习经验的动机和能力,并通过及时的绩效反馈与增加任务挑战满足学习型导向下属,通过支持性与关怀性行为营造心理安全氛围,满足绩效型导向下属的需求。Zhang 和 Cheng[75]也指出无论他们的级别和头衔是什么,知识领导者的共同特点是他们更愿意作为教练或顾问,积累智力资本优势并发展知识价值的集体能量。知识领导力致力于建设合作与信任导向的关系环境或互惠的社会化互动环境,团队成员能够历练和培养他们操纵知识的技能,以此引导团队成员认识到建立合作和信任关系的重要性,为团队的知识库贡献资源,通过参与跨职能合作共同发展与进步[74-75,77]。因此,在知识领导力影响下,团队成员感知在工作环境中取得成功的含蓄和明确的标准是学习、合作及共同发展。与团队动机氛围相关的教育和体育领域研究也表明,精熟动机氛围可以由教练、老师、同伴或父母营造,类比之下,团队领导者或管理者的特质或行为塑造的领导力是营造动机氛围的重要前因[91]。综合以上评述,本章研究提出以下假设。

假设1(H1):在跨职能项目团队中,团队知识领导力对团队精熟导向动机氛围具有正向影响。

4.2.2 知识领导力与个体知识隐藏动机调节机制

从个体层面来说,知识隐藏行为的产生根植于知识发送方与接收方的行为动机与行为特征[18,59-60,171],个体会因为内在与外在感知的变化而调节知识隐藏动机[24-25,38,40,56,60],进而决定是否在实际工作中表现出知识隐藏行为。本研究在第1章第1.2.3.2小节文献分析的基础上提出双元的知识隐藏动机调节机制,即感知他人知识价值和感知自身知识权力的提升,反映了团队成员会依据内在与外在感知将原有的防御聚焦导向的知识隐藏动机转变为促进聚焦导向的知识贡献动机。

Brachos 等[36]将感知到知识的有用性定义为共享的知识感知到有意义

第4章 跨层次行为动机控制机制对知识隐藏行为的影响研究

的、相关的、行动导向的和具有创新性的程度。Ford 和 Staples[55]提出感知到的知识价值包括知识益处、知识有用性、知识独特性及知识资源属性。Gray[172]及 Huo 等[18]认为知识价值意味着个体可以利用它获得地位、权力和奖励，拥有宝贵知识的员工可能比其他同事更具竞争优势。基于以上对知识价值的界定，感知他人知识价值是指个体在知识活动中感知到他人知识有价值、具备可靠性并对自己有益的程度。

权力是由两个部分组成，即社会权力和个人权力[34]。其中，社会权力是指个体通过强迫他人做他们不可能做的事情来影响和控制他人的能力[34, 173-174]；个人权力是在不受他人影响的情况下做自己想做的事情和得到自己想要的东西的能力[34, 175]。福柯认为知识和权力是共存和相互联系的，个人或组织拥有比他人或其他组织更有竞争力的知识将具有影响力与竞争优势。因此，知识是权力和影响力的来源，知识管理本质上也意味着试图管理和获取权力[34, 88]。Mohamed Abdul Latiff 和 Hassan 将知识权力（Knowledge Power）定义为对知识资源的控制力和影响力[176]。在跨职能项目团队知识活动中，各职能部门团队成员拥有的专长知识作为典型的关键资源，是知识权力的重要来源。通过贡献知识完成角色内的任务或角色外工作的过程中会不断地发展自身的知识与技能，具有了个人权力；在自我效能提升的同时，也具有了从事挑战任务与职位晋升的能力，并不断提升控制与影响他人的权力。尤其是在提倡合作和充满公平与信任的团队环境中，这种知识权力会得到较大的发展与提升。基于此，自身知识权力提升被定义为自己能够提供对集体有价值的知识而保持竞争优势的水平和推动团队成员之间知识合作等方面影响力改善的程度。

跨职能项目团队知识领导力为激励团队成员参与团队知识管理计划并积极贡献各自的专长知识，通过发挥自身的模范作用与魅力，部署有效的沟通和激励机制，引导团队成员调节知识隐藏动机，进而控制自身的知识隐藏行为。具体来说，从团队中的正式知识领导者的作用来看，Donate 和 Sánchez de Pablo[69]强调知识领导者在专业知识分配领域中扮演关键角色，通过多元化激励机制部署激发下属努力工作，随后作为顾问使团队成员能够认识到项目知识管理计划及他们工作的重要性，激发下属控制知识隐藏动机，建立亲社会化动机及共享知识的意愿。从非正式知识领导者角度来看，非正式知识领导者渊博的知识可以帮助不同职能部门的团队成员跨越知识边界，协调认知冲突，从而使他们更好地沟通与协同作业，创造深度知识并实现团队创新[22,146]。根据社会学习理论[166]，这种高问题解决能力及高影响力与控制力会激发其他团队成员模范学习意愿，并付诸实际行动。通过努力学习与任务相关的知识，深化自身专业知识，并贡献知识于他人来拓展影响力，从而不断地发展与提升自身的知识权力。

知识领导力的另一作用在于塑造合作与信任导向的关系情境。高水平知识领导力下，项目经理作为团队的正式知识领导者，在团队构建时会与人力部门及组织的职能部门及时沟通获取先前有良好合作经历、愿意跟随自己或其他技能水平较高的成员加入团队，增强团队成员对所在团队能力与工作环境的认同与信任[6]；在项目进行过程中，对于团队成员交互过程中爆发的冲突，知识领导者会及时沟通并通过合理的方式调解，尽努力保障团队成员向精熟方向发展并弱化关系冲突的产生，从而保证项目中各职能部门成员的协同作业，推进项目的正常运行[46,177]。另外，高知识领导力下社会化认知网络与技术网络发展水平较高，团队成员接受培训、参与特定学习项目、轮岗、参与研讨会与会议等与他人沟通交流的机会增多，专长知识发展的空间提升，尤其是技术网络的发展，无论项目地理位置处于多大分散程度，技术网络也可以促使团队成员之间沟通，并及时获取他人的知识帮助[46,70-71]。

总体来说，信任和合作环境的塑造及团队认知与技术网络的支持极大

第4章 跨层次行为动机控制机制对知识隐藏行为的影响研究

可能地促使团队成员感知他人知识的有用性、可靠性、创新性及实用性，增强集体意识并强化与他人知识交换的意愿，从而团队成员彼此成就并推动专长水平的提升[3,116]。综合以上知识领导力的作用，在一个以团队为基础的环境中，理性选择意味着个体在考虑到群体情境的影响及管理者的控制和监控后，调整自己的努力程度，使自己的利益最大化[16]。团队良好的工作环境和共同塑造的精熟导向的社会化规范会促使团队成员感知到心理安全和信任的氛围，在知识权力发展及外在资源的支持下控制并调节知识隐藏动机[13,24,178]。因此，本研究提出以下两个假设。

假设2a（H2a）：在跨职能项目团队中，团队知识领导力对团队成员感知到自身知识权力提升水平具有正向影响。

假设2b（H2b）：在跨职能项目团队中，团队知识领导力对团队成员感知到他人知识价值的程度具有正向影响。

4.2.3 团队精熟导向动机氛围与个体知识隐藏动机调节机制

团队动机氛围反映了不同的价值取向和各种行动策略相关的不同含义，个体通过解释环境中现有的成功和失败的标准，感知获得成功或避免失败所必需的行为而进行动机与行为调节[91-93]。对于跨职能项目团队来说，团队知识领导力作用下营造的精熟导向氛围会促使团队成员感知到心理安全氛围下对团队成员之间交流与共享知识的支持，学习与共同发展是团队成员获得成功的标准[91]。因此，尽管项目团队是个临时性组织但团队成员会为提升专长水平和职业生涯的发展而控制与调节自身的知识隐藏动机。

具体来说，团队成员知识隐藏动机大多数来源于两方面：即对于自身对知识资源的防御聚焦导向心理[10,13,87]；感知到外部成员表现出搭便车或投机主义等对自身不利的行为的程度及不公平交换产生的共享敌意[13,35,60]。在精熟导向动机氛围下，具有搭便车行为或被称为"知识害虫"的团队成员极有可能被精熟目标导向团队成员孤立，具有懒惰或不劳而获等不良动机与意愿的团队成员会离开团队或及时转变态度，通过努力学习提升自身的知识水平，在与他人的积极交流中会逐渐赢得其他团队成员的好感与认可，并能通过知识交换获取他人的有价值知识。Caniëls等[50]指出精熟导向氛围下或精熟氛围与绩效氛围并步正向发展状况下，团队成员具有较高的心理安全氛围，更有意愿接受挑战性任务并以更好的方式完成团队任务，同时具有较大的意愿与其他团队成员共享信息与知识、探讨问题、交换经验，从而实现较高的合作绩效。Černe等[24]指出在精熟动机氛围有助于提升员工的自我效能，并且在工作中获得知识的增长而强化帮助他人的意愿，是一个凌驾于互惠规范之上，应对知识隐藏的重要成功准则。对于团队成员来说，在这样的氛围下可以感知到自己和他人知识与技能的共同成长，外部能够获取有价值的知识，自身的专长水平也得到较大的提升，在共同交流解决问题的过程中所提供的有价值的信息与知识会逐步得到认可，从而感知到自身不断提升的知识权力而不是知识权力损失。潘伟和张庆普[17]通过对23个团队进行问卷调研也发现精熟动机氛围可以对知识隐藏产生直接的负向作用，而且还可以削弱员工的知识损失感，负向调节知识权力损失与知识隐藏的关系。因此，精熟导向氛围下团队成员会感知到他人知识价值及自身知识权力的提升。综上，本章研究提出以下两个假设。

假设3a（H3a）：在跨职能项目团队中，团队精熟导向动机氛围对团队成员感知到自身知识权力提升水平具有正向影响。

假设3b（H3b）：在跨职能项目团队中，团队精熟导向动机氛围对团队成员感知到他人知识价值的程度具有正向影响。

第4章 跨层次行为动机控制机制对知识隐藏行为的影响研究

4.2.4 个体知识隐藏动机调节机制与知识隐藏行为

跨职能项目团队由来自不同职能单位的个人组成,他们拥有与项目完成相关的专业知识和技能。从信息处理的视角来看,团队成员的知识多样性为个体和集体学习提供了一个可获取的关键来源[49,179]。以往的研究强调跨职能项目团队为实现其潜在的价值,团队成员将其专长和知识与其他成员的专长和知识结合起来使用[9]。根据社会交换理论,社会吸引是与别人交往的倾向性,是诱发团队成员之间社会交换的前提[16,166-167]。Lewis[89]指出,如果团队成员感知到其他人拥有不同而不是相似的专业知识,他们会在自己的专业领域学到更多的信息。由此看来,感知知识价值是个体对知识重要性的一种看法,是一种对知识共享具有显著影响的知识特征[18,36,55]。

Brachos等[36]指出感知到知识的有用性会促使个体行为的改变,是引发有效知识转移的前提。团队成员感知到他人知识使自己受益的程度较高且具有较大的可靠性,为获取更大的知识价值和利益,需要知识的团队成员会由先前的防御聚焦调节为促进聚焦,降低知识共享敌意。从社会交换的角度来解释人类行为[166-167],假设当一个人从他人的贡献中获得好处时,他就有某种回报的义务,由此需要知识的团队成员会倡导或主动发起双方之间有价值知识资源积极交换的提议。因此,知识价值的感知由此引发知识隐藏行为动机的调节,使得团队成员弱化知识隐藏意愿并控制实际的知识隐藏行为。结合假设H3a,本章研究提出如下假设。

假设4a(H4a):在跨职能项目团队中,团队成员感知他人知识价值越高,表现出知识隐藏行为的可能性越小。

假设5a(H5a):在跨职能项目团队中,团队成员感知他人知识价值在团队精熟导向动机氛围与知识隐藏关系中发挥中介作用。

跨职能合作强调的是平等的规范与群体的成就,并且尽量减少小组成员之间的差异对团队合作、信息共享和帮助的阻碍力度[180]。然而，具备高有用性和高价值知识的团队成员相对于知识寻求者来说往往具备知识权力。从这点来看，除了感知到他人知识价值的程度，影响知识寻求者与知识拥有者之间是否有效知识交换的另外一个因素在于知识寻求者自身的知识权力水平[22,55]，感知到自身知识权力水平改变会引发团队成员的知识隐藏动机的调节。

具体来说，自身知识权力水平的提升一方面代表着知识贡献方面自我效能感的提升。知识贡献自我效能感是指对自己提供对集体有价值的知识方面的能力有信心[16]。自我效能感影响人们在面对行为障碍时所付出的努力和坚持，决定着团队成员的掌控能力及相应的行为选择[181-182]。团队成员感知自身拥有的与任务相关知识、技能和能力的水平越高，积极的心流体验越有可能使得其愿意付出更高的努力水平。具有高知识贡献自我效能感的个体往往树立一种提升个人成就感的世界观，减少对失去知识力量的恐惧，降低贡献知识能力方面的脆弱性[16]。因此，在感知到自身知识权力提升的情形下，团队成员会逐渐发展促进聚焦动机导向，更自信地贡献知识。Linhe和Huang[16]也指出，当个体感知到知识共享自我效能感提升、个体拥有了知识权力后则倾向于付出较高的努力水平，减少对失去知识权力的恐惧，降低知识隐藏行为。

另一方面来说，权力是协调和控制团队成员合作的重要机制，自身知识权力提升意味着在职能领域拥有的专长知识会赢得别人的认可与尊重，在促进团队成员之间知识合作方面起到了较大的作用[105,172]。Webster等[10]表明尽管知识心理所有权会引发领地行为，进而导致知识隐藏行为产生，但是认同个体的知识心理所有权则会激发员工共享信息并为组织目标实现付出更多的努力；陈伟等[183]指出，知识位势越高，向外传播知识的可能性越大。

因此，团队成员感知到自身知识权力提升则会弱化自身知识隐藏行为。

第4章 跨层次行为动机控制机制对知识隐藏行为的影响研究

综上论述，结合 H3b，本章研究提出以下假设。

假设 4b（H4b）：在跨职能项目团队中，团队成员感知到自身知识权力提升程度越高，表现出知识隐藏行为的可能性越小。

假设 5b（H5b）：在跨职能项目团队中，团队成员感知自身知识权力提升在团队精熟导向动机氛围与知识隐藏关系中发挥中介作用。

在跨职能项目团队中，团队成员感知到自身知识权力的提升使得团队成员在追求自我知识与技能改善、自身未来发展及项目目标实现方面都具有较大的信心[15, 98, 135, 153, 184]，也使其自身具有较大的外在资源支持与吸引，强化对他人知识价值的感知。因此，知识隐藏动机调节的内外感知机制会交互作用，使得团队成员对自己在团队中的位置具有积极的评价，维持较高的自尊与满意度水平，发展团队导向的心理所有权，进而对所在团队具有较大的认同感和职业承诺，并促使团队成员表现出合作性行为及角色外的利他行为。例如，Peng[20]也指出，组织导向的心理所有权水平越高，领地行为转化为知识隐藏行为的可能性就越小，在高水平的组织导向心理所有权下建立的自我正向评价会促使团队成员保持正面形象，并为保持自身的影响力而树立亲社会化态度在实际工作中表现出对组织有利的行为。Malik 等[185]指出高职业承诺下，即使高组织变革环境中面对知识寻求者，员工也会弱化知识隐藏行为，为建立职业关联和提升技能而积极贡献知识。由此看来，感知自身知识权力提升与感知他人知识价值水平提升会交互作用促使团队成员表现出知识贡献行为，而不是知识隐藏行为。

一般来说，团队成员之间知识资源的依赖关系产生了知识权力，团队成员拥有的专长知识水平不同，积极贡献受惠于他人产生的控制力程度不同，会产生不同水平的知识权力，进而产生知识权利距离[186]。从知识权力距离视角来看，感知到他人知识价值与感知到自身知识权力提升的交互作用缩短团队成员之间的知识权力距离。知识权力具有非对称性,会对各职能部门成员之间的知识共享与知识隐藏产生重要影响[187]。权力距离会影响员工对组织中人际关系的认知,进而影响到他们分享知识或知识隐藏的意愿[188-189]。

周建涛和廖建桥[189]通过研究发现,高权力距离的员工一般不敢也不愿向领导提建议,他们更容易接受权力不均等,更愿意维持自己的从属关系,团队成员会因为惰性而隐藏知识。知识权力距离大也会导致团队成员之间认知差异过大、沟通困难,甚至团队内部知识被少数成员垄断,产生对人际关系的不信任并感知交互环境的不安全[17, 186-188]。此外,交换双方的知识水平或知识价值差异大也会产生较大的知识转移成本,进而降低知识权力大的成员向知识权力小的成员主动交流分享知识的意愿。相反,陈伟等[183]指出当组织成员知识水平相差不大时,能够通过有效的行为整合,使得组织的整体知识水平更加均衡,组织的整体知识水平得到提升。这在于低权力距离的员工认为领导和同事是值得信赖且依靠的,在这种情感驱动下,他们更愿意通过积极的组织行为来改变权力不均的状况,也更愿意主动与组织中的其他同事分享自己的知识[188-189]。因此,感知到他人知识价值与感知到自身知识权力提升的交互作用能够使团队成员之间有机会且呈现更好地沟通与交流,加深对双方知识可靠性的感知,强化知识共享的意愿,相互约束并控制自身的知识隐藏行为。由此,提出以下假设。

假设4c（H4c）：在跨职能项目团队中,感知他人知识价值与感知自身知识权力提升对知识隐藏行为产生负向交互作用,即当感知他人知识价值水平越高,自身知识权力提升对知识隐藏行为的负向作用越强;当感知自身知识权力提升程度越高,感知他人知识价值对知识隐藏行为的负向作用越强。

第 4 章　跨层次行为动机控制机制对知识隐藏行为的影响研究

4.3　个体知识隐藏行为动机控制理论模型构建与分析

4.3.1　理论模型构建

本节基于社会交换[167]、调节聚焦[63,169]及福柯"权力—知识视角"[83,88]提出由感知到他人知识价值与感知自身价值提升这对双向调节动力构成的个体知识隐藏动机调节机制，借鉴 Dragoni Lisa[90]提出的个体目标导向涌现的混合前因跨层次模型，采用跨层次建模方法分析知识领导力如何通过团队精熟导向氛围与双元的个体知识隐藏动机调节机制影响团队成员知识隐藏行为，主要回答子科学研究问题 2 下所细化的三个问题。

（1）知识领导力如何通过团队层面精熟导向动机氛围有效地抑制团队成员的知识隐藏行为？

（2）知识领导力如何通过个体层面团队成员感知到他人知识价值与自身价值提升有效地抑制团队成员的知识隐藏行为？

（3）团队层面精熟导向动机氛围及个体层面感知到他人知识价值与自身价值提升是否能有效抑制团队成员的知识隐藏行为，以及如何实现？

依据本章第 4.2 节的假设分析与发展，提出知识领导力影响知识隐藏行为的跨层次行为动机控制机理研究框架如图 4-1 所示。

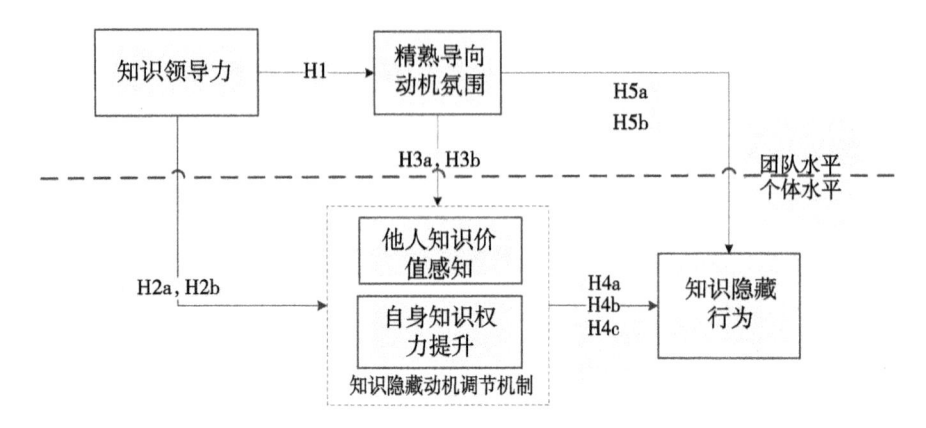

图 4-1 知识领导力影响知识隐藏行为的跨层次行为动机控制机理研究框架

4.3.2 研究样本与问卷调查

4.3.2.1 研究构念量表的选取

本研究模型所涉及的 5 个构念的测量均采用已有研究中已验证过的题项或借鉴其他文献将其测量可操作化。由于各测量题项均来自英文文献，本研究按照中文情境将其翻译成中文，由若干项目管理专业研究生对各个题项转译效果进行评价。精熟导向动机氛围的测量涉及两种氛围的横向对比，为更好地反映其程度，该构念相关题项采用 7 分的李克特量表（1 为完全不同意，7 为完全同意），其他构念测量均采用 5 分的李克特量表（1 为完全不同意，5 为完全同意），各构念的具体测度如下。

（1）知识领导力：与第 3 章知识领导力构念测量选取的量表一致，即 Yang 等[74]发展的知识领导力量表进行测量，知识领导力包括领导者技能（3 个题项）、合作与信任（4 个题项）及知识集成与创新（4 个题项）三个维度，共包含 11 个题项，例如"团队领导者一直试图获取新知识，为其他人树立榜样"。

（2）精熟导向动机氛围：精熟导向动机氛围的发展程度基于 Nerstad

第4章 跨层次行为动机控制机制对知识隐藏行为的影响研究

等[91]开发的团队动机氛围量表进行测量（集成精熟氛围与绩效氛围的测量题项来衡量），这个量表衡量的是员工对如何在工作环境中取得成功的看法，而且被广泛应用于团队动机氛围的测量（例如，Černe等[24-25]及Caniëls等[50]的实证研究）。精熟动机氛围包含6个测量题项，为突出绩效氛围对比下精熟导向动机氛围，测量题项前添加前缀话语，例如"相比于强调竞争的绩效氛围，我所在的部门或工作组强调每个人的学习和发展"，详见附录B。

（3）感知自身知识权力提升：该构念反映了对自己有能力向项目团队提供有价值的知识的信心及能够影响或控制他人的程度。该构念包括两个维度，即知识共享效能及知识导向利益与控制力，它们的测量是基于筛选与修订Kankanhalli等[190]、Lin和Huang[16]、Ford和Staples[55]这三项研究中采用或开发的知识共享效能、知识利益价值、知识权力损失等构念的测量量表。这两个维度均包含5个测量题项，例如"我的知识给了我力量，可以影响和控制别人""我相信我有能力提供同事认为有价值的知识"。

（4）感知他人知识价值：该构念反映了团队中他人的知识对于自己来说有价值的程度，表现在他人知识可靠性、具有意义性、有效性及创新性。该构念包括两个维度，即感知他人知识的有用性与感知他人价值的可靠性，它们的测量是基于Brachos等[36]提出的知识有用性的定义，以及筛选与修订Lewis[191]及Ford和Staples[55]开发的知识可靠性与感知知识价值等构念的测量量表。根据焦点小组与预调研结果调整和整合后形成的感知他人知识的有用性与感知他人价值的可靠性均包含5个测量题项，例如"感知到团队内其他成员的知识能够帮助我实现我的工作目标""感知到团队内其他成员的知识帮助我更有效率地工作""感知到其他成员具有的与这个项目有关的信息是可信的"。

（5）知识隐藏行为：该构念是个体层面的构念，反映了项目团队工作中团队成员个人向其他团队成员隐藏知识的程度或团队成员个人向项目团队做出知识贡献过程中知识的保留程度。整合Peng[19-20]及Lin和Huang[16]提出的知识隐藏行为测量量表，根据焦点小组与预调研结果调整和整合后形成的5个题项来测量本研究中的知识隐藏行为。样本项目包括"在工作当中，我经常向我的同事隐瞒有用的信息或知识""在执行团队任务时，我贡献的知识比我知道的要少"。

（6）控制变量：参考知识隐藏相关文献，本研究选取个体层面性别、年龄、教育程度、工作年限，以及团队层面的团队规模、团队工作年限、项目工期及项目复杂程度作为控制变量。性别异质性采用Blau异质性指标测量，并将年龄、教育程度、工作任期、团队规模、团队工作年限及项目复杂程度等都转变为虚拟变量进行测量[18]。

4.3.2.2 预调研

由于知识领导力、团队精熟导向动机氛围及知识隐藏行为这三个构念是在现有量表的基础上修改研究情境后测量的，而知识隐藏动机调节机制所涉及的感知他人知识价值与感知自身知识权力提升这两个构念是新开发或新整合的量表，在正式调研之前有必要对测量问题进行预调研，初步检验这些测量题项的合理性和信效度。

本研究预调研分为两个环节。

（1）召开焦点小组讨论，对量表内容的合理性、可理解性、清晰度及实用性等是否达到要求展开讨论，尤其是新开发量表测量题项的合理性。焦点小组由2位项目管理领域教授与5名跨职能项目团队有经验的实践者组成，本书作者为小组讨论主持人。由于项目实践者时间紧迫，与各位实践者联系后确定其来学校参加培训或办理事宜时的合适时间召开该焦点小组讨论。依据讨论结果对问卷进一步完善、编辑、整合后进行初步发放，进一步检验完善后的问卷的初步信效度。

（2）选取我校MBA、MEM等在职硕士为样本（我校这些在职研究生

第4章 跨层次行为动机控制机制对知识隐藏行为的影响研究

大多数工作于跨职能项目团队，例如工程设计团队、新产品研发团队）展开小规模预调研，利用各位在职研究生周末来我校上课时间发放问卷，共发放问卷200份，实际收回147份，问卷回收率73.5%，男性占72.11%，平均团队任期4.33年。将所收集的数据导入SPSS进行探索性因子分析[128]，表4-1报告了探索性因子分析结果，共提取五个因子，解释总方差69.71%，一个低于0.5的因子载荷被删除，跨因子载荷都小于0.4，克隆巴赫系数即接近或大于0.7。

表 4-1 探索性因子分析结果（N=147）

测量题项	标准载荷	总方差解释百分率/%	测量题项	标准载荷	总方差解释百分率/%
知识领导力	（$α$=0.688）	14.25	感知他人知识价值	（$α$=0.713）	14.40
LS1	0.725		PKU1	0.729	
LS2	0.701		PKU2	0.707	
LS3	0.660		PKU3	0.678	
CT1	0.700		PKU4	0.619	
CT2	0.692		PKU5	0.767	
CT3	0.640		PKC1	0.776	
CT4	0.596		PKC2	0.707	
KII1	0.779		PKC3	0.706	
KII2	0.733		PKC4	0.705	
KII3	0.608		PKC5	0.762	
KII4	0.742		感知自身知识权力提升	（$α$=0.687）	12.16

续表

测量题项	标准载荷	总方差解释百分率/%	测量题项	标准载荷	总方差解释百分率/%
精熟导向动机氛围	(α=0.659)	9.08	KBI1	0.731	
MDC1	0.762		KBI2	0.727	
MDC2	0.702		KBI3	0.661	
MDC3	0.678		KBI4	0.733	
MDC4	0.674		KBI5	0.723	
MDC5	0.672		KSE1	0.843	
MDC6	0.646		KSE2	0.597	
知识隐藏行为	(α=0.753)	19.83	KSE3	0.567	
KWB1	0.713		KSE4	0.741	
KWB2	0.681		KSE5	0.398	
KWB3	0.783				
KWB4	0.853				
KWB5	0.726				

注：测量题项大写字母代表含义见附录B或附录C。

4.3.2.3 正式调研

正式调研分两阶段进行，与第5章设计的调研方案搭接进行，第一阶段调研是评价知识领导力水平，沿用第5章知识领导力构念调研数据；第二阶段调研是测量团队层面精熟导向动机氛围及个体层面知识隐藏动机调节机制（感知他人知识有用性与自身知识权力提升）和知识隐藏行为。按

第4章 跨层次行为动机控制机制对知识隐藏行为的影响研究

照第5章调研获取的受访者的联系方式，参与调研团队共85个。通过先前保留的电话、邮件、微信或QQ等社交方式先与项目经理取得联系，经过团队领导同意后，依据受访者偏好，选择面对面发放问卷或电子问卷。为保障更全面的测量各构念，每个团队仍然是团队领导加随机抽取至少2名团队成员组成配对数据。项目团队知识领导者对自身特征信息与项目团队信息进行作答；团队成员评价感知的团队动机氛围并自评感知他人知识有用性、自身知识权力提升及知识隐藏行为这三个构念。

两阶段数据调研间隔1个月左右，第二阶段调研共发放问卷450份，共收回268份，回收率59.56%，涉及62个跨职能团队。结合第一阶段85个团队的问卷调研数据，最终形成62组团队层面配对数据，组内平均回应率为53.9%。

表4-2描述了正式调研跨职能项目样本团队统计特征。对于团队类型来说，研发类占88.71%，而其他团队类型占11.29%；平均团队规模为8人左右，团队人员数量范围从3到18名不等；团队平均年龄为5.68年；项目的平均持续时间为13.81个月，范围为3至28个月不等；项目复杂度中等偏上。表4-3汇总了正式调研受访者的统计学特征。对于团队成员来说男士占据61.94%，平均年龄为31岁，平均工作经验是8.65年，而且大多数受访者（92.91%）获得了学士学位或更高的水平（硕士学位，44.4%；博士学位，19.4%）；团队领导者中，男士占据74.19%，平均年龄为34.7年，平均工作经验是8.37年，约95.16%的团队领导都具有学士以上学位（硕士学位，30.65%；博士学位，17.74%）。

表 4-2 正式调研跨职能项目样本团队统计特征（$N=62$）

特征	类别	频数	频率/%	特征	类别	频数	频率/%
团队年限	<3	12	19.35	项目复杂度	高	20	32.26
	3~5	25	40.32		中	29	46.77
	6~10	17	27.42		低	13	20.97
	>10	8	12.91	项目类型	工程设计	3	4.84
项目工期（月）	<6	13	20.97		R&D	55	88.71
	6~12	19	30.65		电信	4	6.45
	13~24	21	33.87	团队规模（人员数量）	<5	21	33.87
	>24	9	14.52		6~9	35	56.45
					10~18	6	9.68

对于正式调研中收集数据的质量来看，部分构念（知识领导力与团队精熟导向动机氛围）属于团队层面构念，需要将个体层次变量集成为团队层次变量以进行统计分析。本研究依据组内一致性指标（r_{wg}）[192]来测量个体变量到团队水平的聚合。理论界普遍认为，r_{wg} 值在 0.7 以上则团队成员认知趋同，个体层次的测量值可以进行聚合、加总已得到团队层次的测量值。研究者通过计算每个团队的 r_{wg} 值，取研究样本的 r_{wg} 均值。另外，组内相关系数（Intraclass Correlation Coefficient，ICC）[193]也是测量个体层次数据聚合为团队层次数据有效性的指标，ICC1 指标表示了团队趋同的程度。ICC2 反映了个体层次变量均值作为团队层次数据的可信度。研究结果表明，ICC1>0.1 表明各变量在各团队中有充足的内部同质性，ICC2>0.7 范围表明用个体数据的平均数作为其指标的可信度较高。根据以上统计指标要求对收集的数据进行处理与分析，统计分析结果表明知识领导力与团队精熟导向动机氛围这两个构念 r_{wg} 平均数分别为 0.79 与 0.76，都大于 0.7；

第4章 跨层次行为动机控制机制对知识隐藏行为的影响研究

ICC1 值分别为 0.38 与 0.33；ICC2 值分别为 0.81 与 0.79，表明个体层面数据聚合成团队层面数据的可信度较高，均达到要求。

表 4-3 正式调研受访者的人口统计学特征（$N=268$）

特征	团队成员（$N=268$）			团队领导者（$N=62$）	
	类别	频数	频率 /%	频数	频率 /%
性别	男	166	61.94	46	74.19
	女	102	38.06	16	25.81
年龄	<25	76	28.36	1	1.61
	26~30	94	35.07	9	14.52
	30~40	79	29.48	41	66.13
	>40	19	7.09	11	17.74
工作年限	<5	97	36.19	12	19.35
	6~10	88	32.84	39	62.90
	11~15	58	21.64	9	14.52
	>15	25	9.33	2	3.23
受教育程度	低于本科	19	7.09	3	4.84
	本科	78	29.10	29	46.77
	硕士	119	44.40	19	30.65
	博士/博士后	52	19.40	11	17.74

4.3.2.4 验证性因子分析和偏差检验

通过采用 Amos 21.0 软件建立结构方程模型执行验证性因子分析来实现构念测量的信效度检验[128]。验证性因子分析的结果表明，与单因子、二因子、三因子及四因子模型的适配度指标相比，五因素模型数据显示了优越于其他模型的良好适配性，即χ^2/df（卡方自由度值）=2.18（<5可接受），CFI（比较适配指数）=0.91（>0.9可接受），GFI（适配度指标）=0.89（>0.9符合要求），NFI（标准适配指数）=0.93（>0.9符合要求），RMSEA（渐进残差均方和平方根）=0.063（<0.08可接受），以上结果说明本研究涉及的5个构念具有可接受的区分效度[128]；表4-4展示的验证性因子分析结果还表明，各构念的测量题项的载荷除了4个题项大于0.6或接近0.7（0.661~0.694），其余题项载荷均大于0.7（0.716~0.839），Cronbach's alpha值大于0.7（0.721~0.810），各构念的AVE值大于0.5（0.550~0.639），CR都大于0.7（0.888~0.942），以上指标数值说明本研究涉及的5个构念具有可接受的一致性信度和收敛效度[127,161]。

表4-4 验证性因子分析结果（N=268）

测量题项	标准载荷	AVE	CR	测量题项	标准载荷	AVE	CR
知识领导力	（α=0.788）			感知他人知识价值	（α=0.799）		
LS1	0.803	0.597	0.942	PKU1	0.809	0.601	0.930
LS2	0.825			PKU2	0.687		
LS3	0.678			PKU3	0.796		
CT1	0.765			PKU4	0.728		
CT2	0.796			PKU5	0.769		
CT3	0.839			PKC1	0.793		
CT4	0.801			PKC2	0.776		
KII1	0.752			PKC3	0.808		
KII2	0.734			PKC4	0.786		
KII3	0.806			PKC5	0.791		

第4章 跨层次行为动机控制机制对知识隐藏行为的影响研究

续表

测量题项	标准载荷	AVE	CR	测量题项	标准载荷	AVE	CR
KII4	0.681			感知自身知识权力提升	(α=0.721)		
精熟导向动机氛围	(α=0.810)			KBK1	0.733	0.550	0.901
MDC1	0.812	0.602	0.900	KBK2	0.661		
MDC2	0.823			KBK3	0.786		
MDC3	0.772			KBK4	0.716		
MDC4	0.794			KBK5	0.792		
MDC5	0.754			KSE1	0.756		
MDC6	0.694			KSE2	0.773		
知识隐藏行为	(α=0.807)			KSE3	0.731		
KWB1	0.769	0.639	0.888	KSE4	0.718		
KWB2	0.787						
KWB3	0.816						
KWB4	0.820						
KWB5	0.804						

注：测量题项大写字母代表含义见附录B或附录C。

配对样本 t 检验表明在线问卷与纸笔问卷数据无显著性差异（t=2.33，p>0.05），且方差检验结果表明按照有效问卷提交的先后顺序分为两部分数据之间没有显著性不同（p>0.05），因此，无应答偏差不显著。鉴于第二阶段调研中采用相同的受访者与方法回答测量问题，可能存在共同方法偏差问题，执行哈门单因素分析[158]，探索性因子分析的结果中浮现的4个因子共解释总方差的67.98%，且最大因子仅解释了最大方差的22.53%,即解释大部分方差的因子并不存在。为辅助检验,在Amos软件把所有的题项载入到一个因子上,形成一个单因子模型,该模型的验证性因子分析结果中模型拟合度较差,表明单因子模型假设不成立（χ^2/df=13.170,GFI=0.451,RMSEA=0.190,TLI=0.021,CFI=0.106,IFI=0.339）。因此,第二阶段调研数据的共同方法偏差问题不显著。

4.3.3 研究结果与分析

4.3.3.1 描述性统计分析结果

表4-5跨层构念描述性统计及相关性分析汇报了本研究模型中涉及的各层面构念及添加的控制变量的均值、标准差和相关系数。

表4-5 跨层构念描述性统计及相关性分析

个体层面（N=268）	均值	方差	1	2	3	4	5	6
1. 性别	0.63	0.53						
2. 年龄	31	6.72	0.03					
3. 教育程度	2.41	1.49	0.01	−0.07				
4. 工作年限	8.65	5.86	0.12[a]	0.11[a]	−0.10[a]			
5. 感知他人知识价值	3.77	1.08	0.06	0.08	0.11[a]	−0.08		
6. 感知自身知识权力提升	3.52	0.76	0.10[a]	0.07	0.16[b]	0.21[b]	0.09[a]	
7. 知识隐藏行为	2.98	1.23	0.04	0.03	−0.06	−0.03	−0.24[b]	−0.33[c]
团队层面（N=62）	均值	方差	1	2	3	4	5	6
1. 团队规模	8.00	2.83						

第4章 跨层次行为动机控制机制对知识隐藏行为的影响研究

续表

团队层面（N=62）	均值	方差	1	2	3	4	5	6
2. 团队年限	5.68	2.46	0.02					
3. 项目工期	13.81	5.34	0.08	0.06				
4. 项目复杂程度	2.28	0.51	0.11[a]	0.01	0.12[a]			
5. 知识领导力	3.67	0.87	0.02	0.07	0.03	−0.04		
6. 精熟导向动机氛围	5.23	1.39	−0.05	0.02	0.10[a]	0.09[a]	0.37[c]	

注：[a]p < 0.05，[b]p < 0.01，[c]p < 0.001。

4.3.3.2 分层线性模型与假设检验

鉴于本研究模型涉及团队层面和个体层面两层面数据，所以采用分层线性模型 HLM 检验假设[129,194]。执行 HLM 的必要前提是有足够的组间方差解释因变量。本研究模型中涉及三个因变量，即感知他人知识价值程度、感知自身知识权力提升及知识隐藏行为。针对此三个因变量，首先计算无任何预测变量且仅包含每一因变量的零模型。研究结果表明，感知他人知识价值程度（τ_{00}=0.48，p<0.001；ICC1=0.28）、感知自身知识权力提升（τ_{00}=0.59，p<0.001；ICC1=0.32）及知识隐藏行为（τ_{00}=0.33，p<0.001；ICC1=0.21）都具有显著组间方差。因此，采用 HLM 分析数据并假设检验具有可行性。表 4-6"知识领导力—精熟导而动机氛围—个体知识隐藏动机调节"HLM 分析结果与表 4-7"团队精熟动机氛围—个体知识隐藏动机调节—知识隐藏行为"HLM 分析结果综合性地汇总了本章节所提出的知识领导力视角下跨层次动机控制机制对知识隐藏行为影响研究模型的 HLM 分析结果。

表 4-6 "知识领导力—精熟导向动机氛围—个体知识隐藏动机调节" HLM 分析结果

变量	感知他人知识有用性		感知自身知识权力提升		团队精熟导向动机氛围
	Model 1	Model 4	Model 2	Model 5	Model 3
个体层面（Level 1）					
性别	0.02	0.01	0.06	0.01	
年龄	0.08	0.04	0.04	0.00	
教育程度	−0.05	−0.00	0.12ª	0.07	
工作年限	−0.06	−0.01	0.09ª	0.06	
团队层面（Level 2）					
团队规模	0.12ª	0.11ª	0.04	0.00	0.04
团队工作年限	−0.03	−0.02	0.01	−0.01	0.16ª
项目工期	0.06	0.03	0.02	−0.00	0.01
项目复杂度	0.11ª	0.12ª	0.08⁺	0.05	0.07
知识领导力	0.18ᵇ	0.06	0.34ᶜ	0.19ᵇ	0.38ᶜ
团队精熟导向动机氛围		0.27ᵇ		0.35ᵇ	
组内方差 σ^2	0.43	0.45	0.52	0.52	0.37
组间方差 τ_{00}	0.36ᶜ	0.16⁺	0.69ᶜ	0.57ᶜ	0.34ᶜ
~R^2	0.08	0.17	0.22	0.32	0.25
~ΔR^2		0.09		0.10	

注：⁺p<0.1，ªp<0.05，ᵇp<0.01，ᶜp<0.001。

结合表 4-6 与表 4-7 报告的分析结果，对本研究提出的假设进行检验。H1 指出跨职能项目团队中知识领导力对团队精熟导向动机氛围具有正向影响，根据表 4-6 中模型 3 运行结果可知团队知识领导力与团队精熟

第4章 跨层次行为动机控制机制对知识隐藏行为的影响研究

导向动机氛围正相关（$\gamma=0.38$，$p<0.001$），因此 H1 得到证实。表 4-6 中模型 1 和模型 2 呈现的结果指出跨职能项目团队知识领导力对个体层面团队成员感知到他人知识价值与自身知识权力提升的程度都具有正向影响（$\gamma=0.18$，$p<0.01$；$\gamma=0.34$，$p<0.001$），由此可知，H2a 与 H2b 得到证实。模型 4 与模型 5 呈现的结果指出团队精熟导向动机氛围对个体层面团队成员感知到自身知识权力提升和感知到他人知识价值的程度都具有正向影响（$\gamma=0.35$，$p<0.01$；$\gamma=0.27$，$p<0.01$），H3a 和 H3b 得到支持。根据以上结果及模型 4 与模型 5 中显示的知识领导力对感知到他人知识价值与感知到自身知识权力提升影响程度的下降，"知识领导力—精熟导向动机氛围—个体知识隐藏动机调节"关系中可能存在中介效应。为进一步揭示变量之间的中介作用关系，参考 Zhang 等提出的跨层次中介效应检验步骤对其进行进一步的检验[194]，通过使用 PRODCLIN 检验系数乘积的显著性来检验中介关系的显著性[195]。团队层面数据总体均值化后，检验结果表明，感知到他人的知识价值作为因变量经偏倚校正的间接影响的 95% 置信区间为（0.010，0.127）；感知到自身知识权力提升作为因变量经偏倚校正的间接影响的 95% 置信区间为（0.005，0.096）；此外，*Sobel* 检验也表明中介效应显著（$z=4.12$，$p<0.001$；$z=2.16$，$p<0.05$），且观测知识领导力对这两个因变量的间接效果大小，可知团队精熟导向动机氛围完全中介知识领导力与感知到感知他人知识价值的关系及部分中介知识领导力与感知自身知识价值提升的关系。

表 4-7 "团队精熟动机氛围—个体知识隐藏动机调节—知识隐藏行为" HLM 分析结果

变量	知识隐藏行为			
	Model 6	Model 7	Model 8	Model 9
个体层面（Level 1）				
性别	−0.07	−0.06	−0.04	−0.03
年龄	0.01	0.02	0.00	0.01
教育程度	−0.09	−0.06[+]	−0.04	−0.03
工作年限	0.02	0.01	0.05	0.05
感知他人知识价值（PKV）			−0.11	−0.08
感知自身知识权力提升（PKP）			−0.36[c]	−0.27[b]
PKV × PKP				−0.26[b]
团队层面（Level 2）				
团队规模	0.03	0.06	0.04	0.02
团队工作年限	−0.12[+]	−0.09[+]	−0.08[+]	−0.10[+]
项目工期	−0.08	−0.13[a]	−0.06	−0.04
项目复杂度	0.07	0.08	0.04	0.05
知识领导力	−0.38[c]		−0.10[+]	
团队精熟导向动机氛围		−0.25[b]	−0.09	
组内方差 σ^2	0.49	0.43	1.09	0.29
组间方差 τ_{00}	0.35[b]	0.21[b]	0.23[b]	0.23[b]
~R^2	0.28	0.23	0.26	0.34

注：[+]p <0.1，[a]p <0.05，[b]p <0.01，[c]p <0.001。

由表 4-7 中模型 8 的运行结果指出团队成员感知到自身知识权力提

第4章 跨层次行为动机控制机制对知识隐藏行为的影响研究

升的程度对知识隐藏行为都具有负向影响（γ=-0.36，p<0.001），但感知到他人知识价值的程度对知识隐藏负向影响不显著（γ=-0.11，$n.s.$）。感知他人知识价值（PKV）与感知自身知识权力提升（PKP）的交互项 PKV×PKP 对知识隐藏行为具有负向影响（γ=-0.26，p<0.01），并且高水平下的感知自身知识价值提升下感知他人知识价值会显著抑制知识隐藏行为，图 4-2 展示了感知他人知识价值与感知自身知识权力提升对知识隐藏行为的交互作用。因此，H4b 与 H4c 得到支持但 H4a 并没有得到验证。与现有文献研究所得的团队动机氛围对知识隐藏的作用结果相一致，模型 7 运行结果表明团队精熟导向动机氛围对团队成员的知识隐藏行为具有负向影响（γ=-0.26，p<0.01），在添加感知他人知识价值与感知自身知识权力提升后生成模型 8，该负向影响变得不显著。依据先前中介检验条件和步骤，经偏倚校正的间接影响的 95% 置信区间为（0.106，0.314），$Sobel$ 检验也表明中介效应显著（z=3.12，p<0.01），因此感知到自我知识权力提升完全中介团队精熟导向动机氛围与知识隐藏行为的关系，并且感知到的他人的知识价值会增强由感知到自我知识权力提升引发的间接效应。因此，H5b 得以支持但 H5a 并没有得到验证。

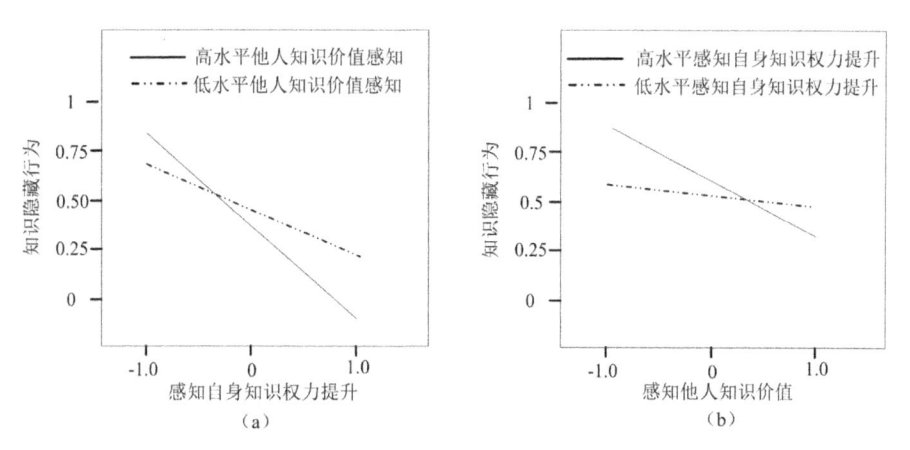

图 4-2 感知他人知识价值与感知自身知识权力提升对知识隐藏行为的交互作用

此外，鉴于以上结果中呈现的中介效应及表4-7中模型6与模型8结果显示的知识领导力对知识隐藏行为也存在直接与间接影响且符合中介检验的条件，本研究整体考察以上跨层次模型，并通过新增深度分析内容进一步揭示知识领导力对知识隐藏行为的作用机制。仍然采用PRODCLIN检验系数乘积的显著性检验链式中介效应[195]，检验表明知识领导力会通过团队层面的精熟导向动机氛围负向作用于知识隐藏行为（$z=1.79$，$p<0.1$，BootLLCI=0.019，BootULCL=0.186），也会通过个体层面的感知知识权力提升负向影响知识隐藏行为（$z=2.26$，$p<0.05$，BootLLCI=0.029，BootULCL=0.243），并且两者形成的链式中介效应也成立（$z=1.95$，$p<0.1$，BootLLCI=0.015，BootULCL=0.076），分别解释知识领导力对知识隐藏行为形成的中介效应比例为25%、32.2%、12.6%。

4.3.4 研究结论与理论贡献

4.3.4.1 研究结论与讨论

当前知识隐藏行为管理研究已崭露头角，本章研究通过构建涉及团队层面与个体层面的跨层次模型，探究了跨职能项目团队的知识领导力如何通过团队层面的精熟导向动机氛围及个体层面双元知识隐藏行为动机调节机制抑制团队成员的知识隐藏行为，推进了领导力视角下知识隐藏行为管理领域研究进展。

H1、H2a及H2b被支持表明跨职能项目团队领导和具备渊博知识的团队成员行程的知识领导力为促使团队成员积极共享知识，弱化团队成员隐藏知识的动机。一方面通过支持并提供团队成员学习资源或非正式知识领导者拥有的较高的知识权力激发下属不断地努力提升自身的技能，促使团队成员感知自身知识权力的提升的同时还能够积极感知他人知识的价值，进而增强团队成员之间相互合作与学习，以及贡献知识的意愿；另一方面，

第4章 跨层次行为动机控制机制对知识隐藏行为的影响研究

为促使整个项目团队成员都能感知到自身知识权力的提升并积极感知到他人知识的价值，知识领导力的发展不断致力于营造精熟导向的团队动机氛围，即要实现严格工期下项目团队绩效，就会不断地通过言辞论述和网络建设，强调并支持团队成员之间的学习、合作与发展。项目成员作为社会人，随着团队整体动机环境的改善，会为适应团队环境、迎合社会化规则而改变自身的行为动机。由此个体与团队层面动机机制部署，团队成员由先前知识隐藏动机调节为促进型的知识交换或贡献动机，进而有助于在社会化交互过程中弱化知识隐藏行为。

H3a 与 H3b 得到支持表明团队精熟导向的动机氛围作为与团队知识活动状态相关的一种团队环境会促使团队成员参与团队知识活动的行为动机发生转变，这归因于这样的环境会提升自身知识权力，还能使团队成员感知到外部一起共事的其他团队成员的知识也具有较高价值。从更深层次来说，团队知识领导力的发展通过塑造团队精熟动机氛围，使得团队成员在社会化交互过程中感知到他人的知识价值，而且受到外部环境的刺激，本身作为追求成就感和权力的团队成员除了通过自身努力提升知识权力之外，外部环境的改善使其将有更多的机会发展自己的知识与技能，不断地提升知识权力。这些作用机制展现了知识领导力在采用科学的手段保障项目目标在高时间压力下实现的同时，还会采取艺术性的手段激发下属学习与共享知识的动机和意愿，在提升团队整体知识储备、知识利用及知识创新水平的基础上来支撑项目目标的实现。

H4b 与 H4c 得到支持表明知识领导力下塑造的双元化的知识隐藏动机调节机制会促使平等的知识交换资本的发展，进而弱化团队成员的知识隐藏行为。具体来说，团队成员在感知到自身知识权力提升时会更加自信地共享知识而不是隐藏知识，这在于个体知识权力水平的积极变化，会促使其调节先前因畏惧贡献知识带来的知识权力损失而隐藏知识的动机，从而弱化知识隐藏行为。这种效果会在个体感知到寻求知识的同事具备较高价值的知识时更加突出，因为在这种情况下，双方之间的知识相互吸引，并且交换与互惠意愿比较强。

但是，H4a 没有得到验证又进一步说明，尽管感知到他人知识价值比较高，但是自身知识权力发展程度不足以引发对方的交换意愿，没有充分的自信去与他人交换知识，或者没有充分的自信去为解决项目问题而表现出隐藏知识的行为。尽管如此，图 4-2 的交互效果图表明自身知识权力提升幅度较高时则会在感知到他人知识价值后，为追求相互的学习和合作而更好地交换知识。这些研究结果也为未证实的 H5a 提供了解释。

H3b、H4b 及 H5b 得以被支持也进一步说明了知识领导力作用下塑造的精熟导向动机氛围对知识隐藏行为的影响通过不断的使团队成员感知到学习动机导向的环境氛围，通过努力学习或与他人合作提升自身知识权力，自身的共享知识的自信水平、影响力和控制力的发展使团队成员产生较高的满意度，进而为团队积极地贡献知识，并且在感知到项目团队成员的高价值的知识后，有更高意愿去积极地与团队成员交换知识，从而弱化知识隐藏行为。

综合以上研究发现及附加的"知识领导力—知识隐藏行为"之间的多重中介分析结果，可以发现知识领导力通过团队层面精熟动机氛围的营造及个体层面团队成员的知识权力的不断提升，逐渐涓滴促使团队成员弱化知识隐藏行为。此外，知识领导力会促使团队集体形成精熟导向动机氛围，团队成员在这样的环境中进行社会交互会不断感知到身边同事知识的价值水平，通过这种外在知识价值感知进一步加强"个体—个体"或"个体—团队"情形下的知识隐藏动机调节与控制，从而弱化自身的知识隐藏行为。但是，知识领导力并不完全通过跨层次动机控制机制作用于知识隐藏行为，也可能会通过其他过程机制对其产生影响，这也正好验证了第 3 章所验证

第4章 跨层次行为动机控制机制对知识隐藏行为的影响研究

的知识领导力对知识隐藏意愿的影响,可能亲社会化意义建构机制的构建是解释知识领导力对知识隐藏行为产生影响的另一种个体或团队层面的过程机制。

4.3.4.2 理论贡献

1. 个体目标导向涌现的混合前因跨层次模型拓展

从广义的"领导者目标导向模式—个体行为"之间作用关系来看,以上研究发现与Dragoni[90]提出的个体目标导向涌现的混合前因跨层次模型中蕴含的观点相一致,即群体层面的领导者成就目标导向会通过营造一种动机氛围,使得团队成员在感知到这样的氛围后能够建立相应的目标导向,进而树立正确的成就动机并表现出相匹配的行为。本研究将此模型深度演绎化,证实知识领导力以学习、合作与发展为成就导向来实现团队绩效目标。为抑制项目成员的知识隐藏行为,通过塑造促使团队成员之间相互共享和学习知识的精熟导向动机氛围,塑造这一良好动机环境来支撑团队保健因素所起到的激励作用。与Dragoni[90]提出的模型相比较,本研究发现团队知识领导者为树立以学习为目标导向的成就模式来弱化团队成员的知识隐藏行为,除了营造团队层面的精熟动机氛围之外,还需有效地激发个体行为动机调节机制,而行为动机导向与调节机制不仅在于团队成员对自身心理机制的感知,还在于对他人知识价值的感知,两者的共同作用才能促使个体表现出群体所期待的行为。因此,本研究对Dragoni[90]提出的模型进一步演绎与拓展,为丰富及推动该模型的发展做出了理论贡献,加深了对跨层次下"领导力—个体行为"之间作用关系的理解。

2. 领导者的特质与知识隐藏关系研究的丰富与完善

从领导者的特质与知识隐藏关系的相关文献来看,本研究结果与张笑峰和席酉民等[63]提出的社会交换视角下伦理型领导通过个体层面"员工—领导"和群体层面"员工—员工"两种积极互惠过程及激发员工积极型的

跨职能项目团队知识隐藏行为管理：知识领导力智慧演进视角

工作状态调节的过程来抑制员工知识隐藏行为的观点相一致[63]。不同于伦理型领导力作用下的过程作用机制和动态反馈引发的调节聚焦机制，本研究进一步发现跨职能项目团队情境下领导者在信息和知识管理方面的行为特质通过团队层面和个体层面塑造积极互惠的过程引发知识隐藏行为动机调节，约束团队成员知识隐藏行为。

知识领导者一方面作为团队管理者会营造激发精熟导向的动机氛围，促使整个团队塑造学习和知识共享导向；另一方面作为个体学习的模范与榜样激发团队成员学习与合作的意愿，感知到自身条件与他人知识水平的变化后，促进其调节知识隐藏行为动机，从而约束知识隐藏行为。从知识领导力相关研究来看，知识领导力为实现良好的知识管理与群体学习[69,72,76]，除了会营造良好的社会资本与关系资本来促进积极的知识活动（知识共享、交换或贡献）之外[75]，也会通过营造良好的动机氛围和行为调节机制来发挥隐形的知识赋权这一保健因素的激励作用，从而抑制团队消极知识活动的涌现与蔓延。

因此，本研究综合性揭示了知识领导力对知识隐藏行为的作用机理，通过进一步反映知识领导力在消极知识活动中的作用，拓展了知识领导力在团队知识管理中的角色与作用，进一步推动了领导力理论与知识共享理论的集成与发展。

3. 知识隐藏与团队动机氛围关系研究的拓展与完善

与现有的知识隐藏相关文献相对比，本研究发现与潘伟和张庆普[17]，以及Černe等[24]证实的观点具有较大的一致性，即个体感知到团队动机氛围对于知识隐藏行为的涌现及知识隐藏行为对个体创新行为的作用过程都具有较大的干预作用。在现有文献忽视如何去塑造精熟导向动机氛围这一研究局限下，本研究结果揭示了跨职能项目团队这一临时性组织中，由项目管理者在信息与知识管理中的行为与特质发展的知识领导力对团队精

第4章 跨层次行为动机控制机制对知识隐藏行为的影响研究

熟导向动机氛围的塑造具有重要的支持作用，即通过发展以学习、合作、发展为导向的团队氛围，相互的学习与交流共同提升项目成员的技能与能力，改善团队合作效率，更好地实现项目目标。针对如何揭示团队动机氛围对知识隐藏行为的深层过程机制，本研究结果与 Caniëls 等[50]认为精熟氛围与绩效氛围不是单独存在的见解相一致，即在双元化动机氛围共存的前提下，进一步说明跨职能项目团队在强调高水平知识领导力发展精熟导向动机氛围时，一方面使得个体感知到自身知识水平、效能及影响力的提升；另一方面使得个体感知到周围和谐发展的环境及与共事同事的可合作与可交流的认可。这两方面的感知引发了个体的主动调节与控制知识隐藏行为动机，传达了团队精熟导向动机氛围对个体知识隐藏行为的深层过程作用机制。因此，团队动机氛围对知识隐藏行为的作用在于团队环境对个体行为动机产生的重要影响，抑制知识隐藏行为更要注重精熟与绩效氛围的动态平衡。总的来说，本研究通过系统而深入地分析知识领导力视角下跨层次知识隐藏行为动机控制机制，更深层次地解释了团队动机氛围和知识权力对知识隐藏行为的作用机制，扩宽了知识隐藏行为的前因边界，强调了跨职能项目团队情境下知识领导力对抑制团队成员知识隐藏行为的重要性，加深了对知识隐藏行为如何被有效弱化这一问题的理解。

从更深层次来看，本研究发现与先前文献指出的公平氛围塑造对干预知识隐藏行为涌现[10,13,15-16,18]及知识权力损失对于引发知识隐藏行为的直接作用[17]都具有一定程度的吻合。在此基础上，本研究揭示了知识领导力为抑制团队成员的知识隐藏行为而部署的跨层次的动机控制机制是在于积极地塑造一种隐形的公平交换氛围和心理赋权的过程。这表现在精熟导向动机下团队成员知识水平、技能水平及能力水平的共同发展，一方面使得其都能发展并具有了公平交换知识的智力资本；另一方面也使得其感知到团队对于发展知识权力的支持，是一种隐形的赋权过程，即自身影响力与控制力的提升,以及由此可能带来的职位的晋升,从而使得团队成员的自尊和满意度提升而积极共享知识,并且注重以后长远利益的发展。因此,本研究提出的知识领导力视角下跨层次知识隐藏行为动机控制机制进一步丰富与完善了公平氛围与赋权机制对知识隐藏行为的作用机理,也肯定了知识隐藏行为是情境因素与个体心理因素等多种前因诱发的结果[10,13]。

4. 个体知识交换互惠属性引发知识隐藏动机调节相关研究的补充与完善

从知识交换的依赖性来看,Huo 等[18]提出研发团队中团队任务依赖性越高,个体心理所有权对领地行为的正向作用越会被弱化,进而抑制个体知识隐藏行为的产生。但是,Černe 等[25]指出任务依赖性低且决策自主权较高的情况下团队精熟氛围才能弱化知识隐藏对个体创新行为产生的负面影响。针对任务依赖性对于弱化知识隐藏行为方面研究结果不一致的研究进展下,本研究发现感知自身知识权力提升与感知他人知识价值对知识隐藏行为具有负向交互作用,进一步表明了知识本身所带来的社会交换属性不一定受职能单元边界和任务属性的约束,基于对知识资源的双元社会价值感知所建立的依赖关系有利于抑制跨职能项目团队知识隐藏行为,而且该属性对知识隐藏行为的影响可能会胜过任务之间的依赖性,并且具有较大的灵活性。

此外,知识管理实践可用于将个人知识转化为组织的权力源泉[34],知识权力是知识这一资源产生的社会属性,"知识就是权力"的概念能够影响个体的信息加工行为,一直以来是学者们广泛关注的研究问题。从这一点出发,本研究结果支持潘伟和张庆普[17]提出的知识权力损失引发知识隐藏的研究观点,从反面视角进一步发现知识权力提升可以引发个体知识隐藏行为动机调节而弱化其知识隐藏行为。在知识领导者和团队精熟导向动机氛围下,团队成员个体知识权力的提升象征着所在项目团队对个体知识导向心理所有权发展的认可,由此弱化其自身知识隐藏

第4章 跨层次行为动机控制机制对知识隐藏行为的影响研究

行为。这与先前知识隐藏文献提出的心理所有权会导致知识隐藏行为产生的结论不一致[18, 20]，但与 Webster 等[10]提出的个体心理机制的满足会抑制知识隐藏行为的观点相一致，这有待于未来研究对知识心理所有权的满足对知识隐藏行为的影响进行深度挖掘并提供研究证据。此外，Huo 等[18]提出研发团队中感知自身知识价值越高，个体心理所有权对领地行为的正向作用越会被强化，进而引发个体知识隐藏行为。本研究进一步指出积极感知到他人的知识价值会增强拥有知识权力个体建立更强的共享或贡献知识的意愿而弱化知识隐藏动机和行为，但其是否会弱化知识隐藏动机与行为取决于个体的知识权力水平，这也强调了知识领导力作用下的跨水平知识隐藏行为动机控制机制的部署程度并不能取代团队成员个体的努力水平。

从知识权力距离来看，知识领导力对团队成员的知识隐藏行为的作用机理方也具有新的管理启示。陈伟等[183]强调，知识的提供方和接受方之间的知识势差会影响知识治理的效率。认知距离相差太大时，接受方很难吸收提供方的知识，提供方过高的知识分享成本会阻碍其分享知识。然而，知识的高度扩散依赖于适度的知识势差，知识势差能促进知识主体之间的知识共享、交流，增加知识主体的知识存量，但是势差过小会造成知识流量过小；势差过大容易造成接收方由于无法消化吸收新知识而使得主体间关系疏远[196-197]。本研究结果也表明，知识领导力通过双元化的知识隐藏行为动机调节机制对知识隐藏行为产生的影响主要依赖于团队成员的共同学习与发展，缩小团队成员之间的知识权力距离，进而有利于相互的合作与交流。对于知识隐藏行为来说，知识资源不对称导致的权力距离也会对其产生作用，这种权力不是所谓的结构与资源配置上的优越性，而是重要的、有价值的知识资源对他人产生的影响。知识领导力可能通过保障团队成员之间发展合适程度的知识权力距离来更好地抑制知识隐藏行为。

4.4 跨职能项目团队个体知识隐藏行为管理启示

本研究以上所有发现，有助于跨职能项目团队知识领导者深刻理解知识隐藏行为控制机制部署的表象与实质含义，在面对不同导向的团队动机氛围与具有不同程度知识隐藏行为的团队成员时，帮助其部署与选择合理的行为动机管理措施，为抑制项目团队内部知识隐藏行为涌现提供了管理启示。

（1）知识领导力在消极知识行为管理方面的跨层影响力应引发重视，项目知识领导者也应深化理解知识隐藏相关的跨层行为控制机制的本质。

对于临时性的跨职能项目团队来说，团队成员之间临时的任务合作关系，会使得二元主体间知识隐藏行为"一报还一报"的蔓延效应的触发更为凸显，尤其在中国注重"关系""面子"的情境下，行为的传染与蔓延是无形的。跨职能项目团队不仅要重视正式与非正式的知识领导者在部署亲社会化意义建构机制方面的关键作用，更要使其不断地智慧演进，在控制知识隐藏行为在知识活动中无形涌现方面发挥积极的影响，这种积极影响在于其跨层面行为控制机制的部署。

在跨职能项目的日常工作实践中，若具有关键知识资源的团队成员表现出知识隐藏行为，一般跨职能项目团队项目经理会采取薪酬激励、职位晋升、岗位轮换等措施，但是这些激励措施并不一定能够使其弱化知识隐藏行为。根据本章研究发现，团队精熟导向动机氛围与个体双元行为动机调节机制体现了一种隐含的知识资本的公平交换与知识导向的赋权机制，能够更好地控制知识隐藏行为动机。由此，项目知识领导者应重视公平知识交换与赋能机制的部署，尤其在当前各行业大力推进数字化、智能化改革的浪潮下，企业或项目更希望团队成员能够积极参与其中，为推动项目或组织的数智化转型而贡献知识，项目成员更加需要的是赋能。因此，项目

第4章 跨层次行为动机控制机制对知识隐藏行为的影响研究

知识领导者也应深化对知识隐藏相关的跨层行为控制机制本质的理解，使得团队知识领导力的发展更加具有柔性与艺术性，能够优化知识行为管理策略部署，以此举措理念来弱化团队成员知识隐藏行为的涌现。

（2）发挥知识领导力塑造团队精熟导向动机氛围、引导团队成员对社会交互中知识价值和自身知识控制力的积极感知等行为控制方面的多元积极作用，带领全员共同塑造"学习—合作—发展—精熟"亲社会化与赋权导向动机氛围。

面临跨职能项目复杂的社会交互实践，项目知识领导者要深化理解项目知识隐藏行为涌现的诱因，不仅与混合的动机氛围有关，更与个体对内对外的双元感知直接相关，这将有助于跨职能项目知识领导者实现公平知识交换与赋能机制的部署，即要发挥知识领导力塑造团队精熟导向动机氛围的积极作用，更需要引导团队成员对社会交互中知识价值和自身知识控制力的积极感知。

从团队动机氛围来看，受项目目标驱动，知识领导者和团队成员追求项目绩效而产生绩效动机，但也要注意绩效导向动机氛围的形塑会悄无声息地激发知识隐藏行为及其"一报还一报"的蔓延效应，所以尽管是临时性的项目，在执行项目任务及进行知识合作期间，也要注重团队层面"学习、合作、精熟"导向动机氛围的培育，避免自身的绩效导向过重，从而引发团队亲社会化动机氛围失衡。这样才能以有利于团队发展的方式引导团队成员发展知识权力，并促使其积极感知团队内部有价值的知识资源，以使团队成员加大知识合作的动机，助力项目目标实现。因此，知识领导者需要发展具有一定动态均衡功能的知识领导力，才能带领项目全员共同塑造"学习—合作—发展—精熟"亲社会化与赋权导向动机氛围。

（3）以培育团队精熟导向动机氛围、强化团队成员知识权力积极感知为主，以提高团队成员对他人知识价值的积极感知力为辅，抑制团队内

跨职能项目团队知识隐藏行为管理：知识领导力智慧演进视角

部知识隐藏行为的传染与蔓延。

对于跨职能项目团队的成员来说，不仅知识技能资源具有较大异质性，性别、年龄、工作教育背景、工作经验等特征也具有较大异质性。团队异质性是一把"双刃剑"，不利的一面会加大团队成员之间的知识距离，加剧团队内部知识隐藏行为的传染与蔓延。基于此，跨职能项目团队应"以培育团队精熟导向动机氛围、强化团队成员知识权力积极感知为主，以提高团队成员对他人知识价值的积极感知力为辅"部署措施，即以合作和赋能为导向，应当及时地部署社会化的认知路线，加强团队成员之间的社会化互动与交互，在社会化交互过程中为团队成员提供社会化路线支持，促使团队成员能够及时地感知他人知识的价值。在追求相互发展的同时，凝聚多样化知识资源，将团队发展状态转变为"认同"而不是"断层"，进而发展有利于项目目标实现的智力资本。

同时，团队要动态评估当前动机氛围，依据团队成员整体状态适当地调整动机导向。当项目团队内部团队成员惰性较大，在执行团队任务时，大量涌现知识隐藏行为，项目进度拖延且质量等绩效目标较差时，要适当降低精熟动机氛围发展的程度，可以通过压缩项目工期、引入一定程度的竞争规则等措施手段，使团队动机氛围偏向绩效导向，进而促使团队成员及时弱化知识贡献惰性，激发团队发展活力。

对于团队成员来说，团队在进行任务设计时，应当注意保持适当的知识权力距离以保障团队知识的传播与扩散。例如，可通过添加新生力量或拓宽社会化的认知路线来设置适当的知识权力距离，以增强知识权力较大成员的知识共享意愿，加强团队成员之间的社会化互动与交互，促使其能够及时地感知他人知识的价值，促使调节自身行为动机来弱化知识隐藏行为。此外，团队成员在知识合作中要具有一定的"敏捷性"，以追求自身在职业生涯中得到更长远的发展为目标，在感知团队精熟导向的动机氛围

第4章 跨层次行为动机控制机制对知识隐藏行为的影响研究

及知识权力距离较低、感知到他人知识对于自身发展具有价值时，及时弱化知识隐藏动机，通过努力学习或与他人进行知识交换，获取自身知识和技能水平的长远发展。

4.5 本章小结

本章节在第3章探究知识领导力视角下亲社会化意义建构机制对知识隐藏意愿影响机理的基础上，针对本书提出的子科学研究问题2进一步探究了知识领导力是如何通过跨层次知识隐藏行为动机控制机制（团队层面精熟导向动机氛围与个体层面知识隐藏动机调节机制）影响跨职能项目团队的知识隐藏行为。个体层面知识隐藏动机调节机制被划分为感知到他人知识价值与感知到自身的知识权力提升。在此基础上，构建跨层次理论模型并建立相应的假设，以62个跨职能项目团队为样本进行问卷调查，收集多层面的定量数据，实证检验假设。

检验结果验证了知识领导力是团队精熟导向动机氛围与个体知识隐藏动机调节的重要前因机制；知识领导力通过营造团队精熟导向的动机氛围并促使团队成员积极感知自身知识权力提升来抑制跨职能团队成员的知识隐藏行为。此外，知识领导力也会通过营造团队精熟导向的动机氛围引导团队成员感知他人知识的价值，强化个体知识隐藏内部动机调节的程度，从而抑制自身的知识隐藏行为。研究结果建议团队知识领导者发展知识领导力并利用个人的能力塑造精熟导向的动机氛围，引导团队成员对社会交互中知识价值和自身知识控制力的积极感知，这些隐含的公平交换知识的资本及知识导向的赋权机制在较大程度上抑制团队成员的知识隐藏行为，为复杂的跨职能交互中如何有效抑制跨职能项目团队知识隐藏行为涌现提供一定理论指导与实践借鉴。

第 5 章　知识协同机制与团队知识隐藏负面影响弱化机理研究

5.1　跨职能项目团队热点问题三：团队知识隐藏引发协同障碍

跨职能项目团队一般由具有与完成项目相关的不同经验、技能和知识的，来自各个职能部门（如部门，组织）的代表组成[3, 49, 75, 160]。为了实现共同的团队目标，成员通常参与集体过程并逐步开发交互记忆系统以有效地协调和利用其分布式多样化知识。由第 1 章 1.2.4.2 小节阐述的交互记忆系统（TMS）的定义可知，TMS 为基于团队中"谁知道什么（Who knows what）"的共享的认知来编码，存储和检索信息的合作分工系统[89, 108-109, 191]。该系统的发展代表了跨职能情境下将多样化的知识资源中转换为预期的绩效的一种必不可少的无形力量。许多学者指出，发展一个功能良好的交互记忆系统可以提高团队绩效，例如，改进团队学习[113]、团队创新绩效[117]、团队决策绩效[119]或项目团队绩效[37, 113]。因此，该团队致力于发展良好的交互记忆系统以实现高效率的知识协同与利用，提高解决与任务相关问题的能力，做出决策，创造新想法。

有效的知识共享是发展一个功能良好的交互记忆系统的前提[9, 39]，这在于多样化的团队成员可以在沟通和互动中要更好地对他人专长知识编码、存储和检索。然而，组织多元化发展下团队成员的知识多样性不断增加，使得跨职能社会化交互过程中竞争凸显[3, 9]，团队成员往往表现出知识隐

第5章 知识协同机制与团队知识隐藏负面影响弱化机理研究

藏行为，此行为引发不信任的循环与"一报还一报"效应，使得团队知识隐藏发展为一个团队层面知识管理的难题[24]，对于形成功能良好的交互记忆系统，以及实现团队绩效都带来了巨大的挑战[39]。

具体来说，许多文献表明团队成员多样性具有"双刃化"的性质，尽管多样化的知识资源激发了团队成员处理信息的认知和学习动机[49,146,198]，促进交互记忆系统自发形成与发展，但是也引发了社会分类现象[132]，社会化分类过程使各职能部门的业务和专业人员分类到各自认同的小群体当中，这就使得团队成员除了共享的项目目标之外，还有各自不同的分目标[23]。相比于整个集体团队，各职能部门的成员通常对他们的职能部门具有更强烈的认同感[9]。断层现象下产生的群体间的偏见会破坏群体凝聚力，加剧关系距离并由此导致职能部门之间的社会互动充斥着误解、紧张和冲突情境[3,9]，成员们会在追求稀缺资源和战略优先事项方面（例如，物理空间、设备、人力、资本资金）相互竞争[3]。在这种社会化交互情形下，为了获取竞争优势，团队成员相互之间往往会提供不完整或不真实的信息，隐藏知识[3]。知识隐藏行为是个体之间"一报还一报"的过程，消极互惠引发了团队交互氛围的恶化，也使得团队成员在参与知识活动中表现出懈怠的工作状态[24]，以及因缺乏安全感而不能全身心地投入到工作中。李浩和黄剑等学者所做出的研究中已经证实团队知识隐藏对交互记忆系统的负面影响[39]。在此情形下，知识多样性引发的团队层面知识隐藏会在实现团队绩效方面带来较大负面影响，甚至会弱化交互记忆系统对团队绩效的正向作用[39]。

针对团队知识隐藏引发的知识协同障碍问题，团队缺乏领导者干预并部署相应的知识管理措施，高质量交互记忆系统的发展及团队绩效的改善都会受到阻碍。事实上，在跨职能项目团队情境下，项目经理这一正式的知识领导者及博学多长、经验丰富的团队成员那些非正式的知识

跨职能项目团队知识隐藏行为管理：知识领导力智慧演进视角

领导者作为团队的核心人物，在团队工作中扮演着重要角色，最终承担着团队有效创新和项目成功交付的重担[199-200]。在他们的影响下形成的知识领导力对于有效的共享、协同及利用知识资源都具有重要的作用[71]。Anthony等[177]通过实证研究发现，职能部门负责人之间的协调质量越好，跨职能项目团队与部门负责人之间的边界冲突越低，项目效率越高。Hsu等[22]学者认为，智力资本，尤其是知识领导者，在跨越知识边界和协调子群体之间的认知冲突方面发挥着至关重要的作用。交互记忆相关的文献也表明变革型领导力对于促进知识共享和交互记忆系统的发展都发挥着重要的作用[30, 99, 117, 119]。然而，该情境下知识领导力是如何弱化知识隐藏行为涌现对交互记忆系统和团队绩效的负面影响的研究还很少，现有研究的局限使得我们还不能很好地理解知识领导力在团队知识隐藏干预中的作用。

知识领导力作为一种以发展为导向的力量，包含了灵巧的知识管理（动机和支持路线）和关系管理（合作和信任）战略[69, 71, 74-75]。这些战略共同确保实现预期的团队合作流程和绩效提升。现有的研究已证实知识领导力在促进知识共享、知识管理能力或组织学习等知识相关活动中的关键作用，这些活动在很大程度上与交互记忆系统紧密关联[113-114]。群体动机型信息处理（MIP-G）模型也假定由领导或有权力的成员所激发信息处理的认知和亲社会动机，有助于团队成员的知识共享，这意味着知识领导力具有形成功能良好的交互记忆系统的潜能[146, 198]，或者说知识领导力是部署激励机制的潜在权变因素，激励机制的部署和良好关系情境的创造可以缓解团队知识隐藏对交互记忆系统这个团队知识协同过程的负面影响，也可以增加交互记忆系统对团队绩效的正向作用，进而弱化团队知识隐藏对团队绩效的负面影响。

第5章　知识协同机制与团队知识隐藏负面影响弱化机理研究

5.2　知识领导力与交互记忆系统联合弱化团队知识隐藏负面影响

5.2.1　交互记忆系统的中介作用

个体之间的知识隐藏可能发生在二人交互过程中，信息隐藏者 A 隐藏知识可能会引发信息寻求者 B 的不满，而在以后的交互过程中，信息隐藏者 A 也很可能会向信息寻求者 B 寻求信息，但因为先前合作质量不佳，曾经的信息寻求者 B 也会向 A 隐藏信息。也就是像 Černe 等所说的"一报还一报"[24]。知识活动是个密集交互的过程，长期发展会导致不信任的恶性循环，形成一种相互隐藏知识的不良氛围并发展成为一种团队层面的知识隐藏现象。团队知识隐藏由个体层面的知识隐藏行为发展而来，但是又不同于个体层面的知识隐藏行为[39]，它体现了团队内部信息传播质量比较低、团队多样化的知识未被有效利用到任务中、团队成员对团队目标的承诺水平与团队整体的合作和信任水平都比较低的过程或状态。这种过程或状态的发展会带来一系列消极后果，即团队决策水平低、团队中与任务相关的问题不能得到有效的解决、创造力比较低[24-25,41]。因此，团队知识隐藏不利于团队绩效的实现。

团队知识隐藏对团队绩效的负向影响可能不是直接的，而是通过团队知识隐藏引发的一系列不协调的团队知识活动，或者说通过团队知识协同与利用的信息处理过程[39,41,131]。许多文献指出，交互记忆系统的发展从深层次来说，体现了团队知识协同与利用[109,111]。从交互记忆的整体发展来看，团队知识隐藏导致的团队成员对团队目标的低承诺水平与团队所展现的低合作和信任水平都会降低交互记忆的发展[16,116,165]。Chiang 等[165]提出，在人力资源管理实践中，高承诺的工作系统才能促使交互记忆系统的发展，

跨职能项目团队知识隐藏行为管理：知识领导力智慧演进视角

进而改善新产品研发绩效。Ren 等[116]表明，高水平的信任才能促进交互记忆系统的发展，进而保证高管团队绩效的实现；相反，团队冲突会阻碍交互记忆系统的发展及高管团队绩效的实现。由此看来，团队知识隐藏会阻碍交互记忆系统的发展，进而不利于团队绩效的实现。

从交互记忆系统的维度来说，交互记忆包含三个维度，即专长、可靠度、协调度[109,116,191]。团队知识隐藏会致使团队成员的信任程度降低、可靠度维度呈现低水平[24,39]；该团队行为也会使得团队成员不能真正地了解彼此的专业知识，进而降低团队成员对知识定位与检索的准确度，团队任务出现问题后往往不能尽快地分配给真正能解决问题的团队成员，或者团队管理者不一定能在决策时获取有效信息，进而降低了团队的协同水平。这些不良后果使得跨职能团队的多样化的知识资源并不能得到有效利用，团队成员也不能在日常工作中提升自己解决问题的能力和专长水平。因此，专长的水平也会降低。从所包含的元素来看，交互记忆系统包括知识结构与知识交互过程（信息编码、信息存储和信息检索）两种元素[109]。知识的交互过程作为动态的高级元素一般会与团队氛围、个体之间的关系质量、团队成员对目标的承诺水平有关[109,116,165]。团队知识隐藏所引发的不信任和不安全的团队氛围会阻碍知识的交互活动[39]；所导致的低承诺水平会降低团队成员参与知识交互的意愿；所产生的不信任使得个体之间的沟通质量和合作意愿降低，也不利于团队成员对他人专业知识的定位、更新与分配。这些不良后果都使得知识交换质量和效率降低，进而导致团队决策质量与解决问题的效率低下，使得跨职能项目团队绩效难以实现。综上论述，本章研究提出以下假设。

假设1（H1）：在跨职能项目团队中，交互记忆系统在团队知识隐藏与跨职能项目团队绩效关系中发挥中介作用。

第 5 章 知识协同机制与团队知识隐藏负面影响弱化机理研究

5.2.2 知识领导力的调节作用

5.2.2.1 知识领导力调节作用一：团队知识隐藏与跨职能项目团队绩效

跨职能项目团队发展知识领导力的程度不同，团队知识隐藏对于团队绩效的负面影响程度也不同。具体来说，动机型信息处理理论提出认知动机和亲社会化动机会促进团队的信息处理深度并使得团队信息处理更有利于团队目标的实现[146]。基于此，在高水平知识领导力下，正式知识领导者一方面作为管理者会宣扬大家互相共享知识并承诺创建良好的学习环境[72]；另一方面非正式领导者作为学习榜样激励其他团队成员相互学习、不断增加技能，促进团队知识传播、集成与创造[69,71,74]。这些指导与影响会激发团队成员的认知动机，促使他们积极参与知识活动并为完成团队目标而努力[69]。技能的提升会促使他们变得更有能力跨越知识界限学习与交换信息并完成更有挑战性的任务[179]。

其次，知识领导者一般会建设团队社会化网络[70-71]，例如周例会、小组讨论、培训等。频繁地讨论和互动会使大家有更多的学习资源，相互贡献知识使得大家都能加深对任务相关问题的理解，使得团队能够提出更多优越、独特的解决方案或提升任务绩效的新方法；知识领导者对项目进度的监管与评价会促使团队成员不断学习并积极贡献知识来完成项目任务[68,85]。因此，高水平的知识领导力能够激发成员的认知动机，从而使得团队成员在进行行为决策时，主动选择知识共享行为，而不是知识隐藏行为。所选择的知识共享及他们主动搜索和获取信息的行为提升了自身技能，在工作中更有成就感。在此情形下，知识领导者和团队成员的共同努力促使产品和决策质量提高、项目进度缩短，最终提升项目团队绩效。

再次，知识领导力致力于建设合作与信任关系的环境，或者说互惠的互动环境，以此引导团队成员认识到建立合作和信任关系可以使团队和自身利益获得双赢[74-75]。这样的环境有利于改善群体偏见、紧张和冲突等不良社会化交互现象，也有利于寻求和共享信息，更有利于团队成员在心理安全和信任的环境中获得更高的成就，并发展更多的职场友谊和积累较多的社会资本[36, 75, 149, 155]。Zhang 和 Cheng[75]认为，为知识共享创建一个信任协同氛围也是知识领导力的核心。在信任协同的氛围中，团队成员拥有相似的兴趣和目标，能够相信他人的知识对自己的工作是有利的。团队成员能够培养和历练他们操纵知识的技能，为团队的知识库贡献资源，并且能够很容易地获取重要的知识[37, 168]。Hansen 等[201]也表示如果创建了令人满意的关系环境，成员会将知识相关的活动引向团队内部而不是团队之外。由此，团队成员所激发的亲社会化动机也会使得团队成员选择知识共享行为[146]，尽可能降低引发消极互惠的知识隐藏行为。建立积极互惠的氛围使得大量的信息和知识资源被高效地利用，进而促使团队目标的实现及绩效的改善[202]。

综上分析，跨职能项目团队下高水平知识领导力可以弱化团队知识隐藏对跨职能项目团队绩效的负面影响，本章研究提出以下假设。

假设 2（H2）：在跨职能项目团队中，知识领导力将调节团队知识隐藏与跨职能项目团队绩效的负向关系，即当知识领导力水平较高时，团队知识隐藏对团队绩效的负向影响减弱。

5.2.2.2 知识领导力调节作用二：团队知识隐藏与交互记忆系统

跨职能项目团队发展知识领导力的程度不同，团队知识隐藏对于交互记忆系统的负面影响程度也不同。具体来说，Chiang 等[165]发现，实施一套连贯的人力资源管理实践可以通过新产品开发团队中的激励机制来促进交互记忆系统的发展。这意味着高水平知识领导力通过重视奖励制度设计

第5章　知识协同机制与团队知识隐藏负面影响弱化机理研究

也可以促进成员之间的互动和参与知识活动，即知识领导者会经常与团队成员沟通，表达团队对他的期望并依据员工工作需求给予支持和激励。员工一般对工作目标具有较高承诺，为完成目标而选择与他人一起积极地投入到知识交互活动中，这有助于提升团队知识协调能力[69]。

其次，当项目团队发展较高水平的知识领导力时，知识领导者往往具有较高的知识水平，对于团队成员的努力程度，他们会有更好的判断。结合与借助他们在团队中广泛发展与建设的社会化网络和技术网络，团队一般将发展较高的任务可视化程度，将有利于弱化团队成员的知识隐藏行为并在频繁的交互与监管下促进交互记忆系统的发展[16,119]。在社交环境中，知识领导者建立的社会认知和技术路线为团队成员之间的沟通提供了便捷的渠道，并且通过沟通使团队成员知道如何发展共享知识库，加强对共同专业术语的理解[22,201]。高水平知识领导力下建立的社会认知网络也有助于更合理地分配项目成员的专业知识，提高团队成员对其他成员拥有的专业知识及在何处获取所需知识的认知[116]。开发的可用技术网络（例如，知识管理系统）使成员能够经常进行沟通，更好地定位各自的专长知识[114]。如果两个团队成员之间因为相互隐藏知识使得彼此对于各自的专长不能更好地定位时，知识领导者作为任务设计主导者采取在会议中告知或与团队成员单独沟通等方式，辅助团队成员对其他成员具有的专长知识建立更精确的定位与记忆[119]。

总体而言，发展高水平知识领导力在这些方面的联合作用有利于降低团队知识隐藏对交互记忆系统的负面影响。因此，本章研究提出如下假设。

假设3（H3）：在跨职能项目团队中，知识领导力将调节团队知识隐藏与交互记忆系统的负向关系，即当知识领导力水平较高而不是较低时，团队知识隐藏与交互记忆系统之间的负向关系减弱。

5.2.2.3　知识领导力调节作用三：交互记忆系统与跨职能项目团队绩效

交互记忆系统发挥功能一方面是在于知识协同的效率，这与检索信息的及时性有关；另一方面是在于知识协同质量，这与成员专长熟练程度有关[89,109,191]。尽管知识领导力通过促进交互记忆的形成与发展保障了一定程度的知识协同效率，但是知识隐藏引发的低质量信息传播[3]、低目标承诺[10,16]及低合作水平[39,104]，也可能会波及交互记忆系统对团队绩效的影响，即团队知识隐藏会导致团队成员未能及时获得专长提升的机会，进而使得团队知识网络中传播的知识质量及任务相关的问题与团队成员能力之间匹配能力都比较低。在紧迫的项目工期内，如果缺乏团队精熟动机氛围的进一步干预，尽管团队成员沟通很频繁，交互记忆系统的功能也可能是无效的。

本章进一步提出，跨职能项目团队发展知识领导力的程度不同，团队交互记忆系统对团队绩效的影响程度也不同。高水平知识领导致力于培养精熟导向动机氛围（见第 4 章 H1），在此氛围下团队成员倾向于增强亲社会化动机，相互学习与合作来谋求共同的发展，并且强化实现项目目标的承诺[24,91,146,198]。Černe 等[25]发现，精熟动机氛围下的团队成员倾向于提升自身的专长，积极贡献他们的专业知识，将与任务相关的高质量的知识应用于集体任务。借助知识领导力建立的社会认知路线和技术路线，可以依据团队成员的专业知识的动态变化调整分配的任务，同时需要解决的问题也可以更好地与具有必要信息的人相匹配[70-71]。这种匹配能力的提升又提高了团队知识协同的有效性和效率。反过来，有效的知识协同又可以进一步提升团队成员的专业化水平。因此，高水平知识领导力下团队交互记忆的功能会发挥得更好，即团队之间良好互动，不断加深自身的专业知识水平；任务完成期间遇到的问题可以有效、及时地解决；发展的人

第5章 知识协同机制与团队知识隐藏负面影响弱化机理研究

力资本提升了决策质量；高质量知识的融合可创造更多有用的、新颖的方案。相反，当知识领导力较低时，功能失调的互动和竞争动机将胜过知识合作趋势，团队知识隐藏反复盛行，团队成员之间的关系反复震荡，不利于团队凝聚力的形成，交互记忆系统对团队绩效的正向作用可能会被弱化。因此，本研究提出如下假设。

假设4（H4）：在跨职能项目团队中，知识领导力将正向调节交互记忆系统与跨职能项目团队绩效的关系，即当知识领导力水平越高，交互记忆系统与跨职能项目团队绩效之间的正向关系越强。

5.2.2.4 知识领导力与交互记忆系统的联合作用

综合以上推理过程，可以发现知识领导力调节团队知识隐藏与跨职能项目团队绩效的关系（H2），这主要是通过两个路径实现的：①知识领导力作为权变因素调节团队知识隐藏与交互记忆系统的关系，目的在于干预团队知识导向合作过程，促进交互记忆系统的发展；②知识领导力作为权变因素调节交互记忆系统与团队绩效的关系，目的在于促进交互记忆系统的良好运行，保证团队知识协同的有效性，进而干预团队知识隐藏的负面影响。H3与H4中所体现的知识领导力的调节作用解释并弱化了H2中所体现的知识领导力的初始调节作用。Hammedi等[203]认为，领导力在跨职能团队的协调过程中具有很大的影响。因此，交互记忆系统作为中介变量引发的团队知识隐藏到跨职能项目团队绩效的间接关系揭示了H2所述的知识领导力的初始调节作用，本章提出以下假设。

假设5（H5）：跨职能项目团队中知识领导力通过交互记忆系统调节团队知识隐藏与跨职能项目团队绩效的关系。

5.3 团队知识隐藏负面影响弱化的理论模型构建与分析

5.3.1 研究样本与问卷调查

5.3.1.1 样本选择和数据收集

基于非概率便利抽样方法，团队样本侧重于选择普遍采用的跨职能项目团队的工程设计公司或新产品研发公司，或者在过去三年中使用不止一个跨职能项目团队案例。基于此抽样方法与抽样框，共获取96个样本团队的数据，多样化样本的选择有利于保证研究结果的外部效度，增加研究结果的普遍性。

参与调研的受访者一部分是我们学院接受教育或培训的企业人员（占59.4%），利用课上、课下、培训之后等合适的时机或业余时间相互交谈建立人际关系，选择符合要求且有意愿参与的人员并结合使用滚雪球式的抽样方式保证能获取团队信息；另外一部分是课题组利用自身的社会资本选中一些符合要求的有意愿参与调研的企业，这种方式是通过电话或电子邮件直接联系人力资源部门（占40.6%）实现样本的获取。为确保受访者愿意参与调查并满足我们的要求，所有选定的目标受访者都基于三个标准：①拥有足够的能力和知识回答调查问卷中的问题；②对问卷中所涉及的调查主题与问题有足够的参与程度；③参加过两个或更多跨职能项目团队工作，收集数据时比较严谨，每一个团队选取其领导者并随机选择至少2名下属组成配对数据，从而更好地反映团队层面构念的整体情况。

附录C列出预调研后的最终问卷。在数据收集阶段，采用面对面现场发放或线上沟通发放的形式，总共发放500份问卷。最后，除去有缺项或者其他的不合格问卷后，96个样本团队共获得了348份有效问卷，回复率为69.6%；组内平均回应率为49.7%，表5-1、表5-2汇总了此次调查的

第5章 知识协同机制与团队知识隐藏负面影响弱化机理研究

跨职能项目样本团队统计特征与受访者人口统计数据和资料。

表5-1 跨职能项目样本团队统计特征（N=96）

特征	类别	频数	频率/%	特征	类别	频数	频率/%
团队年龄（年）	<3	8	8.3	项目类型	工程	13	13.54
	3~5	36	37.5		银行	6	6.25
	6~10	27	28.1		R&D	56	58.33
	>10	25	26.1		政府	10	10.42
项目工期（年）	<6月	26	27.08		电信	9	9.38
	6~12月	24	25.00		其他	2	2.08
	13~24月	18	18.75	项目规模（人）	<5	21	21.88
	>24月	28	29.17		6~9	31	32.29
项目复杂度	高	20	20.83		10~19	22	22.92
	中	54	56.25		>20	22	22.92
	低	22	22.92				

表5-2 受访者人口统计数据和资料（N=348）

特征	类别	频数	频率/%
性别	男	208	59.77
	女	140	40.23
年龄（岁）	<25	98	28.16
	26~30	105	30.17
	30~40	86	24.71
	>40	59	16.95

续表

特征	类别	频数	频率 /%
工作经验（年）	<5	117	33.62
	6~10	86	24.71
	11~15	95	27.30
	>15	50	14.37
受教育程度	低于本科	35	10.06
	本科	116	33.33
	硕士	126	36.21
	博士/博士后	71	20.40

表5-1描述了跨职能项目样本团队统计特征。对于团队类型来说，研发类占58.33%，而其他团队类型占41.67%。平均团队规模为11人左右，团队人员数量范围从3到30名不等。团队平均年龄为6.27年，超过3年的团队占据91.7%。采样跨职能项目团队的平均持续时间为14.89个月，范围为3至36个月不等。表5-2报告了所有受访者人口统计数据和资料，平均工作经验是9.61年，而且大多数受访者（89.9%）获得了学士学位或更高的学位水平（硕士学位，56.6%；博士学位，20.4%）。

5.3.1.2 研究构念量表的选取

本研究所涉及的四个构念的测量来源于被广泛采用的英文文献量表。为了减少不同语言上的差异，保持测量题项的原有信息，邀请若干项目管理专业的博士对原始英文量表进行交叉对照翻译。调查问卷由三部分组成：①个人信息和团队信息；②团队知识隐藏、交互记忆系统及知识领导力的测量题项；③跨职能项目团队绩效测量题项，各测量题项均采用5分的李克特量表（其中1为完全不同意，5为完全同意）。为避免共同方法偏差[204]，

第5章　知识协同机制与团队知识隐藏负面影响弱化机理研究

团队成员对"知识领导力""交互记忆系统"及"团队知识隐藏"这三个构念下的测量题项进行评价；团队与项目相关信息及"跨职能项目团队绩效"相关测量题项由团队领导或组织人力资源部门完成评价。在收集数据之前，邀请了6名参与过跨职能项目团队工作的领导和18名团队成员对测量题项的清晰度和实用性进行了预测试，讨论各题项是否满足研究情境的需要，然后根据他们的反馈进行细微的语句修改与格式调整。

（1）团队知识隐藏：这一团队层面的构念说明了团队内部成员故意向他人隐瞒所要求知识的行为的程度，或者向团队成员保留自己的知识，表现出贡献知识低于他们所能贡献知识水平的程度[13, 15-16, 20, 58]。对于该构念的测量，Connelly 等[13]所提出的三维度量表在知识隐藏领域得到引用，但该方法是在西方情境下提出的，并且反映的是个体之间的知识隐藏。考虑到本研究团队知识隐藏的定义及调研的情境与第4章中知识隐藏行为的测量题项相同，对 Peng[19-20]及 Lin 和 Huang[16]在中国情境下调研发展的量表进行调整，形成包含5个测量题项的量表。例如，"在项目团队工作当中，我经常向我的同事隐瞒有用的信息或知识"。通过个体层面数据的聚合来反映团队知识隐藏的水平。

（2）交互记忆系统：尽管各学者对交互记忆系统的定义趋同，但 Ren 和 Argote[116]的研究总结了约25年交互记忆系统的相关研究成果。在这些测量中，该研究采用了 Lewis 提出的交互记忆系统测量量表[191]，该量表在实验室和现场调研得到广泛采用。在该量表中，交互记忆系统包含专业化、可靠度和协调度三个维度，每个维度有5个测量题项。

（3）跨职能项目团队绩效：这一构念反映项目成功的程度，一般被划分为任务绩效和成员满意度两方面，它通常用指标来表示完成项目任务的有效性、效率和团队满意度[113, 205]，该构念测量采用 Zhang 和 Zhang[205]发展的跨职能团队绩效测量题项，本研究选择外部和内部性能作为两个维度，即项目效率、效率与团队满意度的态度，每个维度都包括4个测量题项。

（4）知识领导力：知识领导力相关研究中存在三种量表，它们分别来源于Viitala[72]、Donate和Sánchez de Pablo[69]，以及Yang等[74]的相关研究。其中，前两个研究发展的量表适用于组织环境，而最后一个研究发展的量表适用于项目环境并在此情境下得到验证[75]，并且与我们的研究主题更为一致。因此，本研究采用Yang等[74]开发的11个测量题项量表，并依据情境进行略微调整以衡量跨职能项目团队中的知识领导力。知识领导力包括三个维度：领导技能、合作与信任、知识集成与创新。

（5）控制变量：依据先前研究中涉及的项目绩效的控制变量[74,113]，选择项目复杂性、团队规模、团队年龄和平均教育水平作为本研究中的控制变量。

5.3.1.3 分析方法与数据质量

本研究通过比较受访者与非受访者的特征进行卡方差异检验（$p>0.05$），其结果表明无应答偏差并不显著；研究设计在收集数据时尽可能避免了共同方法偏差。例如，作者首先随机对测量题项进行排序，以避免受访者猜测研究目标，而且团队层面的因变量（跨职能项目团队绩效）的分析数据来自团队领导者或组织的人力资源部门，而团队成员则评估其他构念的测量题项。考虑到部分构念的问卷数据（团队知识隐藏、交互记忆系统与知识领导力）是由个人填写的，个体层面的数据应该聚合到团队层面，需计算聚合指标，即团队知识隐藏、交互记忆系统与知识领导力这三个构念的组内一致性指标r_{wg}[192]，分别为0.81，0.75，0.72（>0.7）。还估计了这三个构念的组内相关性指标（ICC1，ICC2），ICC1数值分别为：0.37，0.30，0.24（>0.1）；ICC2数值分别为：0.85，0.81，0.76（>0.7）；这些聚合数值结果皆满足聚合标准[193]。此外，鉴于调研样本相对较少，

第5章 知识协同机制与团队知识隐藏负面影响弱化机理研究

本研究基于获得的问卷调研数据仍然选用偏最小二乘法结构方程模型检验测量模型和结构模型[161]，并在此基础上检验假设。

5.3.2 理论模型构建

在第3章与第4章探究跨职能项目团队知识领导力如何抑制项目成员个体知识隐藏意愿与行为的基础上，本章进一步探究跨职能项目团队知识领导力与交互记忆系统联合作用下团队知识隐藏负面后果弱化机理，旨在回答子科学研究问题3下细化的两个问题。

（1）交互记忆系统是否能够中介团队知识隐藏与该团队绩效的关系？

（2）知识领导力作为一种权变因素是否能弱化团队知识隐藏对跨职能项目团队绩效的负面影响，以及如何实现？

（3）交互记忆系统是否揭示了知识领导力这一权变因素的调节作用。

在动机型信息处理理论[146,198]的指导下，本研究整合知识领导力、知识隐藏及交互记忆系统领域文献，探究交互记忆系统在团队知识隐藏与跨职能团队绩效关系中的中介作用，以及知识领导力在"团队知识隐藏—交互记忆系统—跨职能项目团队绩效"作用关系中的调节作用。

依据本章第5.2节内容中阐述的假设分析与发展，构建知识协同机制作用下团队知识隐藏对跨职能项目团队绩效的影响框架如图5-1所示。

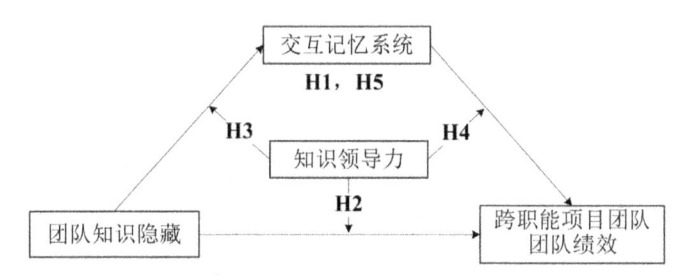

图5-1 知识协同机制作用下团队知识隐藏对跨职能项目团队绩效的影响框架

5.3.3 研究结果与分析

5.3.3.1 测量模型检验

通过反映式测量模型的检验，内部一致性信度、信度、收敛效度、区分效度等获得了可接受的指标质量与结果[127,161]，表明了所有题项都可以合理地估计构面。各测量题项与信度指标如表5-3所示，描述性统计结果与构念的收敛效度与区分效度如表5-4所示。

具体来说，表5-3中指标结果表明，每个构面的组合信度CR都超过0.7（0.845~0.908）。除了五个测量题项的载荷大于0.6但略低于0.7，其他题项的因子载荷都大于等于0.7，t检验结果表明，所有题项的载荷都是显著估计（t>1.96）。表5-4中检验结果表明，AVE数值均大于0.5（0.503~0.629）。因此，内部一致性信度、信度、收敛效度基本符合要求[127,161]。同时，每个潜在构面的AVE高于构面与任何其他潜在构面的最高相关性的平方（Fornell-Larcker准则），并且所有指标的负荷都高于其所有交叉负荷[127,161]，测量题项的区分效度符合要求。

表5-3 各测量题项与信度指标

构念与测量条目	因子载荷	构念与测量条目	因子载荷
知识领导力，CR=0.908		团队知识隐藏，CR=0.894	
领导者技能		KWB1	0.752
LS1	0.861	KWB2	0.790
LS2	0.858	KWB3	0.801
LS3	0.622	KWB4	0.819
协同与信任		KWB5	0.803

第5章 知识协同机制与团队知识隐藏负面影响弱化机理研究

续表

构念与测量条目	因子载荷	构念与测量条目	因子载荷
CT1	0.819	交互记忆系统，CR=0.903	
CT2	0.787	专长	
CT3	0.878	SP1	0.689
CT4	0.841	SP2	0.703
知识集成与创新		SP3	0.736
KII1	0.803	SP4	0.805
KII2	0.775	SP5	0.669
KII3	0.784	可靠度	
KII4	0.771	CE1	0.787
跨职能项目团队绩效，CR=0.845	CE2	0.806	
项目成效与效率		CE3	0.789
EE1	0.701	CE4	0.763
EE2	0.744	CE5	0.754
EE3	0.787	协同度	
EE4	0.701	CO1	0.780
团队满意度		CO2	0.733
TS1	0.766	CO3	0.796
TS2	0.742	CO4	0.684
TS3	0.687	CO5	0.736
TS4	0.782		

注：测量题项大写字母代表含义见附录C。

表 5-4 描述性统计结果与构念的收敛效度与区分效度

变量	描述性统计 均值	描述性统计 标准差	AVE	1	2	3	4
1. 团队知识隐藏	3.521	0.801	0.629	*0.793*			
2. 知识领导力	3.764	0.906	0.503	−0.270	*0.709*		
3. 交互记忆系统	3.587	0.659	0.546	−0.578	0.593	*0.738*	
4. 跨职能项目团队绩效	3.938	0.654	0.521	−0.335	0.438	0.559	*0.721*

注：对角线上加粗数值是平均变异抽取量的平方根。

5.3.3.2 结构模型分析与假设检验

本研究通过采用 SmartPLS 3.0 软件建立结构方程模型，计算结构模型的相关参数（R^2，Q^2）与变量之间的路径系数，并通过执行 5000 次的 Bootstrapping 技术检验路径系数的显著性，相关结构模型检验结果如图 5-2 所示。交互记忆系统与跨职能项目团队绩效这两个外生潜变量的拟合系数 R^2 分别为 0.504 和 0.531，满足要求；效应值（f^2）表示中等水平，范围从 0.059 到 0.328；采用 Blindfolding 功能评估结构模型的预测能力，交互记忆系统与跨职能项目团队绩效的 Q^2 值分别为 0.216 与 0.224，表明结构模型具有较好的预测能力[127,161]。

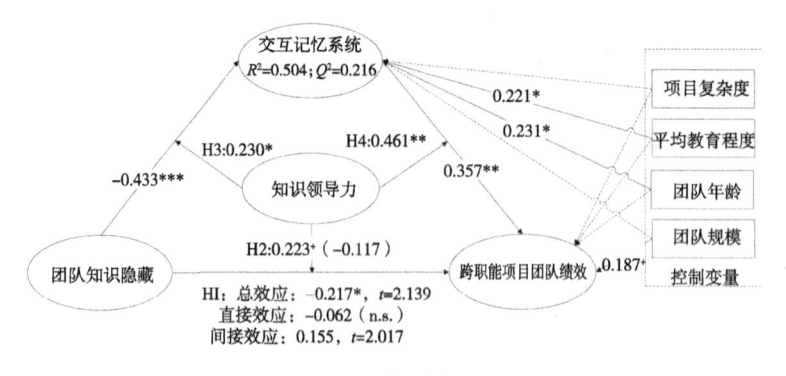

图 5-2 结构模型检验结果图

注：$^+p<0.1$，$^*p<0.05$，$^{**}p<0.01$，$^{***}p<0.001$。

第5章 知识协同机制与团队知识隐藏负面影响弱化机理研究

关于本章所提出的研究假设，应用 Bootstrapping 再抽样方法进行显著性检验和路径系数计算[161]。H1 表明了交互记忆系统在团队知识隐藏与团队绩效关系中发挥中介作用。采用 Bootstrapping 方法检验此中介效应，由结构模型测量结果可知，团队知识隐藏对跨职能项目团队绩效具有负面影响（β=−0.217，t=2.139，p<0.05），团队知识隐藏到跨职能项目团队绩效的直接效果（Direct Effect）（$\beta_{\text{Direct Effects}}$=0.062，$t$=0.469，$p$>0.05）及非直接效果（Indirect Effects）（$\beta_{\text{Indirect Effects}}$=0.155，$t$=2.017，$p$<0.05）的显著性结果表明，交互记忆系统完全中介团队知识隐藏与跨职能项目团队绩效之间关系，即 H1 得到验证。

H2~H4 说明了知识领导力在"团队知识隐藏—交互记忆系统—跨职能项目团队绩效"作用关系中的调节作用。为了检验这些调节效应[161]，本研究分别为交互记忆系统和跨职能项目团队绩效创建了调节效应，即团队知识隐藏与知识领导力的交互项，团队知识隐藏为预测变量，知识领导力作为调节变量（H2 与 H3）（团队知识隐藏 × 知识领导力→交互记忆系统，β=0.230，t=2.23，p<0.05；团队知识隐藏 × 知识领导力→跨职能项目团队绩效，β=0.223，t=1.874，p<0.1）；在此基础上，还为跨职能项目团队绩效创造了调节效应，即交互记忆系统与跨职能项目团队绩效的交互项，交互记忆系统作为预测变量，知识领导力作为调节变量（H4）（交互记忆系统 × 知识领导力→跨职能项目团队绩效，β=0.461，t=3.158，p<0.01）。由此，H2~H4 得证，图 5-3（a）~（c）展示了知识领导力在团队知识隐藏—交互记忆系统—团队绩效关系中调节效应。此外，这些调节效应的路径分析结果还发现知识领导力（调节变量）也与交互记忆系统呈正相关关系（知识领导力→交互记忆系统，β=0.482，t=3.378，p<0.001）。

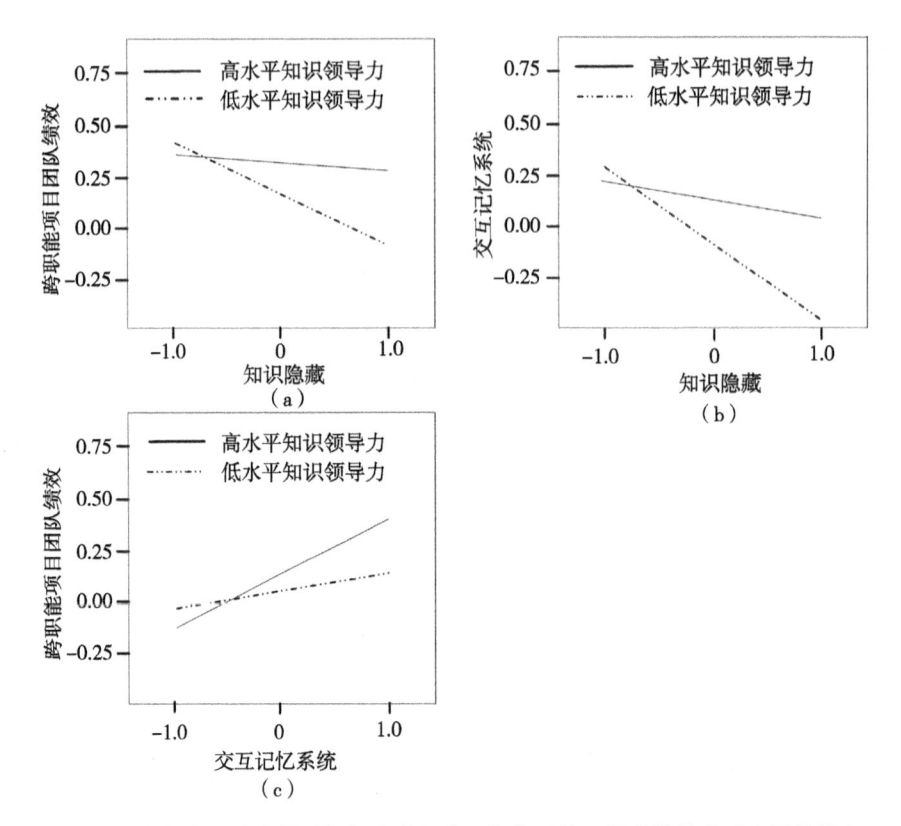

图 5-3　知识领导力在团队知识隐藏—交互记忆系统—团队绩效关系中调节效应

H5 涉及一个被中介的调节效应检验，本研究按照 Muller 等[206]所提出的被中介的调节效应检验步骤对此假设进行检验，对比分析添加交互记忆系统这一中介变量前后，知识领导力在团队知识隐藏与跨职能项目团队绩效关系中调节作用强度的变化。分析结果表明模型中添加交互记忆系统这一中介变量并建立相应的调节效应后，团队知识隐藏与知识领导力的交互项对跨职能项目团队绩效的显著正向作用变化不显著（团队知识隐藏 × 知识领导力→跨职能项目团队绩效，$\beta=0.223$，$t=1.874$，$p<0.1$，$\beta'=-0.117$，$t=0.653$，$p<0.1$），Bootstrapping 运行结果显示"团队知识隐藏——知识领导力—交互记忆系统—跨职能项目团队绩效"这一路径的非

第5章 知识协同机制与团队知识隐藏负面影响弱化机理研究

直接效果显著（$\beta_{\text{Indirect effects}}=-0.116$，$t=1.785$，$p<0.1$）。另外，如表 5-5 被中介的调节模型部分检验结果所示，当知识领导力水平较高时，团队知识隐藏通过交互记忆系统对跨职能项目团队绩效产生的负向间接效应不显著（$P_{YX}+P_{MX}\times P_{YM}=-0.071$，$p>0.05$），但是当知识领导力水平较低时，团队知识隐藏通过交互记忆系统对跨职能项目团队绩效产生的负向间接效应显著（$P_{YX}+P_{MX}\times P_{YM}=-0.318$，$p<0.01$）。综上研究结果，H5 得到验证。

表 5-5 被中介的调节模型部分检验结果

调节水平	团队知识隐藏 $X\to$ 交互记忆系统 $M\to$ 跨职能项目团队绩效 Y					
	阶段		效果		
	$X\to M$	$M\to Y$	直接效应	间接效应	总效应
	P_{MX}	P_{YM}	P_{YX}	$P_{MX}\times P_{YM}$	$P_{YX}+(P_{MX}\times P_{YM})$
低知识领导力	**−0.464***	0.259*	−0.198*	−0.120+	**−0.318**
高知识领导力	−0.112	0.416***	−0.024	−0.047	−0.071

注：$N=96$，$+p<0.1$，$*p<0.05$，$**p<0.01$，$***p<0.001$。

标明粗色的字体是在不同知识领导力水平下有显著区别的数值。

对于控制变量，检验结果显示，平均受教育程度和团队年龄对交互记忆系统有正面影响（$\beta=0.221$，$t=1.97$，$p<0.05$；$\beta=0.231$，$t=2.03$，$p<0.05$）；团队规模对跨职能项目团队绩效有正向影响（$\beta=0.187$，$t=1.85$，$p<0.1$）。具有较高平均教育水平的跨职能项目团队成员具有较强的学习能力，促进其专业化和专业素质发展能更好地与同事沟通；年限较长的团队，通常会有更多接触机会使会员了解其他团队成员所掌握的知识的范围和类型；团队规模更大的跨职能项目团队在完成团队任务时拥有更多的知识资源和存储空间。除了以上分析的路径，其他控制变量对交互记忆系统与跨职能项目团队绩效都没有显著影响。

5.3.4 研究结论与理论贡献

5.3.4.1 研究结论与讨论

本研究在以往探索缓解知识隐藏行为负面影响方式的基础上，进一步探讨了知识领导力和交互记忆系统共同作用下团队知识隐藏对跨职能项目团队绩效的负面影响弱化机理。

通过实证检验，研究结果表明交互记忆系统的发展受阻及功能失调解释了团队知识隐藏如何对跨职能项目团队绩效产生负面影响。在此基础上，本研究进一步发现知识领导力是重要权变因素，具备高水平知识领导力的团队，交互记忆系统发展及良好的功能得到保障，进而降低了团队知识隐藏对团队合作过程和团队绩效的不利影响。因此，跨职能项目团队应该注重交互记忆系统的发展，更重要的是项目管理者应该重视发展团队知识领导力。

本研究的具体研究发现讨论分析如下。

H1 被验证成立揭示了在跨职能项目情境下，个体知识隐藏行为汇聚而成的团队知识隐藏会对团队知识协同与利用过程不利，阻碍交互记忆系统的发展，进而对团队绩效产生负面影响。也就是说，社会化交互中个体表现出的知识隐藏行为在团队成员之间引发了一系列的"一报还一报"的反应，这种行为的发展起初破坏了团队成员之间的知识交互活动与知识交换意愿，团队成员之间在工作中缺乏默契，导致彼此的交互记忆并不能良好发展。更深层次来说，这种消极互惠氛围的形成也会使得团队成员的专长水平发展受限，进而导致知识协同与利用的效率下降。在这种情形下，团队决策质量、创新水平，以及在完成项目任务中遇到问题的解决效率都有所下降，由此，交互记忆系统改善团队绩效的功能下降。

本研究结果支持了周健明等学者[41]验证的观点，即团队知识隐藏通

第5章 知识协同机制与团队知识隐藏负面影响弱化机理研究

过降低团队知识存量（知识深度与相关度）对新产品研发团队绩效产生负面影响。本研究在此基础上进一步提出，在广义的跨职能团队情境下，团队知识隐藏不只是通过团队知识存量发生负面效应，还会通过阻碍团队的交互记忆系统这一知识协同与利用机制对团队绩效产生负向影响；这也进一步说明，除了静态的知识储备状况，团队知识隐藏主要是破坏了团队动态的知识活动才阻碍了团队绩效。其次，本研究发现还支持李浩和黄剑[39]的研究主张，即团队知识隐藏通过削弱可信与协调两个子维度阻碍了交互记忆系统的发展。在他们所讨论的观点的基础上，本研究进一步指出，团队交互记忆是解释团队知识隐藏对团队绩效产生负面作用的过程机制，团队知识隐藏的负面作用不只在于破坏了交互记忆系统的发展，更重要的是破坏了团队协同作业解决问题的效率与有效性，即交互记忆系统的动态协同功能。再次，本研究发现也进一步揭示了团队知识隐藏对交互记忆系统的负面作用不只在于削弱可信与协调两个子维度，而且还通过影响这两个子维度影响了专长维度的动态发展，进而破坏了团队交互记忆系统的功能。最后，本研究对先前文献提出"知识隐藏引发不信任循环或不公平感知会破坏个人创造力"的观点[24,32]进行深化，知识隐藏行为不只是破坏了彼此的关系质量，更长远来看，也是丢失了彼此专长与技能发展的机会与空间。因此，交互记忆系统这一过程机制的提出深入地揭示了团队知识隐藏负面效应的作用路径，或者说为什么团队知识隐藏会对绩效产生负面影响，打开了缓解团队知识隐藏的负面效应的"黑箱"，也为如何干预团队知识隐藏的负面效应奠定了基础，提供了潜在的解决思路。

H2假设得以验证，体现了团队正式领导者与非正式知识领导者在团队知识活动中的干预程度不同，团队知识隐藏对跨职能项目团队的负面影响程度也不同。在正式与非正式的知识领导者的配合作用下形成的团队知识领导力一方面通过榜样示范、与团队成员积极地沟通及部署合理的激励

跨职能项目团队知识隐藏行为管理：知识领导力智慧演进视角

措施促进成员参与知识活动，产生主动学习的认识动机；另一方面，这些领导者倡导团队形成协同和信任的团队氛围，这样的互惠关系情境有利于团队成员培养亲社会化的信息处理动机。这两种动机的产生会直接影响团队成员行为决策，促进团队成员在与他人的交互过程中及时改变不良的行为决策，例如带来消极互惠的知识隐藏行为，或者说受知识领导者影响逐渐意识到知识共享带来的价值及知识隐藏行为所带来的链式不良后果反应，尽管感受到他人隐藏知识的行为，但在下一次的交互活动中并没有报复先前隐藏知识的人仍然共享知识，引导他人要看重未来的共享利益。

H3~H5 三个假设得以验证进一步说明了只有团队知识领导力水平较高时，交互记忆系统才能更好地发展，进而弱化团队知识隐藏带来的不良后果，这也进一步解释了 H2 阐述的知识领导力如何引发团队成员产生认识和亲社会动机，促使团队成员积极地参与到信息交互活动中，尤其是在参与信息的编码、存储和检索等知识交互活动时。Ghobadi 和 D'Ambra[9]强调成员倾向于将他们的专业知识与其他成员的专业知识结合起来使用。Lewis[89]指出，如果他们相信其他人拥有不同而不是相似的专业知识，他们会认为在自己的专业领域能学到更多的信息。高强度的认识动机会胜过隐藏知识的动机，互相学习、相互信任进而提升各自的专长比隐藏知识更有价值。尤其在高水平知识领导力下建立的社会化认知网络和技术网络的发展会使得团队成员之间交互的频率增多，彼此相互了解更多，在工作当中便于产生默契和协同有效度。这些举措一方面促进了交互记忆系统的发展，一方面提升了团队交互记忆系统的功能。因此，交互记忆系统发展和功能所受到的影响揭示了知识领导力是如何缓解团队知识隐藏的负面影响，知识领导力与交互记忆系统的共同作用为弱化跨职能项目情境下团队知识隐藏的负面影响提供了一个新的解决方法和研究视角。

第5章 知识协同机制与团队知识隐藏负面影响弱化机理研究

5.3.4.2 理论贡献

首先，以往知识隐藏行为相关研究虽然探究了知识隐藏行为所产生的后果[24-25,39,41]，但是对于如何缓解与弱化团队知识隐藏带来的负面效应在该研究领域还处于空白状态。尽管有很多文献提出团队层面的干预机制，但研究目的较多是为了抑制个体知识隐藏行为的产生[10,13,17,26,35,104]；虽然也有文献提及领导力对知识隐藏行为的影响[63,101,213]，但是领导力如何弱化团队知识隐藏对团队合作过程与团队绩效的负面影响还鲜有研究。本研究在以上理论研究缺口的基础上提出了知识领导力是一个新的权变因素，深入地揭示了跨职能项目情境下知识领导力发起一个动态与过程特质，先通过关系情境创造弱化团队知识隐藏来促进交互记忆系统的发展，后又通过增加团队成员的认知与学习动机提升交互记忆系统的功能来减弱团队知识隐藏带来的负面效应。在推动知识隐藏行为理论发展的同时，本研究也拓展了交互记忆系统的前因，延伸了知识领导力的特质，促进了团队知识隐藏、交互记忆系统及知识领导力理论的整合与发展。

其次，以往知识领导力领域相关研究大都强调其在团队合作性知识活动中的作用，如知识管理（例如，知识创造、分享、应用）[69,74-75,77,84]或小组学习[72-73,168]。Viitala[72]表明知识领导力通过创造理想的环境来支持他们学习的单元。本研究结果为近期的研究带来了一种新颖发现，即知识领导力主张通过干预机制部署促进积极知识活动的同时，也在无形中弱化了团队消极知识活动，并且通过这种知识管理方式推动跨职能项目团队知识管理和学习计划的实施，从而实现共同的项目团队目标。

最后，本研究通过借鉴动机型信息处理理论揭示了知识领导力是激发团队成员的认知和亲社会动机[146]，进而实现弱化团队知识隐藏负面效应的权变作用，也丰富了这一理论的应用；通过指出知识领导力有助于激发团队成员认识和亲社会化动机来促使团队信息深度增加且信息处理方向更偏向于团队,推动了动机型信息处理理论的发展。

5.4 跨职能项目团队层面知识隐藏管理启示

(1)重视团队知识领导者的示范引领作用组织更应支持并强化知识领导力在双元化战略部署与实施方面,尤其是社会化认知网络和技术网络构建方面的关键作用,激发团队多样化知识资源活力,弱化团队知识隐藏的负面效果。

充分利用项目成员的知识多样性以促进项目团队绩效的不断改善已经获得了跨职能项目团队从业者的共同认知。但是,也应注意到在社会化交互过程中,知识多样性也容易诱发竞争和不协调的社会互动,项目经理与其他知识领导者的有效干预或发展低水平知识领导力并表现出知识隐藏行为,会加剧知识隐藏行为涌现与蔓延、引发团队层面低效的知识活动、阻碍项目绩效的实现。

对于团队规模大、团队异质性强的团队,项目经理或非正式领导者应发展高水平知识领导力,在实现有效的团队社会交互与合作过程(交互记忆系统)中发挥积极的示范引领作用。更重要的举措在于强化知识领导力在"知识管理战略+关系战略"双元化战略中的部署与实施,一方面是强化在社会化认知网络构建方面的关键作用,提供资源支持,强化团队成员间社会交互与交互记忆,激发团队成员学习和社会化认知动机,激发团队多样化知识资源活力;另一方面,随着当今业务全球化和数字化的发展,项目情境下不同发展阶段人员流动很频繁且流动速率差异大,团队成员知识共享与发展正向关系的意愿比较弱,知识领导者更应强化在技术网络构建方面的关键作用:要重视技术网络的使用,拓宽其外延,加厚其密度,特别是对于那些地理位置较远的项目团队,应该开发先进的信息技术,为项目成员提供学习、共享、沟通渠道,支持社交互动和知识集成与应用;

第5章 知识协同机制与团队知识隐藏负面影响弱化机理研究

对于地理位置相近的团队成员，也可借助数字技术宣扬与记录近期知识活动进展、各位成员的工作进展。通过技术网络构建，促进知识协同，弱化团队知识隐藏的负面效果。此外，以上灵巧举措的部署也要求项目经理或其他知识领导者要随着职业生涯的发展，收集知识领导经验，不断强化精准施策的能力，进而保障项目目标的实现。

（2）充分发挥知识领导力在团队专长发展、信任重塑及协同重建三个维度方面的强化支持作用，构建全员"重视知识协同"的共享认知，破解团队知识隐藏引发的知识协同障碍与团队绩效弱化效应。

对于知识多样性较大、团队知识隐藏现象较为严重的跨职能项目团队，团队知识领导者应注意做到：①要进一步宣扬团队成员之间相互学习和相互合作的重要性，加大力度营造精熟导向动机氛围，强化团队成员心理安全氛围，建立健康的竞争规则，增加必要的会议和培训，减弱社会交互网络中二元主体间不健康的竞争动机；②各职能部门员工作为不可分割的利益共同体，宣扬协同创作才能使知识更有价值和意义，增添知识合作渠道，督促各职能部门的成员合作。更重要的是，知识领导者应该充当教师与指导者，及时给予帮助和资源支持，调和认知和关系冲突，打破交互认知的边界，鼓励他们不断学习，促进不同职能部门成员专长的发展与提升，增强各职能部门间的信任和协作，进而激发全员构建"重视知识协同"的共享认知，破解团队知识隐藏引发的知识协同障碍与团队绩效弱化效应。

（3）项目团队成员要认识到知识隐藏的负面效果，树立长远发展眼光，积极参与知识活动与社会化交互，注重合作和共同发展。

第一，团队成员在临时项目团队中参与日常项目工作时，会为了保持竞争优势或追求安全感而向同事或团队隐藏知识，但应当意识到相互隐藏知识所带来短期利益和好处的同时，也会导致长期的专长发展机会丧失的不良后果；第二，尽管是临时性的工作情境，团队成员也应树立长远发展的眼光积极参与知识活动与社会化交互，注重合作和共同发展，在知识交互中不断积累知识基础。以团队知识协同促进自身专长发展，动态提升知识影响力，才能长远保持自身竞争优势。

5.5 本章小结

本章在第 3 章与第 4 章所研究的跨职能项目团队知识领导力对个体知识隐藏意愿和知识隐藏行为的作用机理的基础上，聚焦本书提出的子科学研究问题 3，进一步探究了知识领导力和交互记忆系统如何缓解团队知识隐藏对团队绩效的负面影响。研究结果表明，交互记忆系统是团队知识隐藏对团队绩效产生负面影响的重要过程机制，即团队知识隐藏通过对交互记忆系统的发展和功能运行产生负面作用，进而阻碍了项目团队绩效；更深层次来说，团队的知识领导力较高时，团队知识隐藏对交互记忆系统及团队绩效的负面作用都会减弱，与此同时，交互记忆系统对团队绩效的正向作用会加强。交互记忆系统的发展与良好功能也揭示了知识领导力如何缓解团队知识隐藏带来的负面影响。因此，为有效弱化跨职能项目团队内知识隐藏行为涌现所带来的负面后果，领导者和管理者应注意发展并提升自身的知识领导力水平，将管理重点放置于团队交互记忆系统的发展与运行方面。

第6章　亲社会化导向过程机制影响知识隐藏行为的案例研究

6.1　跨职能项目团队热点问题四：跨层知识隐藏行为的组合干预

第3章~第5章相关研究内容演绎并解析了知识领导力通过亲社会化导向过程机制对知识隐藏意愿、知识隐藏动机与行为及团队知识隐藏负面效果的影响机理，但知识隐藏各行为因素之间是交互联系、多维度的亲社会化导向过程机制交互作用的。依据计划行为理论中行为态度、行为意愿及实际行为之间的作用机理，先前章节讨论的跨职能项目管理实践中团队成员的知识隐藏意愿、知识隐藏动机及知识隐藏行为等行为因素之间相互联系并相互影响。

考虑到团队成员在知识活动中的知识行为镶嵌于拥有多样化背景团队成员之间复杂的、高任务导向社会化交互过程，知识隐藏行为因素之间交互作用影响着项目团队的知识管理过程与项目绩效的实现，知识领导力受知识隐藏行为演化驱动，不断智慧化演进发展多元亲社会化过程机制。然而，多维度的亲社会化导向过程机制在弱化知识隐藏行为及其负面后果方面究竟如何发挥效果还需要进一步澄清，而且仅仅探究单一行为因素下的作用机理对于指导项目管理实践来说依然不能够较为清晰且全面的洞察与理解知识领导力对知识隐藏行为的综合影响机理（知识隐藏行为亲社会化

跨职能项目团队知识隐藏行为管理：知识领导力智慧演进视角

导向干预过程机制的智慧演进及局限性说明如图 6-1 所示）。因此，为提升研究的稳健性和解释力，有必要从定性和纵向研究视角对先前探究的作用机理再验证、再解释，以及再归纳。

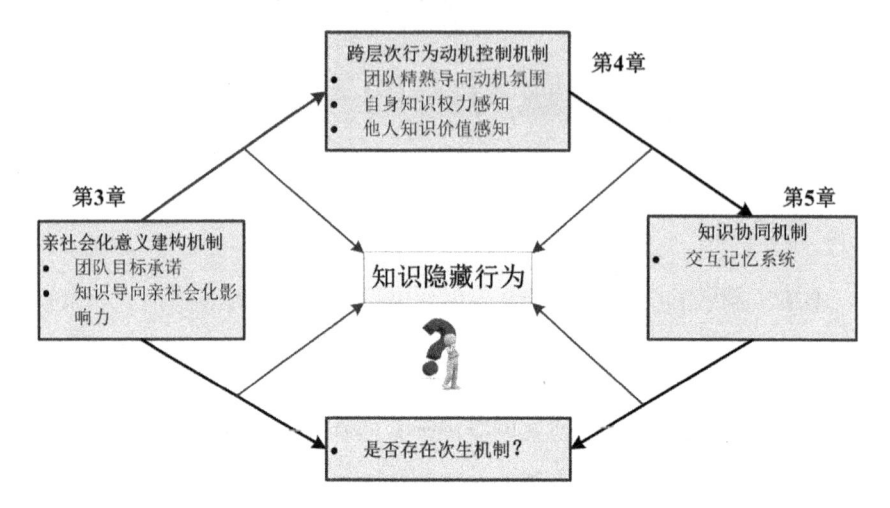

图 6-1 知识隐藏行为亲社会化导向干预过程机制的智慧演进及局限性说明

针对知识隐藏行为这一知识共享理论中新兴的构念，相关研究在采用定量的实证研究方法的同时，有学者采用定性研究方法与视角对知识隐藏的内涵、类别及影响因素展开讨论与研究。例如，Kumar 和 Varkkey[207]采用扎根理论方法，深度访谈印度制药公司 19 名研发人员，分析所得的定性数据确定了员工对同事隐瞒知识的四种隐藏策略及引发员工知识隐藏行为的前因，即不信任、竞争的工作环境、职业不安全感、缺乏认可、缺乏回报，以及对自己的知识缺乏信心，肯定了以访谈为导向的定性研究方法在知识隐藏行为研究领域应用的可行性。进一步来说，通过文献梳理，现有"领导力—知识隐藏"相关研究侧重于基于社会交换理论与社会学习理论，阐述伦理型与谦卑型领导力对知识隐藏的影响机制，但在跨职能项目团队被组织广泛依赖与重视的实践背景下，基于定性研究纵向探讨与解释"知识领导力作为知识活动中更为直接影响团队成员知识意愿与行为的

第6章 亲社会化导向过程机制影响知识隐藏行为的案例研究

领导者特质与行为，在知识隐藏的不同演化阶段，如何动态发展不同的亲社会化导向过程机制防止知识隐藏行为涌现及其带来的不良后果"还有待进一步探索或解释。

基于此，本章节在第3章~第5章探索性研究基础上，进一步回答子科学研究问题4下细化出的研究问题：①先前探索的跨职能项目情境中知识领导力对知识隐藏行为影响机理能否再验证；②跨职能项目团队知识领导力视角下智慧演进的亲社会化导向过程机制如何组合干预知识隐藏行为。为探究以上研究问题，相关亲社会化导向过程机制的选择来源：按照第2章阐述的知识领导力的内涵与亲社会化过程机制分析，并结合第3章~第5章节内容证实的知识领导力作用下多维度的亲社会化导向过程机制，即将知识领导力干预知识隐藏行为的亲社会化导向过程机制归纳总结为亲社会化意义建构机制（源于第3章）、团队精熟导向动机氛围建设机制（源于第4章）、个体知识隐藏行为动机调节机制（源于第4章）及知识协同机制（源于第5章）四维内容，以此为参照基础展开案例分析。在此基础上，本章节选择某智能科技公司作为调研案例，较为系统地解释并归纳该案例下所选跨职能项目团队中知识领导特质对知识隐藏行为演化过程产生的一系列影响，以更加全面地探索知识领导力作用下亲社会化导向过程机制对知识隐藏行为的影响，满足项目管理者和项目成员的认知需求，拓宽跨职能项目情境下消极知识行为管理策略的落实思路。

6.2 跨职能项目团队知识隐藏行为干预过程的定性案例研究

6.2.1 案例选择与调研安排

针对需要的研究问题和研究目的，即解释并揭示跨职能项目团队情境下知识领导力如何通过多元亲社会化导向过程机制影响团队成员知识隐藏行为的综合作用机理，按照第 1 章 1.3.3.2 小节所述的定性案例研究策略，本章节采取纵向的、解释性的单一情境下多案例研究方法。具体来说，选取某智能科技公司为调研案例进行调研，以公司的跨职能项目团队为分析单元，研究人员于 2017 年中下旬进入该公司，通过与公司人力资源部门沟通并介绍调研目的，收集到所有可选的软件研发项目案例 6 个。在此基础上进行初步的外围资料分析，考虑研发项目的保密性、项目中感知到团队成员知识隐藏行为的表现程度、项目规模、项目进展情况、任务类型多样性，筛选并确定了 4 个代表性可选项目作为分析案例，分别涉及自主研发型（项目 M 与项目 N）与服务外包型（项目 A 与项目 B）两种类型项目，尤其是服务外包项目，涉及利益相关者比较多，目标分散，人员管理难度大，团队成员知识隐藏行为比较凸显，为本研究提供了丰富的材料。根据项目类型，项目 A 与项目 M 对比分析，项目 B 与项目 N 作为预留的访谈材料来验证理论饱和度。

6.2.2 定性资料收集与分析

6.2.2.1 定性资料收集

为了保障研究的信度和效度，本研究采用多元数据收集方法。为了确保研究结果的丰富性，收集的三种证据来源分别以半结构化访谈为主，以一些文档材料和现场观察为辅。首先，根据项目上现有成员的可联系与可访谈性，共选取 16 名项目管理人员与编程人员，访谈的目的在于收集这个典型性案例的全面、系统和深层的资料，表 6-1 列出了所有公司软件研发项目被访人员背景。附录 D 中的访谈提纲改编自先前文献与研究探索，与研究情境相匹配。问题根据项目成员回答差异而适当调整，包括但不限于此附录中的访谈大纲。选取这些访谈人员的标准有以下五点。

（1）愿意参与此次调研活动；

第6章 亲社会化导向过程机制影响知识隐藏行为的案例研究

（2）项目负责人或者不同知识领域的代表；

（3）拥有过硬的软件技术方面的知识和丰富的实践经验；

（4）具有较强的责任感，能够强烈意识到知识隐藏的负面影响；

（5）满足一定阅历的团队成员：曾有过知识隐藏经历或在项目知识合作中，遇到过隐藏非保密性知识的同事。

综合汇总访谈工作，项目A与项目M中选取的访谈者共被执行25次半结构化访谈，每次访谈时间持续40~90分钟。由于知识隐藏行为属于一种消极行为，一般情况下访谈者会回避或者有保留地回答问题。为避免访谈者出现此状况，访谈过程中会用相机、录音笔或录音鼠标记录全程，每次访谈过程会另外安排1~2个辅助人员记录访谈者的表情和一些肢体语言（微笑、自在、脸红、难为情、尴尬等）。在访谈不断推进的过程中，研究人员不断将来自不同层次、不同利益主体受访者的访谈记录相互比对，与已有的相关理论相对比，重点标记新的发现和思考点。被编译过的访谈数据要送至被访谈人员处确认，以确保访谈数据的可靠性。在访谈过程中，如果被访谈者不能够很好地表达自己的经历，或者不愿意主动叙说，或用其他体态语言表现出对访谈的不耐烦时，或因特殊紧急工作中断时（1次），访谈者应该注意适时地结束访谈（3次），并采用"与您谈话我很高兴，谢谢您参加我们的访谈"话语有礼貌地结束谈话。访谈结束时，与每一位访谈者握手言谢，祝愿其工作顺利。

其次，在调研期间，本课题组成员作为实习员工或调研人员，会与项目上人员积极沟通并参与项目上部分阶段性会议，例如技术分享会、产品评审会或管理培训会。此外，在调研期间收集项目概况、团队会议记录、团队规章制度与日常例行及团队视频等资料。

表 6-1　C 公司软件研发项目被访人员背景信息

项目	访谈次数	总访谈时间	职位	职能范围	工作年限
项目 A	2	80	项目经理 A1	负责项目业务线所有目标管控	8
	3	120	技术经理 A2	项目前端、后端、移动端技术总负责人	8
	3	120	程序员 A3	负责后端接口开发	6
	2	110	程序员 A4	负责移动端开发	4
	2	110	工程师 A5	负责软件测试	7
	1	75	客户代表 A6	甲方代表，负责项目监管与对接	4
项目 B	1	90	项目经理 B1	负责项目业务线所有目标管控	7
	1	90	iOS 小组组长 B2	移动端开发负责人	8
	2	60	程序员 B3	负责前端开发工作	3
项目 M	2	150	项目经理 M1	负责项目业务线所有目标管控	4
	3	120	项目总监 M2	负责对标甲方，成本、合同、进度管控，并将执行请款上报公司	12
	2	80	技术经理 M3	项目前端、后端、移动端技术总负责人	9
	1	45	产品经理 M4	客户需求分析，产品架构分析，产品信息传递与反馈	6
	2	150	程序员 M5	负责后端开发	5
	2	120	程序员 M6	负责前端开发	4
项目 N	2	100	项目经理 N1	负责项目业务线所有目标管控	7
	1	90	程序员 N2	负责前端开发	3

6.2.2.2 定性资料分析

对于定性数据的分析，本研究采用 Miles 等展现的定性数据分析方法，该方法旨在于对收集的原始数据逐步分析归纳[208]，主要包括三个步骤，

第6章 亲社会化导向过程机制影响知识隐藏行为的案例研究

即数据提炼、数据显示及数据推导[209,210]。为更好地分析与呈现半结构化访谈的结果，收集的音频数据及文本材料借助擅长语音转换的讯飞软件和定性数据分析广泛应用的 NVivo 11 软件，进行数据管理和分析。NVivo 是一种支持定性及混合方法研究的软件，一种轻松组织和分析无序信息的软件，能够有条理地整理、调理出内在的逻辑与联系，生成实质理论，接近现象世界，从现象世界推理到实质理论，又能从实质理论反推回数据，并提供最优决策。

（1）数据提炼。将所有的访谈数据进行初步整理，即借助讯飞软件将数据转换成文字，将当场的笔录也整理成整齐的文本材料。每次访谈结束后，由两名研究人员对访谈主要内容和基本印象进行互相确认，对不一致的内容进行交流和再确认，直至达成一致，最终形成笔录。另外，对搜集的会议记录、团队规章制度及日常例行观察记录材料进行筛选，保留与文章主题更为相关的文字材料，放置于同一文件夹。

（2）数据显示阶段。在这一阶段对提炼的半结构化数据进行质性编码，具体来说，将这些材料导入 NVivo 11 软件，采用节点、备忘录等记录与编码重要的观点或者发现。为系统地编译数据，进行了两阶段的编码，即开放式编码（Open Coding）与主轴式编码（Axial Coding）。开放式编码也被称为一级编码，在此阶段，选择出具有对本研究有一定解释性的、有意义的初始编码。例如，领导者的信息管理行为、愿景激励、合作与信任文化、员工工作质量、认知网络、知识隐藏动机、知识隐藏意愿，以及知识隐藏行为等38个初步概念。这一阶段的所有概念都来自现有文献（详见第1章1.2小节及第2章相关文献）；开放式编码完成之后进入主轴式编码阶段，发现并建立这些概念之间的各种深层联系，以确定主范畴。

按照知识领导力和知识隐藏的概念和核心内涵，结合先前文献总结的知识领导力视角下的知识隐藏行为干预机制的类型，对开放式编码中析出的概念进行进一步的整合，形成知识领导力作用下亲社会化导向过程机制的主轴编码，包括四大类：亲社会化意义建构机制（团队目标承诺、知识导向亲社会化影响力相关的语录）、团队精熟导向动机氛围建设（学习、合作、发展等相关语录）、个体知识隐藏动机调节机制（知识价值感知、知识权力提升相关的语录）及知识协同机制（专长、信任、协同、共享认知、交互记忆等相关语录）；按照知识隐藏行为要素划分知识隐藏行为的主轴式编码被分为知识隐藏动机、知识隐藏意愿、知识隐藏行为涌现及知识隐藏负面后果显现四大类。此外，还获得任务监管与可视化及知识导向利益感知两个亚过程机制名称。总体来说，主轴式编码后共确定10个主范畴，18个子范畴。整个编码的过程采取了两组人员背对背同时编码的方法，这个过程也跟之前检索并阅读相关文献所形成的资料进行反复比对、讨论和思考，对于不一致的地方反复确认充分讨论，直至一致为止。

（3）数据推导阶段。借助罗伯特·殷[124]案例研究中逐项复制（Literal Replication）与差别复制（Theoretical Replication）对编码与归类的所有定性数据进行对比分析，对数据综合整理分析并得出最终的推论与结论。

6.2.3 理论饱和度检验

为确保研究范畴的良好信度和效度，进行理论饱和度检验，即抽取新样本所包含的信息是否能够提供新的概念或者范畴。对事先预留的项目B与项目N中的7份访谈记录按照以上所述的定性数据分析步骤进行饱和度检验，没有再发现新的范畴和关联关系，可以停止采样，结果显示理论模型是饱和和完整的。

6.3 亲社会化过程机制智慧演进影响知识隐藏行为的结果分析

对于所获得的所有定性材料分析结果来说，首先需要分析定性访谈中

第6章 亲社会化导向过程机制影响知识隐藏行为的案例研究

被访谈者对知识领导力和知识隐藏的初步认识，以便更好地使访谈者了解两者的概念和意义。因此，数据分析分为两部分：第一部分是从知识隐藏行为的内在与外在表现出发，分析被访谈者对知识隐藏行为内涵和负面后果的重要认识，从知识领导力的概念出发，分析被访谈者对知识领导力重要性及对知识隐藏行为直接干预的认识；第二部分就是分析知识领导力在知识隐藏行为干预中的重要性，然后解释与分析该领导力作用下四大亲社会化导向过程机制对知识隐藏行为要素的综合影响机理，定性材料分析结果如 6.3.1~6.3.5 小节内容所示。

6.3.1 知识领导力与知识隐藏行为

项目 A 与项目 M 是该公司典型且具有代表性的服务外包与自主研发项目，无论是何种项目类型，都需要项目管理部、经营部、技术职能部及产品设计部等职能部门良好的协作，这就需要各职能部门拥有不同专业技术知识的团队成员以 100% 的努力程度积极地贡献知识和技术力量，保障整个项目团队在一定的时间压力下完成相应的项目目标。因此，拥有知识隐藏意愿与动机或表现出知识隐藏行为的员工会"拖后腿"，是实现项目目标过程中潜在的消极力量。项目 A 的技术经理（A2）在访谈中是这样强调避免项目成员知识隐藏的必要性："我们这个车联网技术组包括三大板块，前端、后端和移动端，这三个板块的任务配合紧密，如果有员工偷懒，不积极主动地工作（保留努力或隐藏知识），就会影响我们整个技术组的进度，我带的兵没有发挥他正常工作水平，没完成交代的任务，要不没有按照相关要求交接任务信息，我都会找机会跟他们谈谈，避免他们在工作中不够努力，也就是表现出所谓的知识隐藏想法与行为（吧）。"

与这位技术负责人的访谈话语中可得知：对于软件研发项目来说，团队成员积极贡献知识对于项目目标的实现尤为重要，隐藏知识很有可能会影响整个部分的协作程度，因此，弱化知识隐藏行为对于软件研发项目来说具有较大必要性。

分析提炼好的文字材料也会发现，会议记录与员工手册多次提到希望各位成员能够付出 100% 甚至 200% 的努力为实现项目目标而努力工作；团队成员之间要相互学习与交流，实现共同成长与进步。说明这些软件研发项目团队重视员工的知识贡献，要避免在贡献知识时故意保留知识的行为。

另外，这些项目上的领导者特别重视知识领导力的作用，项目 M 中负责控制整个公司项目的项目总监 M2 这样描述他们对知识领导力的认识：

"几乎所有我接手的项目都是侧重 T-box 车载软件研发这块，要完成这些项目任务，需要我们的员工技能水平必须高，一个项目有没有一个好的项目管理者能够激发他（她）们的工作热情，让他（她）们把自身的知识和技能奉献于项目任务上是非常重要的。因为集成与创新知识对于我们的产品研发来说是重中之重……除了这些，项目经理定期召开技术分享会（呀），给员工提供培训学习的机会，为团队成员之间的学习和交流牵线（呀），奖励那些提出新颖方案的员工，积攒的成功经验等等。总之，通过鼓励大家分享、共享知识，重视我们团队信息与知识价值，以及付出的努力对于推动项目的成功都挺关键。"

从上述项目总监的访谈语录中可以看出来，为每一个项目配备良好的项目领导者和管理者，尤其是重视信息和知识管理的项目管理者，积极塑造知识领导力，对于软件研发项目来说也尤为必要。

6.3.2 亲社会化意义建构机制与知识隐藏行为

发展知识领导力和抑制知识隐藏行为对于软件项目来说都很重要。为此，项目 A 与项目 M 都采取了一系列措施。通常来说，在项目团队刚开始组建的动荡时期及后续项目开展出现工期滞后等问题的时候，项目领导者

第6章 亲社会化导向过程机制影响知识隐藏行为的案例研究

都会宣扬很多积极的信息源或口号，鼓舞下属的士气，通过"意义建构"的过程来重塑团队成员的认知结构和能力，影响着个体是否认同并融入一个集体的安全的社会化关系之中，进而影响下属的工作行为意愿和动机。对于知识隐藏行为来说属于知识活动中的消极行为，直接驱动团队知识领导者采取行动与措施，通过发挥知识领导力的作用来弱化团队成员的知识隐藏行为。项目 M 的项目经理（M1）在访谈语录中充分肯定了项目领导者或者职能部门领头人在认知引导与意义建构中发挥的作用："刚组建团队的时候大家都不是很熟悉，所以那时候我经常给大家召开小组会议，在会议上我会经常强调项目目标的重要性，哪些方面直接关系着项目能否提前交付，大家的绩效工资是否能提升，希望大家能尽快意识到共同目标的重要性，建立共识，进而努力贡献自己的专长与技能。通过会议上相互的沟通与接触，或参与团队内部组织的多次团建活动，员工也逐渐建立了友谊。在后期的工作中察觉到员工隐藏知识不利于项目目标实现的状况下，我也会在周会上及时强调项目目前的进展状况，并引导他们更好地努力奉献自己的知识和技能，保障项目的顺利开展。"

项目 A 中的项目经理（A1）也谈道："我们团队的技术负责人是员工学习的一个很好的榜样，经常组织技术分享会，鼓励大家互相学习并积极提出宝贵意见，积极共享自己多年的工作经验，帮助下属解说不懂的编程问题，鼓励取得进步的员工积极学习并与同事多沟通与交流，引导着身边人意识到相互交流带来的好处与利益……我认为在这种情况下，团队成员很少会产生所谓的隐藏知识的动机与想法，一般会主动贡献知识。"

这些项目经理的陈述言语及所给赋的意义也出现在会议记录等文字材料中，在现场观察参与某些技术分享会或者产品评审会时都可以听到领导者发表类似的讲话来表达团队领导者给赋团队协作的亲社会化意义。

项目 A 中的客户代表 A6 从反面叙述到："我们此次的合作中，虽然有时能感受到服务商一定程度的懈怠，但是经过与项目负责人的多次交谈，明确了我们共同的合作目标和潜在的互惠利益，提出了针对目前项目滞后问题的解决方案，能感觉到交涉还是起到了很好的作用。服务商中有丰富知识经验的领导者会引导团队成员感知（所谓的这个）贡献知识带来的积极利益，再次燃发了与我们乙方团队成员合作与工作的热情。"

项目 M 的程序员 A4 的访谈语录也认可项目领导者或者职能部门领头人在弱化团队成员知识隐藏行为方面所发挥的认知引导作用："作为程序员我们经常会加班，疲惫的工作状态下有时候不自主地就会故意处于一种（保留努力的）懈怠状态，（有时候）也不愿意再跟问我问题的（寻求知识的）同事共享事情（知识）来维持复杂的人际关系，装作不知道就好了，但是看到我们技术组长和项目经理为了项目目标，比我们还努力的时候，想想先前他们赋予的承诺（呀）、实现项目目标后给我们自身发展带来的殊荣和收益（呀），我也会在第二天及时调整状态，消除先前的不良想法（动机与行为倾向）……总觉得比领导还懒有些不太好。"

从以上访谈内容可以肯定，正式知识领导者（项目团队领导）与非正式知识领导者（部门负责人、技术负责人、咨询专家等博学多长的项目成员）在知识活动中的榜样、顾问、目标激励、认知引导等行为形成意义赋予机制，促进了团队的知识管理，弱化知识活动中引发"混沌与紊乱"的知识隐藏行为。相应的弱化效果得益于这些领导者的行为直接感化着团队成员抑制自身知识隐藏意愿，或者通过促使项目成员感知亲社会化行为带来的潜在关系和合作收益，使项目成员主动贡献知识。

6.3.3 团队精熟导向动机氛围建设机制与知识隐藏行为

所调研的软件研发项目团队广泛流行着诸如"100 米短跑式追逐""拳击手—人赢—人输"的俚语，团队成员经常会为保持竞争优势而隐藏知识。

第6章 亲社会化导向过程机制影响知识隐藏行为的案例研究

尽管程序员 M5 与 M6 在技术部门中分别负责前端和后端的程序编程工作，但是都坦言在工作中会为保持自身的竞争优势与保护领地而隐藏知识。一般来说，团队成员之间的合作和竞争对于知识活动来说是一把双刃剑，都具有一定程度的正向与负向影响，但软件项目成员间高度的协作，更需要知识领导者塑造以合作和信任为导向的关系情境，保证各职能部门多样化信息与知识能够有效集成与利用，但也会适时地利用竞争机制激发知识的最大价值。因此，知识领导力将致力于塑造"合作、信任、学习、发展、安全"导向动机环境，使团队成员能积极感知和谐的生态环境，以及在此环境下积极贡献知识所带来的知识收益、社会收益及特殊待遇收益等关系收益而弱化知识隐藏行为；与此同时，知识领导力也会在因团队内部项目成员过度合作导致惰性较强而隐藏知识的情况下，营造强调竞争和社会化比较的绩效氛围促使知识的有效利用，保障项目目标的实现。这种具有柔性和艺术性的动机氛围建设机制的重要性得到了多位项目经理与项目总监的肯定，正如项目总监 M2 讲道："项目经理也好，技术经理也罢，作为知识活动的领头人，他们一致地支持团队成员相互信任，强调不断地学习和合作来保障我们共同目标的实现，这无形当中塑造了一种趋向合作、趋向发展的生态，这使得我们人员的协作更好，也激发了组员贡献知识的热情，应该很少出现（所谓的）隐藏知识了。"

项目经理 A1 在访谈过程中也谈道："有一阵车联网产品研发过程处于一种平稳发展时期，团队成员们经过多年打交道，对彼此都比较熟悉，团队合作比较默契，但是产品创新发展频频受阻，感觉大家伙的学习热情不够，观点缺乏新意，但是我们的团队成员人力招聘过来时往往都是具有创新潜能的。当时为提升他们贡献观点的新颖水平，我跟副总商量后制定了团队内部的竞争制度。依据项目任务完成过程中知识贡献的程度与质量，决定每一位项目成员的绩效奖金，我们仍然以（你们讲到的这个)"学习、合作,以及发展"为导向,但也辅助于营造一种夹杂着竞争的团队氛围(吧)。在这种环境下,能感觉到的是项目成员因为惰性而不努力(隐藏知识)的想法弱化了,有好的创意就过来跟我洽谈一下。"

程序员 M5 讲道:"我们团队的技术负责人在计算机编程这块真的很博学,时常督促我们几个要多合作与交流,激励我们要不断提升自己的技术和业务能力,将来才能在这个工作圈子里面站稳脚跟。我时常叫他师父(技术经理 M3),在他的带领下,我们小组形成的就是一种强调合作和发展的环境氛围,大家都很努力(贡献自己的专业技能),我们几个在公司这几年的发展也不错,工资和职位都得到了一定的提升。"

由此看来,团队精熟导向的动机氛围建设机制会使团队成员感知到贡献知识的多方面的关系收益,在项目成员产生惰性囤积知识的时候,外在的刺激会重新激发其深度学习的想法,从而改善因惰性引发的知识隐藏行为。

6.3.4 个体知识隐藏动机调节机制与知识隐藏行为

对于跨职能软件研发项目团队来说,不同教育背景、工作年限或学习能力的项目成员在同一工作模块领域,也可能具有不同的知识和专业水平。高知识技能水平的项目成员因为占据竞争性资源而在团队内部具有优势,同时具有"讨价还价"的优势。知识隐藏产生的一个重要原因也是因为个体具有追逐知识权力和地位的心理需求,不愿意通过贡献知识降低自己在团队内部具有的正式或者隐形的权力或影响力。对于具有正式权力的项目管理者来说,他们不太可能注意到知识管理系统将如何影响知识权力冲突。从隐形的知识权力来看,知识领导力的发展以"学习和发展为导向"促使团队成员知识技能的迅速发展,提升自我效能,有利于发展良好的"领导者—成员交换关系",也有利于发展自身的影响力。例如,项目 A 中技术经理(A2)谈道:"我们这个团队经常召开技术分享会,那些缺乏实践经

第6章 亲社会化导向过程机制影响知识隐藏行为的案例研究

验合作或者资历尚浅的团队成员可以学习更多的技能,将来有掌控任务的能力,有句话叫'一千个读者就有一千个哈姆雷特',有经验的团队成员可以听听别人的见解,增强自身掌控任务的能力与拓展技能(知识)深度。掌控能力的提升其实就是一种隐形的影响力,可以通过努力奉献而不是偷懒(积极共享知识而不是隐藏知识),来彰显自己的这份权力。让我们的员工感知到的尊重,以及所获取到的关系收益,潜移默化中不再隐藏知识(弱化知识隐藏的意愿),反而共享知识吧。"

除了自身知识技能提升,感知外在其他团队成员的知识特征也会使项目成员调节知识隐藏行为动机,项目 M 中程序员(M5)与(M6)在访谈中都强调:"在师父(技术经理 M3)的带领与影响下,我觉得团队内部成员这几年的编程能力与解决问题的能力,也就是所谓的知识技能水平都有了很大的提升。当我们几个负责的前端和后端编程任务出现矛盾冲突时,我们虽然会据理力争,但是明显感觉到交流很顺畅、不费劲,更会明显感觉到先前觉得'菜鸟式'或'分析问题不到位'的团队小伙伴竟然跟得上我们的分析思路,甚至会提出一些很好的开发建议,感觉跟他们深化讨论冲突性问题可以有很大的收获,我自己不自觉地也愿意转变先前'感觉沟通困难就装傻(隐藏)或推脱(隐藏)'或'解决问题是团队的事,我偷点懒也无所谓'的状态,把认为关键的信息与知识分享一下,我感觉这样也有利于我的工作更好地开展。"

项目 A 中程序员(A4)也表示:"虽然我有时候不喜欢某一个同事,当然了,我也不愿意跟他分享知识,但是在参加每周例会或月例会时,听到他汇报的内容对我有用时,我也会改变一下我的态度,通过跟他共享我的知识来换取我想了解的信息,有助于我提出更有新颖性的研发方案。"

我们通过在现场观察与耳闻,也可以发现,彼此关系不是很密切,甚至是存在一定程度竞争关系的成员也会因为对方知识的高价值而坐到一起深入探讨研发问题。

由此看来,知识领导力作用下知识权力的提升,使团队成员感知到知识导向的收益不只是在于知识技能的提升,更多的是自己在领导和同事面前具有的关系收益和声誉收益;与此同时,他人知识技能的提升也会使项目成员感知到潜在的利益与价值。以上这些收益都会促使团队成员主动调节自身行为动机,弱化知识隐藏意愿或行为。

6.3.5　知识协同机制与知识隐藏行为

从知识协同机制的发展来看,软件研发效率的最大化本质是知识协同效率的最大化,知识的充分协同与利用需要团队成员频繁地交互。为了有效地提升知识活动效率,项目 A 与项目 M 大力推进团队内部社会化认知网络与技术网络的建设。社会化认知网络的建设在于轮岗和人员调动,组织各职能单位之间的论坛或会议,不断开展培训和发展工作,并通过书面文件或者技术分享会的形式频繁分享知识。由于软件研发活动中各部门任务之间的密切协同的需要,两个调研项目都特别注重技术网络建设,即 E-mail 网络、禅道软件下支撑的项目进度跟进网络、知识集成与存储平台、内部局域网或 OA 办公、社交网络(QQ、微信群)等,通过近期回访也了解到 Gitlab 一体化平台、Teambition 软件在一些项目上也得到尝试性采用。我们在现场观察与追踪时也看到了项目成员如何通过利用这些社会化认知和技术网络来高效完成团队工作。这些网络建设机制促进团队内部知识共享、协同、利用与创新等知识管理过程的同时,也隐含着对诸如团队成员知识隐藏行为之类的消极知识活动的抵制。主要表现如下。

(1)每一项目成员的任务完成以后,将成果借助禅道软件集成上传到一个大平台,工作质量一方面会被上级领导检查,另一方面在任务对接过程中同级项目团队成员会自发检查任务成果之间的匹配性。在这些成果检

第6章 亲社会化导向过程机制影响知识隐藏行为的案例研究

查过程中也可以发现团队成员是否低于其专业技术水平来隐藏知识。正如项目 M 的技术经理 M3 讲道:"在我们公司,我认为我们为实现成果之间更好的对接与协作,知识资源及时高效集成与利用,建立的先进的技术网络也体现了项目管理中一个自发监管和可视化的过程,比如说我们刚才聊到的禅道软件……行业内现在用各种软件同步办公,可视化工作进度……一般来说,员工装不知道或者说他们偷懒保留努力倾向(隐藏知识的意愿)都是很难识别的,但是项目上一般会多组织一些促进团队成员交互的活动,建设好技术网络在一定程度上能大大降低员工隐藏知识的行为"。

程序员(A4)论述道:"先前在本部工作采用的监管项目进展的任务成果集成化技术平台建设比较完善,想不努力(保留努力水平隐藏知识)都是很难的,有时候很累但也不得不继续努力工作,反复修补程序中的漏洞。但是这次到外地参与的服务外包项目,涉及的参与方比较多还有点杂,技术网络建设不是很完善,所以有时候很想偷懒一下,工作上可能会没有以前那么认真……"

(2)团队成员身处社会化认知网络中与领导或者同事接触过程中会遇到信息寻求者需要提供信息与知识,若是在交互的过程中隐藏知识,发达的社会化认知网络与技术网络会使知识隐藏者极容易被发现隐藏知识。这是由于信息寻求者不只是便捷地从一方获取知识,也可以从其他成员或者自己通过网络信息检索获取同样的知识与信息。在这种情况下,不良社交关系的发展会使知识隐藏者容易被同事排斥在群体之外。正如技术经理 M3 阐述的观点:"我们项目团队内部丰富的学习渠道本身就是一种监管……. 在共享知识过程中共隐藏知识会被认为此人比较自私,职场上项目成员工作闲暇之余容易八卦她们各自在工作中遇到的事情,同一个成员隐藏知识的事如果得到两人以上确认,一般在一定程度上会被孤立的……"

程序员 M6 也认可以上提到的观点:"领导有时候布置一些特殊任务

跨职能项目团队知识隐藏行为管理：知识领导力智慧演进视角

时也装作什么都不会，但是毕竟团建活动也不少有时候会被发现自己隐藏知识了……所以有时候即使不愿意接手任务，也会不得不去参与。"

为充分发挥网络建设下知识协同的功能机制，打破知识边界，协调任务冲突与关系冲突是关键前提。对于软件研发项目团队来说，各职能部门团队成员都具有专长知识，但由于知识领域不同，多样化的信息会产生"混沌"状态，项目团队成员之间会存在较大的知识边界或者认知冲突。知识边界的存在会使得有知识和技能的团队成员与寻求信息的团队成员之间存在沟通障碍而不知道如何以更好的方式传递与贡献知识给他人，或者为降低自己工作负担而选择装作什么都不知道而隐藏知识；认知冲突的存在极有可能会转化为情感冲突，团队成员之间会存在较大的知识共享敌意，进而隐藏知识并导致较低效率的知识协同与利用效率。在这些情况下，急需有渊博知识和丰富工作经验的知识领导者能够作为桥梁帮助团队成员跨越知识边界并在一定程度上缓解认知冲突，也需要正式领导者建立完善的信息与知识搜索网络，促进团队成员信息与知识的深度加工，明晰如何更好地跨越知识边界，化解认知的不一致性。在调研过程中，产品经理（M4）强调了知识领导力作用下控制与协调机制的重要性，讲道："我们部门主要负责与客户进行积极的沟通，根据客户的需求将产品信息进行分析后与技术部门进行对接，但是车联网技术部门那块都是专业化的编程知识，对我们来说沟通常常会出现问题，有时候小组会议缺乏有经验的项目经理或者经验丰富（知识渊博）的技术经理在场时会出现听不懂或者冲突不断的状况，我们自己也难以协同和控制这些状况，除非有这样的项目经理或者技术经理出面干涉，要不然我们虽然会搜寻信息证明自己观点的正确，但很有可能有一段时间双方都会不沟通（隐藏知识），也可能会耽误项目进度。"

客户代表 A6 也肯定了知识领导力作用下协调机制的关键作用："我们作为产业链的供应方与销售方，雇用服务方为我们设计软件，但是在阶

第6章 亲社会化导向过程机制影响知识隐藏行为的案例研究

段性项目交付过程中，我们经常会在产品的一些性能上存在理解有差池或者观点不一致的状况，但幸亏这次的项目经理和技术经理都是行业内有丰富经验和较高专业技能水平的专家，尽管我们的一些产品要求并没有100%得到满足，但避免了我们以前和其他服务商合作过程经常出现僵局的状况，或者故意不提供有用信息的状况或局面。"

此外，对于那些长期隐藏知识，不能按时高质量地完成工作任务且不能实现与其他同事积极协作的员工，积极推动知识管理的项目领导者也会采取沟通为主惩罚为辅的策略，及时有效地控制员工的知识隐藏行为并依据员工反馈的需求及协调，促使其弱化知识隐藏的动机与行为。正如程序员A3讲到的："因为借调，我曾经到一个偏远的项目上工作，对于那里的工作环境和同事都不是很熟悉，也不是很喜欢，所以有一段时间疏远同事，谁向我咨询问题我不是假装不知道就是跟咨询我的同事随便聊点，但并没有真诚地告诉他那个编程里面的精髓；对于我自己的工作我也不是很热情。项目经理和技术负责人察觉到我工作懈怠并表现出极其明显的知识隐藏行为，还耽误了跟我一同工作小组的业绩，跟我谈话好多次并承诺以后工作开展顺利，保证与其他成员之间的高度协作的话，等项目结束可以推荐我回本部工作，在和领导沟通后，尽管我也不是很愿意改变当前的状态，但也逐渐弱化了我先前的动机，积极地投入到工作中并向同事积极分享知识来保持高度的协作。"

总之，知识领导力支持下的网络建设机制极大程度地促进团队知识协同机制的发展，并由此极大地改善了项目团队任务监管与可视化水平，使项目团队成员以一种"被动贡献知识"的形式来弱化自身的知识隐藏意愿与行为。更深层次地说，为避免知识隐藏对知识协同的不利影响进而阻碍项目绩效的实现，使知识协同机制发挥良好功能，又离不开知识活动中知识领导力在打破知识边界、冲突协调及"自上而下"式沟通等方面所付出的努力。这些努力保障了项目团队内部的高度协作,弱化知识隐藏对项目目标实现及项目绩效改善带来的不利影响。

6.4 知识隐藏行为亲社会化导向干预理论框架构建与管理启示

跨职能项目情境下的知识隐藏行为涌现是由多方面因素作用的结果,抑制知识隐藏行为需要部署多元化过程干预机制。本章研究提出与知识隐藏行为直接且密切相关的知识领导力为降低知识隐藏行为对知识管理过程的影响,将实施多方位亲社会化导向过程机制来弱化此消极知识活动。

6.4.1 知识隐藏行为亲社会化导向干预理论框架构建

基于本章 6.3 小节案例研究结果分析,形成并建立了较为完善的知识领导力智慧演进形塑的亲社会化过程机制对知识隐藏行为的综合干预框架,如图 6-2 所示。

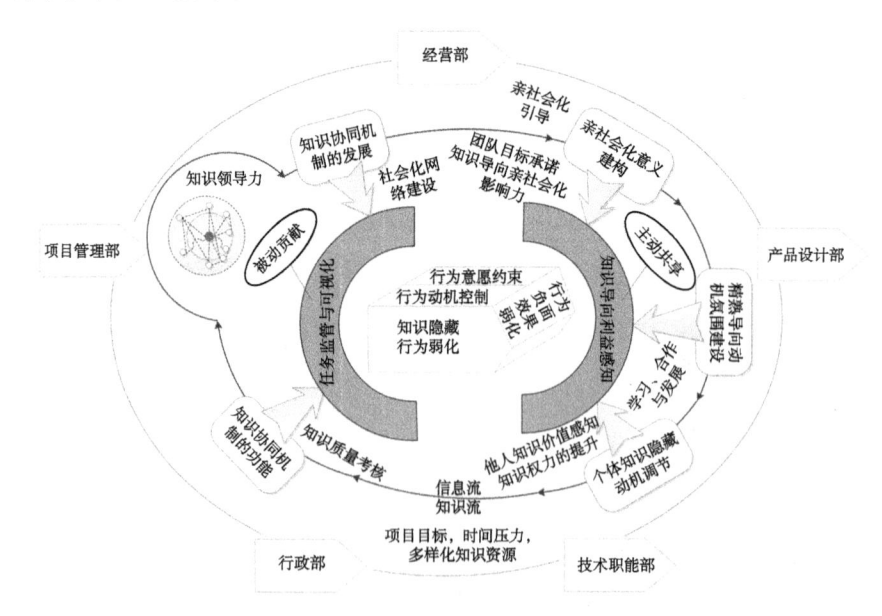

图 6-2 知识领导力智慧演进形塑亲社会化过程机制对知识隐藏行为综合干预框架

第6章 亲社会化导向过程机制影响知识隐藏行为的案例研究

以上理论框架构建是基于以下研究发现与结果：本章节通过选择知识密集型的跨职能软件研发导向企业为案例，进行纵向的调查和定性分析研究，证实与肯定了知识领导力作用下知识隐藏行为四大亲社会化导向过程机制（亲社会化意义建构机制、团队精熟导向动机氛围建设机制、个体知识隐藏行为动机调节机制及知识协同机制）在弱化跨职能项目团队成员知识隐藏行为方面的重要作用；研究结果还进一步发现不同的亲社会化导向过程机制的作用效果通过两个不同的间接作用过程来实现，即知识导向利益感知引发的主动共享知识行为、任务监管与可视化引发的被动知识贡献行为。

6.4.2 知识隐藏行为亲社会化导向干预的管理启示

在图 6-2 中，由项目管理部、经营部、技术职能部及产品设计部组成的跨职能软件研发团队拥有多样化的知识资源，致力于在一定的时间压力下完成相应的项目目标。多样化信息与知识资源的流动与利用过程中，尽管团队成员会共享知识，但也会为了保持竞争优势或者防御自身领地而保留自身贡献知识的努力程度。

首先，为有效地提升团队知识的利用效率，改善项目团队绩效，由团队正式知识领导者与非正式知识领导者致力于发展知识领导力，如图 6-2 中圆形虚线所示团队中辐射结构。知识领导力的发展首先体现了团队亲社会化意义的建构，作为团队的领导者、教练与顾问或者团队成员学习的榜样，会提供一系列可信描述或解释性的陈述和活动，并为团队构建合理的环境促使具有不同专长知识背景的团队成员改善认知能力与结构，建立共同努力的目标，激励其融合到相互学习的社交网络中，与其他成员相互协作，通过贡献知识实现共同的项目目标。在此机制作用下，团队成员会主动约束自身隐藏知识的动机与意愿，更多的是建立贡献知识的倾向，如图

6–2 右侧椭圆形状区域与灰色形状区域。

其次，为有效弱化知识隐藏行为，右侧灰色形状区域所显示的知识导向利益感知下主动式知识共享行为还可以由知识领导力塑造的精熟导向动机氛围建设机制与个体知识隐藏动机调节机制联合引发。在不同类型的软件研发项目中精熟导向氛围都会使团队成员具有心理安全感，提升知识技能水平与掌控能力带来的知识权力，也能够感知到他人知识价值提升所带来的有利之处。与先前文献所强调的诱发知识隐藏行为的诱因（个体领地防御等心理动机、不安全环境感知及领导与成员之间的交换关系）相对比，这种知识导向的利益感知会由项目团队管理者激发，会引发项目成员对知识隐藏的收益与得失的衡量，依据当前最迫切的心理需求决定行为选择，进而影响着知识隐藏动机、意愿与行为，深化了对知识隐藏诱因机制的理解，也丰富并完善了知识领导力、团队动机氛围、知识价值感知，以及知识权力对知识隐藏行为的作用机理。

再次，左侧灰色形状区域显示了知识领导力作用下知识协同机制对知识隐藏行为及其行为后果的过程作用机制。知识协同机制的发展与完善得益于知识领导力对网络建设机制的支持，使得具有不同专长的项目成员借助网络机制建立知识可靠度并有效协同与利用彼此的专长知识，从而促进项目目标的实现。知识协同机制发挥良好的功能得益于知识领导力会在知识边界跨越、冲突协调及沟通方面对网络建设进行干预。在知识协同机制发展及发挥功能的过程中，知识隐藏行为被抑制，知识隐藏对知识协同和项目绩效带来的不利后果被弱化都受到网络建设引发的任务监管和可视化过程的影响，该过程会使具有知识隐藏意愿与行为的团队成员被迫表现出被动的知识贡献行为，由此对于深入理解如何弱化团队层面知识隐藏对团队过程与结果的负面影响提供了更为翔实的解释与证据。

此外，不同的团队类型将会有不同的策略选择重点。所选案例分别涉

第6章 亲社会化导向过程机制影响知识隐藏行为的案例研究

及自主研发型与服务外包型两种类型项目，访谈分析结果显示服务外包项目由于涉及利益相关者比较多，目标分散，人员管理难度大，团队成员知识隐藏行为比较凸出，尤其需要亲社会化意义建构机制与知识协同机制的支持与有效部署，以及其他亲社会化导向过程机制的及时辅助；自主研发类项目规避团队成员的知识隐藏行为得益于项目团队发展前期团队精熟导向氛围的有效建设，个体知识隐藏动机的及时调节，以及知识协同机制的辅助。

综上，采用案例研究方法演绎了跨职能项目团队情境下知识领导力如何提供亲社会化导向的过程控制与监管对消极知识行为进行有效地干预，为知识领导力视角下知识隐藏行为管理可操作化提供了定性方面的解释性证据。知识领导力通过关系利益感知与任务可视化与监管下塑造的"被动贡献与主动共享"的间接作用来抑制知识隐藏行为并弱化该行为带来的负面后果。这肯定了知识领导力在促进个体层面消极的知识活动中所发挥的重要作用，完善了知识领导力在知识行为管理中的幅度与内涵，也更好地实现了知识共享理论与知识领导力理论的整合。

针对复杂的、动态的、不同类型的跨职能项目情境，项目管理者应依据知识隐藏行为的演化状况及团队项目管理的需要，逐层涓滴，由主动知识共享向被动知识共享进化，从而实现知识隐藏行为干预机制的部署。因此，知识领导力智慧演进视角下知识隐藏行为亲社会化导向干预机制框架的构建不仅体现了受知识隐藏行为驱动知识领导力展现出"亲社会化意义建构过程机制→团队精熟导向动机氛围建设机制→个体知识隐藏动机调节机制→知识协同过程机制→二元次生过程机制"一系列亲社会化导向的智慧化演进过程，也提供了跨职能项目导向组织微观个体层面知识行为管理的微观基础[211]，推动着团队或所在组织宏观层面知识导向目标的实现。

6.5 本章小结

在第 3 章～第 5 章探讨的知识领导力对知识隐藏意愿、知识隐藏行为及知识隐藏负面效果的作用机理的基础上，本章节基于这 3 个章节提供的实证证据，选取定性的案例研究策略，较为系统地验证并解释知识领导力作用下亲社会化导向过程机制对知识隐藏行为的影响机理。以某一智能科技有限公司下四个典型的跨职能项目作为纵向的调查案例，通过半结构化访谈和定性文本材料等定型数据的分析，充分肯定了知识领导力在知识隐藏行为管理中的重要角色，确认了知识领导力视角下四维亲社会化导向过程机制，即亲社会化意义建构机制、团队精熟导向动机氛围建设机制、个体知识隐藏行为动机调节机制及知识协同机制，这些机制的部署能够有效弱化团队成员知识隐藏行为及其负面后果的关键在于两种次生过程机制，即任务监管与任务可视化下的被动知识贡献、知识导向利益感知下的主动知识贡献，为跨职能项目团队知识活动中消极行为的管理及知识管理水平的提升提供了较为全面的理论借鉴。

第 7 章 结论与展望

7.1 研究结论

随着经济全球化的加速发展和商业竞争的日益激烈化，组织越来越依赖跨职能项目团队来获取柔性与竞争优势，该团队的发展与管理在中国情境下工程设计、新产品研发、软件研发、电子通信等业务导向的知识密集型企业中备受重视。该团队通过正式与非正式的知识领导者对知识管理活动的有效干预，促进项目团队成员积极共享知识，已成为组织知识共享与利用活动的重要执行单元，以不断改善项目绩效来提升组织绩效。然而，在跨职能项目的临时性、一次性及严格的工期等特点下，有效知识领导力的形成与发展并不容易。与此同时，跨职能情境下知识边界障碍及团队成员间知识的交互与竞争，诱发团队成员的知识隐藏行为。在现代 VUCA 环境日益凸显、企业间竞争日益激烈及组织内部竞合关系引发的复杂社会交互下，项目管理者如何不断智慧演进发展高水平知识领导力，并发挥其亲社会化过程引导作用来动态干预项目成员知识隐藏行为并弱化其负面影响是本书关注的焦点问题。

基于此，本研究以跨职能项目情境下知识隐藏行为演化过程为切入点，以知识领导力的智慧演进为研究视角，从"行为意愿—行为涌现—行为发生作用"的演化过程为切入点，依托计划行为理论、意义建构理论、社会交换理论、调节聚焦理论及动机型信息处理理论，分别探究团队知识领导

跨职能项目团队知识隐藏行为管理：知识领导力智慧演进视角

力对知识隐藏意愿、知识隐藏行为及知识隐藏行为负面后果的作用机理，并在此基础上提出知识领导力智慧演进及其形塑机制对知识隐藏行为亲社会化导向干预框架。本书相关研究得出主要结论如下。

研究结论1：以跨职能项目团队为研究背景，从知识领导力视角识别出两种亲社会化意义建构机制，即团队目标承诺与知识导向亲社会化影响力，而且知识领导力通过这两种机制的交互作用能够有效转变团队成员的知识隐藏意愿，促使成员建立知识贡献意愿。

依据"领导—下属"范式下的意义建构理论，建立亲社会化意义建构机制中介作用下知识领导力对团队成员的知识隐藏意愿的影响机理模型。通过对该模型中所涉及的研究假设关系进行检验，验证了知识领导力通过亲社会化意义建构过程才能有效约束与转变团队成员的知识隐藏意愿。

具体来说，为预防知识隐藏行为涌现引发团队内部知识活动的紊乱状态，项目团队管理者作为核心人物一般会对团队知识活动进行积极干预，策略部署的首要前提是对团队知识活动的意义进行建构，使团队内部成员在知识活动中表现出亲社会化知识行为意愿，弱化知识隐藏行为。项目成员解析团队知识管理的亲社会化意义时，一般依据感知团队知识领导力水平及相应的团队知识活动实践状况，将知识管理意义建构为增强知识管理承诺与提升知识导向的亲社会化影响力两方面。由此看来，团队正式知识领导者与非正式知识领导者在知识管理中联合干预形成知识领导力，所提供的团队知识活动方面的陈述与情境支持均在较大程度上影响着项目成员的亲社会化意义解析；项目成员认知结构重塑会促使团队成员约束自身的知识隐藏意愿，但是对于弱化知识隐藏意愿具有直接影响的亲社会化意义建构机制是知识导向的亲社会化影响力，团队目标承诺作为另外一种亲社会化意义建构机制会强化知识导向亲社会化影响力对知识隐藏意愿的抑制作用。因此，项目管理者在团队知识管理方面，尤其是项目团队建设初期

第7章 结论与展望

及时建立共享心智，应以塑造知识导向亲社会化影响力为主、强化团队成员目标承诺为辅来促使项目成员建立亲社会化的认知结构，通过突出知识导向社会化价值创造，弱化团队成员的知识隐藏意愿。以上这些研究发现为有效抑制跨职能项目团队成员的知识隐藏行为奠定理论基础，也为项目管理者如何弱化项目成员的知识隐藏意愿提供了新的研究视角和解决思路。

研究结论2：知识领导力通过塑造团队层面精熟导向动机氛围和引导个体层面知识隐藏动机调节（自身知识权力提升为主，感知他人知识的价值为辅），促进团队成员控制自身的知识隐藏动机，抑制团队成员知识隐藏行为的涌现。

通过将"团队层面精熟导向动机氛围和个体层面知识隐藏动机调节机制"联合作为知识隐藏动机干预过程，建立知识领导力对知识隐藏行为跨层次作用机理模型，展现知识领导力为弱化团队消极知识活动，在个体与团队两个层面践行知识管理亲社会化意义的控制过程机制部署状况。通过运行与检验这一抑制知识隐藏行为跨层次动机控制机理模型，研究结果肯定了以团队为中心的知识领导力在部署有效的知识隐藏行为动机机制方面的积极作用，即有效抑制知识隐藏行为得益于发展团队层面精熟导向的动机氛围，并且以此促进个体层面团队成员对自身知识权力和他人知识价值的积极感知。

具体来说，跨职能项目团队知识领导力会营造一种精熟导向的团队动机氛围，并通过营造此氛围使项目成员积极感知他人知识的价值及自身知识权力的提升；进一步来说，感知他人知识的价值与自身知识权力提升体现了知识领导力的发展隐含着团队成员被赋予知识权力的一种隐形激励机制，也属于一种满足项目成员个体施为追求成就感的保健因素。这种双向感知会引发项目成员知识隐藏动机的调节，但在抑制知识隐藏行为方面起到不同的作用，即感知自身知识权力提升会发挥更为直接的抑制效果，且该效果会在感知他人知识价值较高时被强化。从另一方面来说，这两种感知形成的知识隐藏行为动机双向调节机制体现了知识交换过程中一种隐形的知识权力距离，这种知识权力距离是一种基于或超越任务依赖性的牵制机制，会使团队成员依据自身与他人知识水平与价值的动态变化而促进知识的融合与发展，由知识发展带来的价值共同弱化项目成员的知识隐藏行为。

以上研究发现表明，项目领导者一方面应重视团队层面精熟导向动机氛围的塑造，另一方面应在个体层面部署"感知自身知识权力提升为主，感知团队中他人知识价值提升为辅"的行为动机调节措施，这些隐含的公平的知识交换资本与知识导向的赋权机制会在较大程度上抑制团队成员的知识隐藏行为。这也进一步补充与完善了研究结论1，即说明了知识领导力塑造亲社会化的意义建构机制来弱化项目成员的知识隐藏意愿并不是一种口头承诺或者个性的展现，而是会通过这一系列的跨层次动机控制机制的有效部署及层层涓滴来抑制项目团队成员知识隐藏行为的产生。

研究结论3：对于团队内部成员涌现的知识隐藏行为来说，知识领导力通过促进团队交互记忆系统的发展并保障其功能的正常运行，弱化团队层面知识隐藏对跨职能项目团队绩效的负面影响。

通过引入交互记忆系统打开团队知识隐藏到跨职能项目团队绩效这一作用过程的黑箱，揭示了交互记忆系统的发展受阻及功能失调是团队知识隐藏对跨职能项目团队绩效产生负面影响的关键过程机制。通过提出知识领导力在干预交互记忆系统发展及其功能实施方面的调节作用，体现了知识领导力是跨职能项目团队情境下重要的权变因素，团队需要发展高水平知识领导力促进团队交互记忆系统发展并保障该系统良好地运行功能，才能有效降低团队知识隐藏对团队知识协同过程和团队绩效的不利影响。因

第7章 结论与展望

此，跨职能项目团队管理者一方面应该意识到发展良好功能的交互记忆系统的重要性，另一方面要理解并足够重视团队知识领导力在消极知识活动干预中的权变作用，使这一知识管理与关系管理双元策略机制的部署力量能够有效地促进团队知识协同与利用，从而缓解并弱化团队知识隐藏的负面效应。

以上研究发现在研究结论1与研究结论2的基础上，进一步阐述了跨职能项目团队知识领导力在弱化知识隐藏行为后果方面的作用机理，为项目管理者如何弱化团队知识隐藏给团队知识协同与利用及团队绩效实现带来的不利影响提供了一定理论借鉴与实践管理启示，弥补了先前研究忽视如何综合缓解知识隐藏行为涌现对团队层面知识活动过程与结果负面效果的不足，拓宽了知识隐藏相关后果研究的边界。结合研究结论1与研究结论2，更深层次来讲，知识领导力在知识隐藏行为管理方面具有智慧演进的动态和过程属性。为实现有效知识管理的目的，兑现知识管理改善项目绩效的亲社会化意义，相应亲社会化导向干预机制的部署不只是体现在知识隐藏意愿建构与跨层次知识隐藏动机控制这些方面，还会注重对发展良好的交互记忆系统这一知识协同过程进行有效干预来弱化个体知识隐藏行为聚合所反映的团队知识隐藏问题对于实现项目绩效所带来的负面影响。这也指引着项目管理者在发展与践行知识领导力过程中，应依据知识隐藏行为演化现状采取有针对性的知识行为管理策略，或者设置并部署综合性的预防策略来弱化消极知识活动带来的不利影响，提升项目团队的知识管理水平，有效地改善项目团队绩效，实现项目的成功交付。

研究结论4：跨职能项目团队情境下，知识领导力对知识隐藏行为的影响是不断智慧演进形塑的多元干预机制共同作用的结果，受知识隐藏行为驱动，知识领导力展现出"亲社会化意义建构过程机制→团队精熟导向动机氛围建设机制→个体知识隐藏动机调节机制→知识协同过程机制→二

跨职能项目团队知识隐藏行为管理：知识领导力智慧演进视角

元次生过程机制"一系列亲社会化导向的智慧化演进过程，行为干预与管理的有效性得益于二元次生机制（知识导向利益感知与任务监管可视化）塑造的"被动贡献与主动共享"的间接作用。

基于知识领导力的内涵与作用机制，结合前三块研究内容所获得的实证证据，采取软件研发行业的跨职能项目案例进行调研与定性分析，研究结果进一步肯定了相关横向和量化研究中所识别的知识领导力作用下四维亲社会化导向过程机制的有效作用；阐述了亲社会化意义建构机制、团队精熟导向动机氛围建设机制及个体知识隐藏行为调节机制会促使项目团队成员感知知识导向的各种利益，进而有效地促使其主动弱化知识隐藏动机与行为；知识协同机制的发展和功能保障则会通过任务监管与可视化过程，促使团队成员以被动方式抑制知识隐藏行为。为有效管理知识隐藏行为，项目管理者应深刻理解知识蕴含的社会属性具有两面性，在部署与实施亲社会化意义建构机制、团队精熟导向动机氛围建设机制及个体知识隐藏行为调节机制等方面策略时，注重引导团队成员关注知识所带来的良性合作收益，规避知识引发的亲自我导向后果；也应当在网络建设机制中重视任务监管与可视化过程，促进知识协同机制的发展，弱化知识隐藏带来的负面后果，进而提升知识利用效率，保障项目目标实现。

以上研究发现是对研究结论1~研究结论3的再验证、再解释及再深化，这些直接的或者隐性的过程机制展示了从知识领导力视角下看，知识隐藏行为综合干预与控制过程，解释与归纳了知识领导力作用下亲社会化导向过程机制的内涵、智慧演进及影响过程，有助于项目管理者拓宽知识领导力视角下知识隐藏行为多元干预机制及其作用过程方面的认知幅度。项目管理者为实现有效抑制知识隐藏行为的诱发及弱化其负面效果的管理目的，也应深度理解发展知识领导力及部署知识隐藏行为亲社会化导向干预机制的作用过程的核心与关键点所在，以便使实施的多元化知识隐藏行

第 7 章 结论与展望

为干预机制发挥更好的效果。这为复杂和动态的跨职能项目情境下依据项目管理现状需要，逐层涓滴地实现知识隐藏行为亲社会化导向过程干预机制的有效部署提供了进一步的理论借鉴，也为未来探究知识隐藏行为的有效治理措施提供了深度的理论见解与基础。

7.2 研究局限性与不足

尽管本书针对跨职能项目团队中普遍存在的知识隐藏行为，探究与解释该情境下知识领导力在弱化的知识隐藏行为及其负面后果方面的智慧演进过程及多元作用机理，提供了较为丰富的理论依据与管理启示，但本研究仍然存在一定的局限性和不足，主要有以下几方面。

（1）本书第3章研究中感知他人知识的价值与感知自身知识权力的提升这两个构念基于以往文献的定义与焦点小组讨论获取，也有可能对两个构念的内涵与外延考虑不周，未来的研究可以考虑从新的理论或者视角进一步拓展与完善知识隐藏动机调节机制的内涵；另外，两个构念的测量操作化与量表开发与验证是以跨职能项目团队背景下的预调研与正式调研为基础的，尽管信效度指标符合要求，但是所选样本量不是足够大。未来的研究可以扩大调研领域与样本量，对两个构念测量题项的信效度做进一步的验证，提升这两个构念测量题项的科学性和普适性。

（2）本研究分析是基于短时间间隔的分阶段调研获得数据得出研究结论，并且某些变量之间的关系检验是基于横截面的数据，因此在数据获取过程中变量之间可能存在反向因果关系，未来研究可采用实验研究对变量之间的因果关系进行严格检验，丰富与完善本研究所得出的研究结论；其次，在项目生命周期的不同阶段，知识领导力与知识隐藏行为的发展均具有动态性，但本研究所探究的影响机理侧重于项目生命周期某个阶段而没有考虑在项目不同阶段的影响。因此，未来研究可进一步采用纵向研究对知识领导力与知识隐藏行为的动态影响机制进行探究，延伸本研究所得结论。

（3）跨职能项目团队样本的选择通过非概率便利样本为抽样方法实现，而且选择样本框限制在中国情境下的工程设计、新产品研发、软件研发、电子通信等行业之下，限制了研究结果的外部效度；虽然本研究基于中国跨职能项目团队为调研对象提供了重要的见解，但研究的结果可能在其他文化背景（例如个人主义）会呈现差异，因为民族文化也可能是影响团队知识资源利用的一个关键的团队环境因素。因此，鼓励未来的研究将我们的研究扩展到其他文化或跨文化背景下，或者进一步采集其他行业或者国家的样本对研究结论进行验证与修正，拓展研究结论的普适性。

（4）在不同的任务、团队甚至组织情境因素下，知识隐藏行为因采用的伦理标准不同或者团队内部领导者的授权风格不同，行为好坏评价结果与行为类别也不同，知识领导力对知识隐藏的影响可能会发生变化。未来研究可进一步考察团队或组织层面其他情境因素（例如，团队类型、专业知识类型、任务不确定性、领导者的授权风格、绩效激励或者组织伦理氛围）如何与知识领导力共同作用影响团队成员的知识隐藏行为，以此完善或修正本书的研究结果，探究与挖掘更深层次的知识隐藏行为管理机制，进一步推动知识领导力理论与知识共享理论的整合与拓展。

7.3 研究展望

在知识经济与数字经济交融背景下，提升跨职能项目团队的知识共享与利用效率将是该团队知识管理领域持续性探讨的重要议题之一，深化理解知识领导力的智慧演进与知识隐藏行为管理措施对于实业界有效地抑制知识隐藏行为并弱化其负面后果仍然具有重要的意义。鉴于此，除了由研究局限性与不足所倡导的未来研究改进方向，本书也依据研究发现与结论，

第 7 章 结论与展望

为"跨职能项目团队情境下知识领导力智慧化演进与知识隐藏行为管理"相关研究话题下的未来研究开辟了新的研究方向，提出了以下四个方面关键但未解答的问题。

（1）知识领导力作用下团队成员亲社会化意义建构解析过程中所建立的团队目标承诺对知识隐藏行为的深层作用机理探究。一般来说，团队成员对项目目标的承诺对于跨职能项目团队的项目目标的实现及成功交付具有重要的积极影响。本书第3章内容研究结果指出团队目标承诺不能直接抑制团队成员知识隐藏意愿，但相关文献研究及第6章定性分析证实团队目标承诺会对员工的意愿与行为产生直接影响。针对此争议性研究结论，未来研究可进一步考虑团队目标承诺的类型（情感性、规范性和持续性承诺类型）或者探索潜在的边界条件（例如，团队成员的解释水平、认知能力或亲社会化潜质）来进一步明晰团队目标承诺如何影响团队成员的知识隐藏意愿，是否会由此引发知识隐藏行为，进而深化理解与拓展"知识领导力—亲社会化意义建构机制—知识隐藏意愿"这一理论研究框架，以此为跨职能项目团队管理者提供较为丰富的管理启示。

（2）个体知识隐藏动机调节机制中知识势差或知识权力距离对知识隐藏行为影响的深度探究与揭示。本书第4章节研究结果证实了感知自身知识权力提升与感知他人知识价值这对双向调节动力对知识隐藏行为的影响机理，但跨职能项目团队二元知识交互活动中知识贡献者与知识寻求者之间的知识势差或知识权力距离也会影响个体成就动机及知识的流动。知识势差或知识权力距离过大会促进团队成员之间的知识交流与共享；但是知识边界凸显，知识转移难度增加会强化知识贡献者的知识隐藏动机；知识寻求者自我效能低下，隐藏创意想法的动机也极有可能强化。感知自身知识权力提升与感知他人知识价值对知识隐藏行为的影响程度也会产生变化。因此，未来研究可从二元交互或社交网络角度出发，对感知自身权力提升与感知他人知识价值之间形成的知识势差或知识权力距离如何影响知识贡献者或知识寻求者的知识隐藏行为，是直线还是曲线影响关系等均开展深入探讨，这将有助于深化和完善团队层面知识领导力与精熟导向动机氛围对知识隐藏行为的作用机理，为跨职能项目团队管理者如何在项目团队成员的成就动机控制与调节方面部署更加有效的知识行为管理措施来弱化知识隐藏行为提供进一步的理论证据。

（3）知识导向利益感知与任务监管与可视化两个变量对知识隐藏意愿和行为的影响机理相关的实证检验。未来研究可以扩大研究情境的广义程度，进一步完善知识导向利益感知及任务监管与可视化的边界与内涵，通过选取多样化的跨职能项目团队作为样本，来进一步检验这两个构念对知识隐藏行为的影响程度，并且这种影响是否会受到项目团队情境要素（例如，团队规模、项目复杂程度及个体知识导向利益的追逐程度等）的调节作用，进而深化理解知识领导力对知识隐藏行为的亲社会化导向干预过程及其作用机理。此外，数字经济下人机交互、人技交互在项目团队中也愈加凸显，任务监管与可视化的内涵将不断拓展，未来研究可进一步考虑人机协同或人技协同在对知识隐藏行为的作用机理。

（4）知识领导力对知识隐藏行为的深层作用机制及塑造知识领导力的前因机制等方面的深度探究。从知识领导力的理论维度来说，本书始终将知识领导力作为一个整体的构念，并以此来揭示其对知识隐藏行为要素的作用机理，但知识领导力是一个多维度的构念，未来研究有待于进一步探究其各分维度如何交互作用影响知识隐藏意愿与行为，尤其是当前数字技术浪潮大力推进企业数字化转型背景下，知识领导力不仅是知识管理，更加注重"数字管理—知识管理"融合，以促进知识的集成与创新，探究知识领导力构念本身的智慧化演进机制将是未来研究的一个关键要点与趋势。

第 7 章　结论与展望

此外，在以往文献强调知识领导力的学习榜样与创建完善学习环境的相应角色下，本研究进一步发现知识领导力是团队领导者在知识管理中角色与行为的复杂体现，即知识活动中知识管理的科学与艺术双面角色，但这方面的领导者不应该单单遵循知识导向的工具理性，更应该具备榜样效应与亲社会化的美德品质来感染员工，进而提升他们在知识管理中的能动作用，降低团队成员的消极知识隐藏意愿与行为。然而，在跨职能项目实践中，项目的临时性、一次性及严格的工期等特点下有效知识领导力的形成与发展并不容易，未来研究可进一步探究文化、组织及团队等深层情境因素（例如，组织伦理氛围、技术进步等要素）如何促进知识领导力发展。更重要的是，借鉴项目导向组织中知识治理的"四部曲"概念，如何利用知识领导力作为知识治理机制部署的核心软要素，并将其上升为知识隐藏行为治理高度的执行力量，实现微观层面知识隐藏行为的有效治理，对于丰富与拓展知识领导力理论与知识管理理论均具有重要的意义。

附　录

附录A：

问卷编号：_____　　　　调研日期：____年___月___日

跨职能项目团队知识领导力视角下亲社会化意义建构机制对知识隐藏意愿影响的调查问卷

第一阶段调研：知识领导力测量

（一）团队知识领导者基本情况（团队负责人、项目经理等知识领导者依据自身情况选择相应选项）

1. 性别（　　）。

A 男　　　　B 女

2. 年龄（　　）（岁）。

A <25　　B 26~30　　C 30~40　　D>40

3. 您受教育程度属于（　　）。

A 专科及以下　　B 本科　　C 硕士　　D 博士/博士后

4. 您与项目团队成员共事的时间为（　　）（年）。

A <3　　B 3~5　　C 6~10　　D >10

（二）项目基本情况（团队负责人或项目经理等依据项目情况选择相应选项）

5.项目团队的一般规模（　　）（人）。

A <5　　B 6~9　　C 10~19　　D >20

6.项目工期（　　）（月）。

A <6　　B 6~12　　C 13~24　　D>24

7.项目复杂性（　　）。

A 高　　B 中　　C 低

（三）请团队成员根据感知所在项目中作为"团队知识领导者"的那些项目管理者在项目知识管理中实际表现情况进行打分（多大程度上符合下列描述？），并在相应选项上打"√"。

1：完全不同意；2：不同意；3：一般；4：同意；5：非常同意。					
知识领导力（请团队成员依据项目管理者情况评价）					
领导能力（LS1~LS3）					
项目管理者知道倡导多样化知识共享的重要性	1	2	3	4	5
项目管理者总是试图获得新知识为他人树立学习榜样	1	2	3	4	5
项目管理者拥有卓越的知识领导力技能	1	2	3	4	5
合作与信任（CT1~CT4）					
项目管理者理解团队成员的需求和期望，并为他/她们提供必要的资源	1	2	3	4	5
项目管理者能够与团队成员相互协作解决问题	1	2	3	4	5
项目管理者尽力去营造信任的环境氛围	1	2	3	4	5
项目管理者经常鼓励团队成员分享和应用知识	1	2	3	4	5
知识集成与创新（KII1~KII4）					

附 录

续表

项目管理者会采取措施来提升团队成员的创新能力	1	2	3	4	5
项目管理者会创建合理的薪酬体系去激发团队成员的学习行为	1	2	3	4	5
项目管理者会整合不同部门的实践经验去创造新的知识	1	2	3	4	5
项目管理者带领团队成员实施创新理念	1	2	3	4	5

第二阶段调研：知识隐藏意愿、团队目标承诺、知识导向亲社会化影响力测量

（一）团队成员基本情况（请团队成员依据自身情况，选择相应的选项）

1.性别（　）。

A 男　　B 女

2.年龄（　）（岁）。

A <25　　B 26~30　　C 30~40　　D >40

3.您受教育程度属于（　）。

A 专科及以下　　B 本科　　C 硕士　　D 博士/博士后

4.您与项目团队领导者共事的时间为（　）（年）。

A <3　　B 3~5　　C 6~10　　D >10

（二）请您根据所在项目中自身实际状况进行打分（多大程度上符合下列描述），并在相应选项上打"√"。

团队目标承诺（TGC1~TGC4）					
我坚定地致力于实现项目目标	1	2	3	4	5
我认为达到项目目标很重要	1	2	3	4	5
我很难认真对待项目目标（反）	1	2	3	4	5
我真的很关心项目目标的实现	1	2	3	4	5

续表

知识导向的亲社会化影响力（KPI1~KPI5）					
我觉得其他人欣赏我的专业和技能	1	2	3	4	5
我觉得别人重视我在工作中的知识贡献	1	2	3	4	5
我非常清楚我的知识对其他人的积极影响	1	2	3	4	5
我非常清楚贡献我的知识是如何造福他人的	1	2	3	4	5
我觉得我可以通过贡献知识对他人产生积极的影响	1	2	3	4	5
知识隐藏意愿（KWI1~KWI7）					
在贡献知识方面，我不会付出太多努力	1	2	3	4	5
我不会故意不努力的贡献知识的程度降低	1	2	3	4	5
我会尽我所能地努力工作，贡献知识（反）	1	2	3	4	5
我会尽量避免贡献知识	1	2	3	4	5
我会比我所知道的付出更少的努力来贡献知识	1	2	3	4	5
如果我愿意，我愿意贡献100%的知识（反）	1	2	3	4	5
为团队贡献知识并不是我主要关心的事情	1	2	3	4	5

单位名称：_____

E-mail/qq 号/微信号：_____

附 录

附录B：

问卷编号：_____   调研日期：____年___月___日

跨职能项目团队知识隐藏行为动机控制调查问卷

第一部分：调查者与项目基本情况（请依据您的情况，选择相应的选项）

1. 性别（   ）。

A 男   B 女

2. 年龄（   ）（岁）。

A <25   B 26~30   C 30~40   D >40

3. 您受教育程度属于（   ）。

A 专科及以下   B 本科   C 硕士   D 博士/博士后

4. 您的工作年限（   ）。

A <5   B 6~10   C 11~15   D >15

5. 您在团队中的角色（   ）。

A 项目负责人/项目经理   B 项目管理人员   C 员工

（选择A，请继续回答问题6~9；选择B或C则跳转至问卷"第二部分"评价相应题项）

6. 项目团队的一般规模（   ）（人）。

A <5   B 6~9   C 10~19   D >20

7. 您与项目团队成员共事的时间为（   ）（年）。

A <3   B 3~5   C 6~10   D >10

8. 项目工期（   ）（月）。

A <6   B 6~12   C 13~24   D >24

9.项目复杂性（　　）。

A 高　　B 中　　C 低

第二部分：团队动机氛围、感知他人知识价值、自身知识权力提升以及知识隐藏行为测量

根据您所在项目的实际状况，多大程度上符合下列描述？请在相应选项上打"√"。

1：非常不同意；2：不同意；3：较不同意；4：一般；5：较同意；6：同意；7：非常同意	
团队精熟导向动机氛围（MDC1~MDC6）	
相比于强调竞争与对比的绩效氛围，我所在的部门/工作组更加鼓励人们相互合作，相互交流思想和想法	1　2　3　4　5　6　7
相比于强调竞争与对比的绩效氛围，我所在的部门/工作组更加强调每个人的学习和发展	1　2　3　4　5　6　7
相比于强调竞争与对比的绩效氛围，我所在的部门/工作组更加鼓励合作和相互交流知识	1　2　3　4　5　6　7
相比于强调竞争与对比的绩效氛围，我所在的部门/工作组更加鼓励员工在整个工作过程中尝试新的解决方案方法	1　2　3　4　5　6　7
相比于强调竞争与对比的绩效氛围，让每个人都觉得他/她在工作过程中发挥着重要作用更是我所在部门/工作组的一个重要目标之一	1　2　3　4　5　6　7
相比于强调竞争与对比的绩效氛围，我所在的部门/工作组更加强调每个人在整个工作过程中都有一项重要而明确的任务	1　2　3　4　5　6　7

以下各构念下的题项采用 5 分量表，各分值含义为：

（1：完全不同意；2：不同意；3：一般；4：同意；5：非常同意）

感知到他人知识价值（请依据你感知所在团队其他成员的知识特征状况进行打分）						
感知他人知识有用性（有意义、创新，有效）（PKU1~PKU5）							
感知到团队内其他成员的知识能够帮助我实现我的工作目标	1	2	3	4	5

附　录

续表

感知到团队内其他成员的知识能使我掌握深层次的知识，从而具有新颖和有用的想法更好地完成任务	1	2	3	4	5
感知到团队内其他成员的知识能帮助我更有效率地工作	1	2	3	4	5
感知到团队内其他成员的知识使我在工作中做得更好	1	2	3	4	5
感知到团队内其他成员的知识对我的工作很有帮助	1	2	3	4	5
感知到他人知识可靠度（PKC1~PKC5）					
感知到其他成员具有的与这个项目有关的信息是可信的	1	2	3	4	5
感知到其他成员提供的信息不需要自己再检查一遍	1	2	3	4	5
我乐于接受其他团队成员在工作中提供的建议	1	2	3	4	5
我对其他成员的"专业知识"有很大的信心	1	2	3	4	5
我信赖其他小组成员为讨论某个问题所提供的信息	1	2	3	4	5
自身知识权力提升（请依据感知自己的知识特征状况进行打分）					
知识导向利益与控制力（KBK1~KBK5）					
我的知识使我在团队里脱颖而出并具备竞争优势	1	2	3	4	5
我的知识给了我力量，可以影响和控制别人	1	2	3	4	5
我的知识让我更受同事和领导的重视	1	2	3	4	5
我的知识给了我工作的安全感	1	2	3	4	5
我的知识使我在团队积累了权力基础	1	2	3	4	5
知识共享自我效能（KSE1~KSE5）					
我相信我有能力提供同事认为有价值的知识	1	2	3	4	5
我相信我有能力为同事提供有益的知识	1	2	3	4	5
我相信我有能力为同事提供有帮助的知识	1	2	3	4	5
我相信我会被告知提供了有价值的知识	1	2	3	4	5

续表

我相信我具备提供有价值的知识所需的专长技能	1	2	3	4	5
知识隐藏行为（KWB1~KWB5）（请依据自己的知识行为状况进行打分）					
在工作当中，我经常向我的同事隐瞒有用的信息或知识	1	2	3	4	5
在工作当中，我试着隐藏我的创新成就	1	2	3	4	5
在工作当中，我不会把个人知识和经验转化为团队知识	1	2	3	4	5
在执行团队任务时，我贡献的知识比我知道的要少	1	2	3	4	5
在执行团队任务时，我在知识贡献上比其他成员付出的努力少	1	2	3	4	5
标记类变量					
我平常挺喜欢运动	1	2	3	4	5
我偶尔会在背后说别人的坏话	1	2	3	4	5
即使我压力很大，我也总是对别人保持友好和礼貌	1	2	3	4	5
我总是保持健康饮食	1	2	3	4	5

单位名称：_____

E-mail/qq 号/微信号：_____

注：附录B对应的第4章与附录C对应的第5章均涉及"知识领导力"这一构念，研究设计搭接进行，与附录B调研相关的知识领导力构念的测量量表及数据来源均来自附录C中列出的知识领导力测量题项及其调研结果，详见正文1.3.3.2小节问卷调研设计。

附 录

附录 C：

问卷编号：_____   调研日期：_____年____月____日

跨职能项目团队团队知识隐藏负面影响弱化方式调查问卷

第一部分：调查者与项目基本情况（请依据您的情况，选择相应的选项）

1. 性别（　）。

   A 男　　B 女

2. 年龄（　）（岁）。

   A <25　　B 26~30　　C 30~40　　D >40

3. 您受教育程度属于（　）。

   A 专科及以下　　B 本科　　C 硕士　　D 博士/博士后

4. 您的工作年限（　）。

   A <5　　B 6~10　　C 11~15　　D >15

5. 您在团队中的角色（　）。（选择 A，请继续回答问题 6~9，并评价问卷"第三部分"中的题项；选择 B 或 C 则跳转至问卷"第二部分"评价相应题项）

   A 人力资源管理部门/项目负责人/项目经理

   B 项目管理人员

   C 员工

6. 项目团队的一般规模（　）（人）。

   A <5　　B 6~9　　C 10~19　　D >20

7. 您与项目团队成员共事的时间为（　）（年）。

   A <3　　B 3~5　　C 6~10　　D >10

· 217 ·

8. 项目工期（　）（月）。

A <6　　B 6~12　　C 13~24　　D >24

9. 项目复杂性（　）。

A 高　　B 中　　C 低

第二部分：团队知识隐藏、交互记忆系统以及知识领导力的测量

1：完全不同意；2：不同意；3：一般；4：同意；5：非常同意					
知识领导力 （根据您所在项目的作为"团队知识领导者"的那些项目管理者在项目知识管理中实际表现情况多大程度上符合下列描述？请在相应选项上打"√"。）					
领导能力（LS1~LS3）					
项目管理者知道他/她所倡导的多样化知识共享的重要性	1	2	3	4	5
项目管理者总是试图获得新知识，为其他人树立学习榜样	1	2	3	4	5
项目管理者拥有卓越的知识领导力技能	1	2	3	4	5
合作与信任（CT1~CT4）					
项目管理者理解团队成员的需求和期望，并为他/她们提供必要的资源	1	2	3	4	5
项目管理者和团队成员能够相互协作解决问题	1	2	3	4	5
项目管理者尽力去营造信任的环境氛围	1	2	3	4	5
项目管理者鼓励团队成员分享和应用知识	1	2	3	4	5
知识集成与创新（KII1~KII4）					
项目管理者采取措施提升团队成员的创新能力	1	2	3	4	5
项目管理者创建合理的薪酬体系去激发团队成员的学习行为	1	2	3	4	5
项目管理者整合了来自不同部门的实践经验去创造新的知识	1	2	3	4	5
项目管理者带领团队成员实施创新理念	1	2	3	4	5

附 录

续表

交互记忆系统					
专长（SP1~SP5）					
每个团队成员都具有我们项目某个方面的专业知识	1	2	3	4	5
我对项目的某个方面的知识是其他团队成员所不具备的	1	2	3	4	5
通过与其他团队成员的交流，我获得了不同但互补的知识	1	2	3	4	5
完成项目可交付成果需要几个不同团队成员的专业知识	1	2	3	4	5
我知道哪些团队成员在特定领域有专长	1	2	3	4	5
可信度（CE1~CE5）					
我乐于接受其他团队成员在工作中提供的建议	1	2	3	4	5
我觉得其他成员具有的与这个项目有关的信息是可信的	1	2	3	4	5
当其他成员提供信息时，我不需要自己再检查一遍	1	2	3	4	5
我对其他成员的"专业知识"有很大的信心	1	2	3	4	5
我信赖其他小组成员为某个问题讨论所提供的信息	1	2	3	4	5
协同度（CO1~CO5）					
我们的团队以较好的协作方式一起工作	1	2	3	4	5
关于如何完成一项任务，我们不会感到困惑	1	2	3	4	5
我们的团队在协作工作时，很少返工走回头路	1	2	3	4	5
我们的团队对于该做什么很少有误解	1	2	3	4	5
我们顺利而高效地完成任务	1	2	3	4	5
知识隐藏行为（KWB1~KWB5）					
在工作当中，我经常向我的同事隐瞒有用的信息或知识	1	2	3	4	5
在工作当中，我试着隐藏我的创新成就	1	2	3	4	5

续表

在工作当中，我不会把个人知识和经验转化为团队知识	1	2	3	4	5
在执行团队任务时，我贡献的知识比我知道的要少	1	2	3	4	5
在执行团队任务时，我在知识贡献上比其他成员付出的努力少	1	2	3	4	5

第三部分：跨职能项目团队绩效测量

根据您所在项目的实际状况，多大程度上符合下列描述？请在相应选项上打"√"。

跨职能项目团队绩效					
项目成效与效率（EE1~EE4）					
团队交付的项目成果质量非常好	1	2	3	4	5
团队能够有效地管理时间	1	2	3	4	5
团队按重要的最后期限时完成了项目	1	2	3	4	5
项目团队在日常工作中效率很高	1	2	3	4	5
团队的满意度（TS1~TS4）					
在项目团队中工作有助于提高能力和经验水平	1	2	3	4	5
一般来说，项目管理者令团队成员满意	1	2	3	4	5
在项目中工作有助于改善团队成员之间的人际关系，建立职场友谊	1	2	3	4	5
在项目中工作有助于提升个人知识水平	1	2	3	4	5

单位名称：_____

E-mail/qq 号 / 微信号：_____

附 录

附录 D：

跨职能项目团队亲社会化导向过程机制对知识隐藏行为影响访谈提纲

为了使大家对知识领导力与知识隐藏行为有个初步的了解，请先回答第（1）~（2）两个问题。

（1）你在工作中有没有隐藏过知识？请谈一谈你对本公司知识隐藏行为的认识及该行为下一些具体的心理活动与行为表现？

（2）请谈一谈你对知识领导力的认识，该公司发展知识领导力措施体现在哪些方面？

接下来是关于知识领导力视角下亲社会化导向过程机制对知识隐藏行为影响的相关问题提问（若涉及专业术语会提前告知或给予解释），请您根据自己的实际情况和内心的真实想法回答第（3）~（6）四个问题。

（3）请谈一谈知识领导者如何通过亲社会化意义建构影响项目成员的知识隐藏行为？

（4）请谈一谈知识领导力如何通过营造的精熟动机氛围影响项目成员的知识隐藏行为？

（5）请谈一谈知识领导力如何引发个体知识隐藏动机调节，来影响项目成员的知识隐藏行为？

（6）请谈一谈知识领导力如何通过知识协同机制影响项目成员的知识隐藏行为？

参考文献

[1] Young-Hyman T. Cooperating without co-laboring: How formal organizational power moderates cross-functional interaction in project teams [J]. Administrative Science Quarterly, 2017, 62（1）: 179-214.

[2] Witherspoon C L, Bergner J, Cockrell C, et al. Antecedents of organizational knowledge sharing: a meta-analysis and critique [J]. Journal of Knowledge Management, 2013, 17（2）: 250-277.

[3] AF Ragab M, Arisha A. Knowledge management and measurement: a critical review [J]. Journal of Knowledge Management, 2013, 17（6）: 873-901.

[4] Steenkamp J B. The uncertain future of globalization: implications for global consumer culture and global brands [J]. International Marketing Review, 2019, 36（4）: 524-535.

[5] Quelch J A. Global Marketing Management: A Casebook 6th ed. [M]. Redding, CA: BVT Publishing, 2017.

[6] Ghobadi S, D'Ambra J. Modeling high-quality knowledge sharing in cross-functional software development teams [J]. Information Processing & Management, 2013, 49（1）: 138-157.

[7] Huo X, Zhang L, Guo H. Antecedents of relationship conflict in cross-functional project teams [J]. Project Management Journal, 2016, 47（5）: 52-69.

[8] Simsarian Webber S. Leadership and trust facilitating cross-functional team success [J]. Journal of Management Development, 2002, 21（3）: 201-214.

[9] Ghobadi S, D'Ambra J. Knowledge sharing in cross-functional teams: a coopetitive model [J]. Journal of Knowledge Management, 2012, 16（2）: 285-301.

[10] Webster J, Brown G, Zweig D, et al. Beyond knowledge sharing: Withholding knowledge at work. In: Research in personnel and human resources management [M]. Bingley: Emerald Group Publishing Limited, 2008.

[11] Kang S W. Knowledge withholding: psychological hindrance to the innovation diffusion within an organisation [J]. Knowledge Management Research & Practice, 2016, 14（1）: 144-149.

[12] 张宝生, 张庆普. 基于扎根理论的知识型组织成员知识隐藏行为前因研究 [J]. 科技进步与对策, 2017, 34（10）: 105-110.

[13] Connelly C E, Zweig D, Webster J, et al. Knowledge hiding in organizations [J]. Journal of Organizational Behavior, 2012, 33（1）: 64-88.

[14] Anaza N A, Nowlin E L. What's mine is mine: A study of salesperson knowledge withholding & hoarding behavior [J]. Industrial Marketing Management, 2017, 64: 14-24.

[15] Tsay C H H, Lin T C, Yoon J, et al. Knowledge withholding intentions in teams: The roles of normative conformity, affective bonding, rational choice and social cognition [J]. Decision Support Systems, 2014, 67: 53-65.

[16] Lin T C, Huang C C. Withholding effort in knowledge contribution: The role of social exchange and social cognitive on project teams [J]. Information

& Management, 2010, 47（3）: 188-196.

[17] 潘伟, 张庆普. 感知的知识所有权对知识隐藏的影响机理研究——基于知识权力视角的分析 [J]. 研究与发展管理, 2016, 28（03）: 25-35+46.

[18] Huo W, Cai Z, Luo J, et al. Antecedents and intervention mechanisms: a multi-level study of R&D team's knowledge hiding behavior [J]. Journal of Knowledge Management, 2016, 20（5）: 880-897.

[19] Peng H. Counterproductive work behavior among Chinese knowledge workers [J]. International Journal of Selection and Assessment, 2012, 20（2）: 119-138.

[20] Peng H. Why and when do people hide knowledge? [J]. Journal of Knowledge Management, 2013, 17（3）: 398-415.

[21] Kotlarsky J, van den Hooff B, Houtman L. Are we on the same page? Knowledge boundaries and transactive memory system development in cross-functional teams [J]. Communication Research, 2015, 42（3）: 319-344.

[22] Hsu J S C, Chu T H, Lin T C, et al. Coping knowledge boundaries between information system and business disciplines: An intellectual capital perspective [J]. Information & Management, 2014, 51（2）: 283-295.

[23] Ghobadi S, D'Ambra J. Coopetitive relationships in cross-functional software development teams: How to model and measure? [J]. Journal of Systems and Software, 2012, 85（5）: 1096-1104.

[24] Černe M, Nerstad C G, Dysvik A, et al. What goes around comes around: Knowledge hiding, perceived motivational climate, and creativity [J]. Academy of Management Journal, 2014, 57（1）: 172-192.

[25] Černe M, Hernaus T, Dysvik A, Škerlavaj M. The role of multilevel synergistic interplay among team mastery climate, knowledge hiding, and job characteristics in stimulating innovative work behavior [J]. Human Resource Management Journal, 2017,27（2）: 2281-299.

[26] 王鹏, 朱方伟, 宋昊阳, 等. 人际信任与知识隐藏行为: 个人声誉关注与不确定性感知的联合调节 [J]. 管理评论, 2019, 31（01）: 155-170.

[27] 张磊, 张敏, 张艳. 用户社交知识行为研究的系统综述 [J]. 情报理论与实践, 2019, 42（08）: 144-152.

[28] Stewart Jr W H, May R C, Ledgerwood D E. Do you know what I know? Intent to share knowledge in the US and Ukraine [J]. Management International Review, 2015, 55（6）: 737-773.

[29] Ajzen I. The theory of planned behavior [J]. Organizational Behavior and Human Decision Processes, 1991, 50（2）: 179-211.

[30] Liu H, Li G. Linking transformational leadership and knowledge sharing: the mediating roles of perceived team goal commitment and perceived team identification [J]. Frontiers in psychology, 2018, 9: 1331.

[31] Fong P S, Men C, Luo J, et al. Knowledge hiding and team creativity: The contingent role of task interdependence [J]. Management Decision, 2018, 56（2）: 329-343.

[32] Holten A L, Robert Hancock G, Persson R, et al. Knowledge hoarding: antecedent or consequent of negative acts? The mediating role of trust and justice [J]. Journal of Knowledge Management, 2016, 20（2）: 215-229.

[33] 甘文波, 沈校亮. 虚拟社区用户知识隐藏行为影响因素研究 [J]. 情

报杂志, 2015, 34（11）: 168-174.

[34] Rechberg I, Syed J. Ethical issues in knowledge management: conflict of knowledge ownership[J]. Journal of Knowledge Management, 2013, 17(6): 828-847.

[35] Husted K, Michailova S, Minbaeva D B, et al. Knowledge-sharing hostility and governance mechanisms: an empirical test [J]. Journal of Knowledge Management, 2012, 16（5）: 754-773.

[36] Brachos D, Kostopoulos K, Eric Soderquist K, et al. Knowledge effectiveness, social context and innovation [J]. Journal of Knowledge Management, 2007, 11（5）: 31-44.

[37] Hsu J S C, Shih S P, Chiang J C, et al. The impact of transactive memory systems on IS development teams' coordination, communication, and performance [J]. International Journal of Project Management, 2012, 30（3）: 329-340.

[38] Connelly C E, Zweig D. How perpetrators and targets construe knowledge hiding in organizations [J]. European Journal of Work and Organizational Psychology, 2015, 24（3）: 479-489.

[39] 李浩, 黄剑. 团队知识隐藏对交互记忆系统的影响研究 [J]. 南开管理评论, 2018, 21（04）: 134-147.

[40] Černe M, Babic K, Connelly C E, et al. Team-level knowledge hiding, social leader-member exchange, and prosocial motivation [C]. Academy of Management Proceedings. Briarcliff Manor, NY 10510: Academy of Management, 2015（1）: 16302.

[41] 周健明, 刘云枫, 陈明. 知识隐藏、知识存量与新产品开发绩效的关系研究 [J]. 科技管理研究, 2016, 36（04）: 162-168.

[42] 陈星汶, 崔勋, 于桂兰. 团队认知多样性如何影响团队创造力: 一个有调节的中介模型 [J]. 科技管理研究, 2015, 35 (19): 112-118.

[43] Andriessen D. On the metaphorical nature of intellectual capital: a textual analysis [J]. Journal of Intellectual Capital, 2006, 7 (1): 93-110.

[44] Aamodt A, Nygård M. Different roles and mutual dependencies of data, information, and knowledge-an AI perspective on their integration [J]. Data & Knowledge Engineering, 1995, 16 (3): 191-222.

[45] Zhang L, Li X. How to reduce the negative impacts of knowledge heterogeneity in engineering design team: Exploring the role of knowledge reuse [J]. International Journal of Project Management, 2016, 34 (7): 1138-1149.

[46] Guo H, Zhang L, Huo X, et al. When and how cognitive conflict benefits cross-functional project team innovation [J]. International Journal of Conflict Management, 2019, 30 (4): 514-537.

[47] Polyani M. Knowing and being. In: Knowing and being: The essays of Michael Polyani [M]. Chicago: University of Chicago Press, 1969.

[48] Kliem R L. Ethics and project management [M]. New York: Auerbach Publications, 2011.

[49] Cheung S Y, Gong Y, Wang M, et al. When and how does functional diversity influence team innovation? The mediating role of knowledge sharing and the moderation role of affect-based trust in a team [J]. Human Relations, 2016, 69 (7): 1507-1531.

[50] Caniëls M C, Chiocchio F, van Loon N P. Collaboration in project teams: The role of mastery and performance climates [J]. International Journal of Project Management, 2019, 37 (1): 1-13.

[51] Kidwell Jr R E, Bennett N. Employee propensity to withhold effort: A conceptual model to intersect three avenues of research [J]. Academy of Management Review, 1993, 18（3）: 429-456.

[52] Ford D P, Staples D S. What is knowledge sharing from the informer's perspective? [J]. International Journal of Knowledge Management, 2008, 4（4）: 1-20.

[53] Herzberg F, Mausner B, Snyderman B B. The Motivation to Work [M]. New York. Inc., New York: John Wiley & Sons,Inc, 1959.

[54] Wasko M M, Faraj S. Why should I share? Examining social capital and knowledge contribution in electronic networks of practice [J]. MIS quarterly, 2005, 29（1）: 35-57.

[55] Ford D P, Sandy Staples D. Perceived value of knowledge: the potential informer's perception [J]. Knowledge Management Research & Practice, 2006, 4（1）: 3-16.

[56] Zhao H, Xia Q, He P, et al. Workplace ostracism and knowledge hiding in service organizations [J]. International Journal of Hospitality Management, 2016, 59: 84-94.

[57] Boz Semerci A. Examination of knowledge hiding with conflict, competition and personal values [J]. International Journal of Conflict Management, 2019, 30（1）: 111-131.

[58] Wang Y S, Lin H H, Li C R, et al. What drives students' knowledge-withholding intention in management education? An empirical study in Taiwan[J]. Academy of Management Learning & Education, 2014, 13(4): 547-568.

[59] Anand P, Jain K K. Big five personality types & knowledge hiding

behaviour: a theoretical framework [J]. Archives of Business Research, 2014, 2 (5): 47-56.

[60] Fang Y H. Coping with fear and guilt using mobile social networking applications: Knowledge hiding, loafing, and sharing [J]. Telematics and Informatics, 2017, 34 (5): 779-797.

[61] 高天茹, 贺爱忠. 职场排斥对知识隐藏的影响机理研究: 一个被调节的链式中介模型 [J]. 南开管理评论, 2019, 22 (03): 15-27.

[62] 袁凌, 张磊磊, 涂艳红. 谦卑型领导与员工知识隐藏曲线关系研究 [J]. 软科学, 2018, 32 (11): 86-88+92.

[63] 张笑峰, 席酉民. 伦理型领导对员工知识隐藏的影响机制研究 [J]. 软科学, 2016, 30 (10): 96-99.

[64] Ladan S, Nordin N B, Belal H. Does knowledge based psychological ownership matter? Transformational leadership and knowledge hiding: A proposed framework [J]. Journal of Business and Retail Management Research, 2017, 11 (4): 60-67.

[65] Evans J M, Hendron M G, Oldroyd J B. Withholding the ace: The individual-and unit-level performance effects of self-reported and perceived knowledge hoarding [J]. Organization Science, 2014, 26 (2): 494-510.

[66] Weick K E, Sutcliffe K M, Obstfeld D. Organizing and the process of sensemaking [J]. Organization Science, 2005, 16 (4): 409-421.

[67] Pearsall M J, Christian M S, Ellis A P. Motivating interdependent teams: Individual rewards, shared rewards, or something in between? [J]. Journal of Applied Psychology, 2010, 95 (1): 183-191.

[68] Bertoldi B, Giachino C, Rossotto C, et al. The role of a knowledge leader

in a changing organizational environment. A conceptual framework drawn by an analysis of four large companies [J]. Journal of Knowledge Management, 2018, 22 (3): 587-602.

[69] Donate M J, Sánchez de Pablo J D. The role of knowledge-oriented leadership in knowledge management practices and innovation [J]. Journal of Business Research, 2015, 68 (2): 360-370.

[70] Lakshman C. Organizational knowledge leadership: A grounded theory approach [J]. Leadership & Organization Development Journal, 2007, 28 (1): 51-75.

[71] Lakshman C. Organizational knowledge leadership: An empirical examination of knowledge management by top executive leaders [J]. Leadership & Organization Development Journal, 2009, 30 (4): 338-364.

[72] Viitala R. Towards knowledge leadership [J]. Leadership & Organization Development Journal, 2004, 25 (6): 528-544.

[73] Williams P. The role of leadership in learning and knowledge for integration [J]. Journal of Integrated Care, 2012, 20 (3): 164-174.

[74] Yang L R, Huang C F, Hsu T J. Knowledge leadership to improve project and organizational performance [J]. International Journal of Project Management, 2014, 32 (1): 40-53.

[75] Zhang L, Cheng J. Effect of knowledge leadership on knowledge sharing in engineering project design teams: the role of social capital [J]. Project Management Journal, 2015, 46 (5): 111-124.

[76] Skyrme D J. Developing a knowledge strategy: from management to leadership [J]. Knowledge Management: Classic and Contemporary

Works, 2000, 61-83.

[77] Cavaleri S A, Seivert S. Knowledge leadership [M]. London: Routledge, 2012.

[78] Harris A, Jones M S, Adams D, et al. High-performing education systems in Asia: Leadership art meets implementation science [J]. The Asia-Pacific Education Researcher, 2014, 23 (4): 861-869.

[79] Thomson G. The art and science of experiential leadership: culture at the core of process change success [J]. Journal of Business Strategy, 2010, 31 (4): 85-89.

[80] Analoui B D, Hannah Doloriert C, Sambrook S. Leadership and knowledge management in UK ICT organisations [J]. Journal of Management Development, 2012, 32 (1): 4-17.

[81] Sarabia M. Knowledge leadership cycles: an approach from Nonaka's viewpoint [J]. Journal of Knowledge Management, 2007, 11 (3): 6-15.

[82] Whelan E, Carcary M. Integrating talent and knowledge management: where are the benefits? [J]. Journal of Knowledge Management, 2011, 15 (4): 675-687.

[83] Fischer M D, Dopson S, Fitzgerald L, et al. Knowledge leadership: Mobilizing management research by becoming the knowledge object [J]. Human Relations, 2016, 69 (7): 1563-1585.

[84] Mabey C, Kulich C, Lorenzi-Cioldi F. Knowledge leadership in global scientific research [J]. The International Journal of Human Resource Management, 2012, 23 (12): 2450-2467.

[85] Naqshbandi M M, Jasimuddin S M. Knowledge-oriented leadership and open innovation: Role of knowledge management capability in France-

based multinationals [J]. International Business Review, 2018, 27 (3): 701-713.

[86] Nam Nguyen H, Mohamed S. Leadership behaviors, organizational culture and knowledge management practices: An empirical investigation [J]. Journal of Management Development, 2011, 30 (2): 206-221.

[87] Tuncdogan A, Van Den Bosch F, Volberda H. Regulatory focus as a psychological micro-foundation of leaders' exploration and exploitation activities [J]. The Leadership Quarterly, 2015, 26 (5): 838-850.

[88] Foucault M. Power/knowledge: Selected interviews and other writings, 1972—1977 [M]. New York:Pantheon, 1980.

[89] Lewis K. Knowledge and performance in knowledge-worker teams: A longitudinal study of transactive memory systems [J]. Management Science, 2004, 50 (11): 1519-1533.

[90] Dragoni L. Understanding the emergence of state goal orientation in organizational work groups: the role of leadership and multilevel climate perceptions [J]. Journal of Applied Psychology, 2005, 90 (6): 1084.

[91] Nerstad C G, Roberts G C, Richardsen A M. Achieving success at work: Development and validation of the motivational climate at work questionnaire (MCWQ) [J]. Journal of Applied Social Psychology, 2013, 43 (11): 2231-2250.

[92] Nicholls J G. Achievement motivation: Conceptions of ability, subjective experience, task choice, and performance [J]. Psychological Review, 1984, 91 (3): 328.

[93] Roberts G C. Motivation in sport and exercise from an achievement goal theory perspective: After 30 years, where are we? [J]. Advances in

Motivation in Sport and Exercise, 2012, 3: 5-58.

[94] Edmondson A C, Nembhard I M. Product development and learning in project teams: The challenges are the benefits [J]. Journal of Product Innovation Management, 2009, 26 (2): 123-138.

[95] 王旭, 方虹. 基于意念构建和组织边界跨越的产学研合作动态能力提升机理分析——以8AT项目为例 [J]. 管理案例研究与评论, 2018, 11 (04): 394-408.

[96] Rosso B D, Dekas K H, Wrzesniewski A. On the meaning of work: A theoretical integration and review [J]. Research in Organizational Behavior, 2010, 30: 91-127.

[97] 骆嘉琪, 李伟侠, 匡海波, 等. 基于意义建构理论的企业社会责任驱动因素研究——以壳牌石油为例 [J]. 管理案例研究与评论, 2015, 8 (05): 434-444.

[98] Grant A M, Dutton J E, Rosso B D. Giving commitment: Employee support programs and the prosocial sensemaking process [J]. Academy of Management Journal, 2008, 51 (5): 898-918.

[99] Le P B, Lei H. The mediating role of trust in stimulating the relationship between transformational leadership and knowledge sharing processes [J]. Journal of Knowledge Management, 2018, 22 (3): 521-537.

[100] 范雪灵, 王琦琦, 刘军. 组织领地氛围抑制组织指向公民行为涌现的链式机制研究 [J]. 管理学报, 2018, 18 (5): 669.

[101] 魏峰, 马玉洁. 领导领地行为与下属知识隐藏的影响机制研究 [J]. 工业工程与管理, 2018, 23 (04): 179-185+193.

[102] Xu A J, Loi R, Lam L W. The bad boss takes it all: How abusive supervision and leader - member exchange interact to influence employee

silence［J］. The Leadership Quarterly, 2015, 26（5）: 763-774.

［103］张亚军, 张金隆, 张千帆, 等. 威权和授权领导对员工隐性知识共享的影响研究［J］. 管理评论, 2015, 27（09）: 130-139.

［104］林陵娜, 施建刚, 唐代中. 考虑知识隐藏的项目团队知识共享激励研究［J］. 科研管理, 2015, 36（05）: 162-170.

［105］Wu W L, Lee Y C. Empowering group leaders encourages knowledge sharing: Integrating the social exchange theory and positive organizational behavior perspective［J］. Journal of Knowledge Management, 2017, 21（2）: 474-491.

［106］Wang Y, Han M S, Xiang D, et al. The double-edged effects of perceived knowledge hiding: empirical evidence from the sales context［J］. Journal of Knowledge Management, 2019, 23（2）: 279-296.

［107］Burmeister A, Fasbender U, Gerpott F H. Consequences of knowledge hiding: The differential compensatory effects of guilt and shame［J］. Journal of Occupational and Organizational Psychology, 2019, 92（2）: 281-304.

［108］Wegner D M. Transactive memory: A contemporary analysis of the group mind［M］. Theories of Group Behavior.New York: Springer, 1986: 185-208.

［109］Lewis K, Herndon B. Transactive memory systems: Current issues and future research directions［J］. Organization Science, 2011, 22（5）: 1254-1265.

［110］Zhang Z X, Hempel P S, Han Y L,et al. Transactive memory system links work team characteristics and performance［J］. Journal of Applied Psychology, 2007, 92（6）: 1722.

[111] Reagans R, Miron-Spektor E, Argote L. Knowledge utilization, coordination, and team performance [J]. Organization Science, 2016, 27(5): 1108-1124.

[112] Griffith T L, Neale M A. 8. Information processing in traditional, hybrid, and virtual teams: From nascent knowledge to transactive memory [J]. Research in Organizational Behavior, 2001, 23: 379-421.

[113] Li Y H, Huang J W. Exploitative and exploratory learning in transactive memory systems and project performance [J]. Information & Management, 2013, 50(6): 304-313.

[114] Choi S Y, Lee H, Yoo Y. The impact of information technology and transactive memory systems on knowledge sharing, application, and team performance: A field study [J]. MIS quarterly, 2010, 34(4): 855-870.

[115] Liao J, O'Brien A T, Jimmieson N L, et al. Predicting transactive memory system in multidisciplinary teams: The interplay between team and professional identities [J]. Journal of Business Research, 2015, 68(5): 965-977.

[116] Ren Y, Argote L. Transactive memory systems 1985—2010: An integrative framework of key dimensions, antecedents, and consequences [J]. The Academy of Management Annals, 2011, 5(1): 189-229.

[117] Peltokorpi V, Hasu M. Transactive memory systems in research team innovation: A moderated mediation analysis [J]. Journal of Engineering and Technology Management, 2016, 39: 1-12.

[118] Cabeza Pulles D, LLorens Montes F J, Gutierrez-Gutierrrez L. Network ties and transactive memory systems: Leadership as an enabler [J].

Leadership & Organization Development Journal, 2017, 38（1）: 56–73.

[119] Hammedi W, Riel A C, Sasovova Z. Improving screening decision making through transactive memory systems: A field study [J]. Journal of Product Innovation Management, 2013, 30（2）: 316–330.

[120] Zheng Y. Unlocking founding team prior shared experience: A transactive memory system perspective [J]. Journal of Business Venturing, 2012, 27（5）: 577–591.

[121] Saunders M, Lewis P, Thornhill A. Research methods for business students（5th Edition）[M]. London: Perntice Hall, 2009.

[122] Grix J. The foundations of research: a student's guide [M]. Macmillan International Higher Education. London: Palgrave Macmillan, 2004.

[123] 陈向明. 质的研究方法与社会科学研究[M]. 北京: 教育科学出版社, 2000.

[124] 罗伯特·K. 殷. 案例研究: 设计与方法[M]. 重庆: 重庆大学出版社, 2004.

[125] Teddlie C, Tashakkori A. Foundations of mixed methods research: Integrating quantitative and qualitative approaches in the social and behavioral sciences [M]. London: Sage Publications Inc, 2009.

[126] De Leeuw E D, Hox J, Dillman D. International handbook of survey methodology [M]. London: Routledge, 2012.

[127] Hair J F, Ringle C M, Sarstedt M. PLS-SEM: Indeed a silver bullet [J]. Journal of Marketing Theory and Practice, 2011, 19（2）: 139–152.

[128] 吴明隆. 结构方程模型: Amos 实务进阶[M]. 重庆: 重庆大学出版社, 2013.

[129] Raudenbush S W, Bryk A S. Hierarchical linear models: Applications and

data analysis methods [M]. London:Sage Publications Inc, 2002.

[130] 段光, 庞长伟. 多团队成员身份情境下团队间多样性对员工综合创新的影响机制研究[J]. 管理学报, 2018, 15（09）: 1285-1294.

[131] 刘灿辉, 安立仁. 员工多样性、知识共享与个体创新绩效——个有调节的中介模型[J]. 科学学与科学技术管理, 2016, 37（07）: 170-180.

[132] Van Knippenberg D, De Dreu C K, Homan A C. Work group diversity and group performance: An integrative model and research agenda [J]. Journal of Applied Psychology, 2004, 89（6）: 1008-1022.

[133] 陈万思, 周卿钰, 杨朦晰, 等. 基于跨层双中介模型的知识服务团队认同对团队绩效的影响过程研究[J]. 管理学报, 2019, 16（8）: 1153-1160.

[134] Li G, Shang Y, Liu H, et al. Differentiated transformational leadership and knowledge sharing: A cross-level investigation [J]. European Management Journal, 2014, 32（4）: 554-563.

[135] Aubé C, Rousseau V. Team Goal Commitment and Team Effectiveness: The Role of Task Interdependence and Supportive Behaviors [J]. Group Dynamics: Theory, Research, and Practice, 2005, 9（3）: 189-204.

[136] Aubé C, Brunelle E, Rousseau V. Flow experience and team performance: The role of team goal commitment and information exchange [J]. Motivation and Emotion, 2014, 38（1）: 120-130.

[137] de Poel F M, Stoker J I, Van der Zee K I. Leadership and organizational tenure diversity as determinants of project team effectiveness [J]. Group & Organization Management, 2014, 39（5）: 532-560.

[138] Anantatmula V S. Project manager leadership role in improving project

performance [J]. Engineering Management Journal, 2010, 22 (1): 13-22.

[139] Zhang L, Cheng J, Wang D. The influence of informal governance mechanisms on knowledge integration within cross-functional project teams: a social capital perspective [J]. Knowledge Management Research & Practice, 2015, 13 (4): 508-516.

[140] Weick K E. Sensemaking in organizations [M]. London: Sage Publications Inc, 1995.

[141] Aubé C, Rousseau V. Interpersonal aggression and team effectiveness: The mediating role of team goal commitment [J]. Journal of Occupational and Organizational Psychology, 2011, 84 (3): 565-580.

[142] 张燕, 侯立文. 基于变革型领导的职能多样性对团队内知识共享的影响研究 [J]. 管理学报, 2013, 10 (10): 1454-1461.

[143] Grant A M. Relational job design and the motivation to make a prosocial difference [J]. Academy of Management Review, 2007, 32 (2): 393-417.

[144] Grant A M. The significance of task significance: Job performance effects, relational mechanisms, and boundary conditions [J]. Journal of Applied Psychology, 2008, 93 (1): 108-124.

[145] Grant A M. Leading with meaning: Beneficiary contact, prosocial impact, and the performance effects of transformational leadership [J]. Academy of Management Journal, 2012, 55 (2): 458-476.

[146] Nijstad B A, De Dreu C K. Motivated information processing in organizational teams: Progress, puzzles, and prospects [J]. Research in Organizational Behavior, 2012, 32: 87-111.

[147] Choi Y H, Choo H J. Effects of Chinese consumers' relationship benefits and satisfaction on attitudes toward foreign fashion brands: The moderating role of country of salesperson [J]. Journal of Retailing and Consumer Services, 2016, 28: 99-106.

[148] Lewis K, Lange D, Gillis L. Transactive memory systems, learning, and learning transfer [J]. Organization Science, 2005, 16 (6): 581-598.

[149] 朱丽,柳卸林,刘超,等.高管社会资本、企业网络位置和创新能力——"声望"和"权力"的中介[J].科学学与科学技术管理,2017,38(06): 94-109.

[150] Chan M C E, Clarke D, Cao Y. The social essentials of learning: an experimental investigation of collaborative problem solving and knowledge construction in mathematics classrooms in Australia and China [J]. Mathematics Education Research Journal, 2018, 30 (1): 39-50.

[151] Van Aken J E, Berends H. Problem solving in organizations [M]. Cambridge: Cambridge University Press, 2018.

[152] Takeuchi R, Lepak D P, Wang H, et al. An empirical examination of the mechanisms mediating between high-performance work systems and the performance of Japanese organizations [J]. Journal of Applied Psychology, 2007, 92 (4): 1069-1083.

[153] Chiang C F, Hsieh T S. The impacts of perceived organizational support and psychological empowerment on job performance: The mediating effects of organizational citizenship behavior [J]. International Journal of Hospitality Management, 2012, 31 (1): 180-190.

[154] Wombacher J C, Felfe J. Dual commitment in the organization: Effects of the interplay of team and organizational commitment on employee

citizenship behavior, efficacy beliefs, and turnover intentions [J]. Journal of Vocational Behavior, 2017, 102: 1-14.

[155] 田立法. 高承诺工作系统驱动知识共享：信任关系的中介作用及性别的调节作用 [J]. 管理评论, 2015, 27（6）: 148-159.

[156] Bolino M C, Turnley W H, Bloodgood J M. Citizenship behavior and the creation of social capital in organizations [J]. Academy of Management Review, 2002, 27（4）: 505-522.

[157] Chen S Y, Wu W C, Chang C S, et al. Organizational justice, trust, and identification and their effects on organizational commitment in hospital nursing staff [J]. BMC Health Services Research, 2015, 15（1）: 363.

[158] Podsakoff P M, MacKenzie S B, Lee J Y, et al. Common method biases in behavioral research: A critical review of the literature and recommended remedies [J]. Journal of Applied Psychology, 2003, 88（5）: 879-903.

[159] Davenport T H, Prusak L. Working knowledge: How organizations manage what they know [M]. Boston: Harvard Business Press, 1998.

[160] Zhang Y. Functional Diversity and Group Creativity: The Role of Group Longevity [J]. The Journal of Applied Behavioral Science, 2016, 52(1): 97-123.

[161] Hair J F, Sarstedt M, Hopkins L, et al. Partial least squares structural equation modeling (PLS-SEM) An emerging tool in business research[J]. European Business Review, 2014, 26（2）: 106-121.

[162] Kenny D A, Kashy D A, Bolger N. Data analysis in social psychology[J]. The Handbook of Social Psychology, 1998, 1（4）: 233-265.

[163] DeRue D S, Ashford S J. Who will lead and who will follow? A social process of leadership identity construction in organizations [J].

Academy of Management Review, 2010, 35（4）: 627-647.

[164] 孙瑾, 苗盼. 近筹 vs. 远略——解释水平视角的绿色广告有效性研究 [J]. 南开管理评论, 2018, 21（04）: 195-205.

[165] Chiang Y H, Shih H A, Hsu C C. High commitment work system, transactive memory system, and new product performance [J]. Journal of Business Research, 2014, 67（4）: 631-640.

[166] Smith K G, Hitt M A. Great minds in management: The process of theory development [M]. New York:Oxford University Press on Demand, 2005.

[167] Cropanzano R, Mitchell M S. Social exchange theory: An interdisciplinary review [J]. Journal of Management, 2005, 31（6）: 874-900.

[168] Hannah S T, Lester P B. A multilevel approach to building and leading learning organizations [J]. The Leadership Quarterly, 2009, 20（1）: 34-48.

[169] Kark R, Van Dijk D. Motivation to lead, motivation to follow: The role of the self-regulatory focus in leadership processes [J]. Academy of Management Review, 2007, 32（2）: 500-528.

[170] McDonough E F. Investigation of factors contributing to the success of cross-functional teams [J]. Journal of Product Innovation Management, 2000, 17（3）: 221-235.

[171] Pan W, Zhou Y, Zhang Q. Does darker hide more knowledge? The relationship between Machiavellianism and knowledge hiding [J]. International Journal of Security and Its Applications, 2016, 10（11）: 281-292.

[172] Gray P H. The impact of knowledge repositories on power and control in

the workplace [J]. Information Technology & People, 2001, 14（4）: 368-384.

[173] Fiske S T, Berdahl J. Social power. In: Social psychology: Handbook of basic principles [M]. 2nd Edition. New York: The Guilford press, 2007, 2: 678-692.

[174] Dahl R. Power as the Control of Behavior, In: Leadership Perspectives[M]. London: Routledge, 2017.

[175] Van Dijke M, Poppe M. Striving for personal power as a basis for social power dynamics[J]. European Journal of Social Psychology, 2006, 36(4): 537-556.

[176] Salma Bee Hj Noor Mohamed Abdul Latiff H, Hassan A. Rise and fall of knowledge power: An in-depth investigation [J]. Humanomics, 2008, 24（1）: 17-27.

[177] Anthony E L, Green S G, McComb S A. Crossing functions above the cross-functional project team: The value of lateral coordination among functional department heads [J]. Journal of Engineering and Technology Management, 2014, 31: 141-158.

[178] Shin Y, Kim M S, Choi J N, et al. Does leader-follower regulatory fit matter? The role of regulatory fit in followers' organizational citizenship behavior [J]. Journal of Management, 2017, 43（4）: 1211-1233.

[179] Wang X H F, Kim T Y, Lee D R. Cognitive diversity and team creativity: Effects of team intrinsic motivation and transformational leadership [J]. Journal of Business Research, 2016, 69（9）: 3231-3239.

[180] Beersma B, Hollenbeck J R, Humphrey S E, et al. Cooperation, competition, and team performance: Toward a contingency approach [J].

Academy of Management Journal, 2003, 46（5）: 572-590.

[181] Sue-Chan C, Ong M. Goal assignment and performance: Assessing the mediating roles of goal commitment and self-efficacy and the moderating role of power distance [J]. Organizational Behavior and Human Decision Processes, 2002, 89（2）: 1140-1161.

[182] Tamjidyamcholo A, Baba M S B, Tamjid H, et al. Information security - Professional perceptions of knowledge-sharing intention under self-efficacy, trust, reciprocity, and shared-language [J]. Computers & Education, 2013, 68: 223-232.

[183] 陈伟, 潘伟, 杨早立. 知识势差对知识治理绩效的影响机理研究[J]. 科学学研究, 2013, 31（12）: 1864-1871.

[184] Li N, Chiaburu D S, Kirkman B L. Cross-level influences of empowering leadership on citizenship behavior: Organizational support climate as a double-edged sword [J]. Journal of Management, 2017, 43（4）: 1076-1102.

[185] Malik O F, Shahzad A, Raziq M M, et al. Perceptions of organizational politics, knowledge hiding, and employee creativity: The moderating role of professional commitment [J]. Personality and Individual Differences, 2019, 142: 232-237.

[186] 杨毅, 党兴华, 成泷. 技术创新网络分裂断层与知识共享: 网络位置和知识权力的调节作用 [J]. 科研管理, 2018, 39（09）: 59-67.

[187] 吉迎东, 党兴华, 弓志刚. 技术创新网络中知识共享行为机理研究——基于知识权力非对称视角 [J]. 预测, 2014, 33（03）: 8-14.

[188] 肖志雄, 聂天奇. 知识型员工的权力距离对知识共享意愿影响的实证研究 [J]. 情报探索, 2018,（12）: 10-14.

［189］周建涛, 廖建桥. 权力距离导向与员工建言: 组织地位感知的影响 [J]. 管理科学, 2012, 25（01）: 35-44..

［190］Kankanhalli A, Tan B C, Wei K K. Contributing knowledge to electronic knowledge repositories: An empirical investigation [J]. MIS quarterly, 2005, 29（1）.

［191］Lewis K. Measuring transactive memory systems in the field: Scale development and validation [J]. Journal of Applied Psychology, 2003, 88（4）: 587-603.

［192］James L R. Aggregation bias in estimates of perceptual agreement [J]. Journal of Applied Psychology, 1982, 67（2）: 219-229.

［193］James L R, Demaree R G, Wolf G. Estimating within-group interrater reliability with and without response bias [J]. Journal of Applied Psychology, 1984, 69（1）: 85-98.

［194］Zhang Z, Zyphur M J, Preacher K J. Testing multilevel mediation using hierarchical linear models: Problems and solutions [J]. Organizational Research Methods, 2009, 12（4）: 695-719.

［195］MacKinnon D P, Fritz M S, Williams J, et al. Distribution of the product confidence limits for the indirect effect: Program PRODCLIN [J]. Behavior research methods, 2007, 39（3）: 384-389.

［196］党兴华, 李莉. 技术创新合作中基于知识位势的知识创造模型研究 [J]. 中国软科学, 2005, 11: 143-148.

［197］吴士健, 孙专专, 刘新民. 社会网络对员工知识隐藏与个体创造力的影响研究 [J]. 软科学, 2018, 32（12）: 89-92.

［198］De Dreu C K, Nijstad B A, Bechtoldt M N, et al. Group creativity and innovation: A motivated information processing perspective [J].

Psychology of Aesthetics, Creativity, and the Arts, 2011, 5（1）: 81-89.

[199] Higgs M, Clarke N, D'Amato A, et al. Building stakeholder engagement: the impact of project manager behaviors [C]. Chicago :Academy of Management Annual Meeting（01/04/18）, 2018.

[200] Breesam H K. Developing of a mathematical model for selecting a project manager using hierarchical analysis process [J]. Asian Journal of Civil Engineering, 2019, 20（2）: 223-235.

[201] Hansen M T, Mors M L, Løvås B. Knowledge sharing in organizations: Multiple networks, multiple phases [J]. Academy of Management Journal, 2005, 48（5）: 776-793.

[202] Olaisen J, Revang O. The dynamics of intellectual property rights for trust, knowledge sharing and innovation in project teams [J]. International Journal of Information Management, 2017, 37（6）: 583-589.

[203] Hammedi W, van Riel A C, Sasovova Z. Improving screening decision making through transactive memory systems: A field study [J]. Journal of Product Innovation Management, 2013, 30（2）: 316-330.

[204] Chin W W, Thatcher J B, Wright R T, et al. Controlling for common method variance in PLS analysis: the measured latent marker variable approach, in New perspectives in partial least squares and related methods [M].New York: Springer, 2013: 231-239.

[205] Zhang L, Zhang X. SVM-Based techniques for predicting cross-functional team performance: Using team trust as a predictor [J]. IEEE Transactions on Engineering Management, 2015, 62（1）: 114-121.

[206] Muller D, Judd C M, Yzerbyt V Y. When moderation is mediated and mediation is moderated [J]. Journal of Personality and Social

Psychology, 2005, 89（6）: 852-863.

[207] Kumar Jha J, Varkkey B. Are you a cistern or a channel? Exploring factors triggering knowledge-hiding behavior at the workplace: Evidence from the Indian R&D professionals [J]. Journal of Knowledge Management, 2018, 22（4）: 824-849.

[208] Miles M B, Huberman A M, Huberman M A, et al. Qualitative data analysis: An expanded sourcebook [M]. 3rd Edition. London: Sage Publications Inc, 1994.

[209] 毛基业, 张霞. 案例研究方法的规范性及现状评估 [J]. 管理世界, 2008（04）: 115-121.

[210] 高静美, 袁桂林. 社会信息加工视角下"环境－个体－组织行为"三维框架的管理者意义给赋机制与过程—基于Y（中国）公司的案例研究 [J]. 南开管理评论, 2018, 21（3）: 152-164.

[211] Pemsel S, Wiewiora A, Müller R, et al. A conceptualization of knowledge governance in project-based organizations [J]. International Journal of Project Management, 2014, 32（8）: 1411-1422.

[212] Connelly, Catherine E, Černe M. et al. Understanding knowledge hiding in organizations. [J]. Journal of Organizational Behavior, 2019, 40（7）: 779-782.

[213] Xia Q, Yan S, Zhang Y, et al. The curvilinear relationship between knowledge leadership and knowledge hiding: The moderating role of psychological ownership [J]. Leadership & Organization Development Journal, 2019, 40（6）, 669-683.

[214] Xiong C, Chang V, Scuotto V, et al. The social-psychological approach in understanding knowledge hiding within international R&D teams: an

inductive analysis [J]. Journal of Business Research, 2021, 128, 799-811.

[215] 谢小云, 左玉涵, 胡琼晶. 数字化时代的人力资源管理: 基于人与技术交互的视角 [J]. 管理世界, 2021, 37（01）: 200-216+13.

[216] Colbert A, Yee N, George G. The Digital Workforce and the Workplace of the Future [J]. Academy of Management Journal, 2016, 59（3）: 731-739.

[217] 龚洋冉, 钱小军, 张佳音. 人工智能损害了企业对员工的社会责任吗 [J]. 清华管理评论, 2019,（03）: 25-29.

[218] 李澎林, 方莉倩, 李伟. 移动互联网下的一种胜任力模型构建方法研究 [J]. 浙江工业大学学报, 2016, 44（06）: 614-618.